AF157660

Mein Kotuku
der Südsee

Widmungen

Zur Erinnerung an Hugh

Wir tanzten, lachten, flogen, wuchsen zusammen und zusammen wagten wir viel.
Während hundert kostbaren Jahreszeiten liebten wir uns mehr als irgendjemand wissen oder denken könnte.

Für meine Kinder

Michael, Paul, Stuart, Nicholas und Katherine.
Ihr seid meine Inspiration und mein Stolz.

und

Für meine Enkel

Ihr werdet die Fäden der Zierdecke, die zu unserer Familie gehört, weiter spinnen
und eure eigenen erstaunlichen Muster erschaffen.

Helen Henry

Mein Kotuku der Südsee

Leben und lieben auf Rarotonga

Eine Erinnerung

Bibliografische Information der Deutschen Nationalbibliothek:
Die Deutsche Nationalbibliothek verzeichnet diese Publikation
in der Deutschen Nationalbibliografie, detaillierte bibliografische
Daten sind im Internet über http://dnb.dnb.de abrufbar.

© 2016 Helen Henry
Originaltitel: My Kotuku of the South Seas
Übersetzung: Mieke Förtsch
Herstellung und Verlag:
BoD - Books on Demand, Norderstedt.

ISBN: 9783741283529

Inhalt

Vorwort:	Kia Orana - Du mögest leben	11
Kapitel 1:	Die Kindheit	13
Kapitel 2:	Papas Brief an meine Mutter	21
Kapitel 3:	Großmutter	24
Kapitel 4:	Quinton Villa	28
Kapitel 5:	Die besten Freunde	31
Kapitel 6:	Die Sommer in Manly	33
Kapitel 7:	Wer die Wahl hat, hat die Qual	36
Kapitel 8:	Papa, der Meuchelmörder	39
Kapitel 9:	Papa, der Schlächter	43
Kapitel 10:	Papa, der Angler	45
Kapitel 11:	Der Kotuku	49
Kapitel 12:	Papas Sterben	52
Kapitel 13:	Mutter	56
Kapitel 14:	Ein Brief von Bryce	61
Kapitel 15:	Mädchen begegnet Jungen	63
Kapitel 16:	Der Name sagt Alles	73
Kapitel 17:	Unser Familienstammbaum	80
Kapitel 18:	Unsere Hochzeit	83
Kapitel 19:	Eine junge Familie	87
Kapitel 20:	Der Ruf der Inseln	91
Kapitel 21:	Entscheidungen	95
Kapitel 22:	Der Tag des Abflugs	99
Kapitel 23:	Auf dem Weg nach Rarotonga	101
Kapitel 24:	Empfang nach Art der Insel	104
Kapitel 25:	Erste Eindrücke	107
Kapitel 26:	Die Stadt, die ich liebe	116
Kapitel 27:	Tag des Bootes	122
Kapitel 28:	Aitutaki und mein Kotuku	126
Kapitel 29:	Zurück in die „reale Welt"	129

Kapitel 30:	Vier Söhne und eine Tochter..	133
Kapitel 31:	Papa ist zu Hause..	139
Kapitel 32:	Eskapaden..	143
Kapitel 33:	Sich nach der Decke strecken	147
Kapitel 34:	Unterhaltung nach Art der Insel.....................................	151
Kapitel 35:	Amtseinsetzung und eine offizielle Eröffnung............	160
Kapitel 36:	Der Vollmond...	167
Kapitel 37:	Noch ein königlicher Besuch..	171
Kapitel 38:	Ein Quacksalber oder ein Arzt?.....................................	179
Kapitel 39:	Wahlen und Gerichtsprozesse.......................................	184
Kapitel 40:	Lebewohl, Sir Albert..	190
Kapitel 41:	Spaß auf Aitutaki...	197
Kapitel 42:	Aus einem Sturm wird ein Zyklon	201
Kapitel 43:	Hugh Henry und Teilhaber..	206
Kapitel 44:	Das Outrigger Restaurant..	211
Kapitel 45:	Der Besuch eines Kreuzfahrtschiffes............................	219
Kapitel 46:	Das Ende einer Epoche...	221
Kapitel 47:	Der Abgrund der Hoffnungslosigkeit............................	225
Kapitel 48:	Die Beerdigung..	228
Kapitel 49:	Erinnerungen..	235
Kapitel 50:	Vai-A-Kura...	237
Kapitel 51	Topas...	242
Kapitel 52:	Familienangelegenheiten	244
Kapitel 53:	Abenteuer auf Manihiki...	249
Kapitel 54:	Der olympische Fackellauf..	258
Kapitel 55:	Are Tamanu und mein Kotuku......................................	262
Kapitel 56:	Ein unvergessliches Wochenende................................	265
Kapitel 57:	Mein Kotuku besucht mich wieder...............................	271
Kapitel 58:	Mary wird gefunden	274
Kapitel 59:	Die Perfektionistin...	282
Kapitel 60:	Helen, die Organisatorin..	285
Kapitel 61:	Noch einmal ein leidenschaftlicher Kuss......................	288
Kapitel 62:	Von Verlangen zur Ekstase..	297
Kapitel 63:	Ein Dilemma...	299
Kapitel 64:	Konnichiwa...	300
Kapitel 65:	Die Insel Manuae...	304

Kapitel 66: Lebt man einen Traum oder einen Albtraum? 309
Kapitel 67: Zur Tealbucht.. 315
Kapitel 68: Zyklon Pat... 319
Kapitel 69: Die große Feier.. 326

Wo du hingehst, da will ich auch hingehen; wo du bleibst, da bleibe ich auch.

        Dein Volk ist mein Volk, und dein Gott ist mein Gott.

Wo du stirbst, da sterbe ich auch, da will ich auch begraben werden. Der Herr tue mir dies oder das, nur der Tod wird dich und mich scheiden.

                                                          Ruth 1: 16-17

Meitaki Maata
(Vielen Dank)

Mein Dank gilt Johno, der mir half das Tüpfelchen aufs i zu setzen.
Du brachtest mein Herz zum Singen.

Mein Dank gilt ebenso meiner besten Freundin, Sue Carruthers Brown,
die auch auf den Cook Inseln lebt und liebt.
Danke, dass du jedes Kapitel kritisch durchgelesen und mir die ganze
Zeit Mut zugesprochen hast.

Dankbar bin ich auch Emily Rapp, meiner Lehrerin während zwei Kurse
am Gothem Writers' Workshop für ihren ausgezeichneten Rat und
Ermutigung.

Dank auch an Thea Pypers, Joan Gragg und Howard Henry.

Einleitung

Kia Orana – Mögest du lange leben

Es gibt keine Fenster in dieser Militärmaschine. Wir können nichts sehen!
Langsam und holprig flog der Herkules über den pazifischen Ozean. Sieben Stunden flogen wir von der Whenuapai Basis der Luftstreitkräfte in Auckland, Neuseeland, nach Rarotonga, der am dichtesten bevölkerten Insel der Cook Inseln. Ich bin aufgeregt doch zugleich ängstlich, als wir mit einem Ruck, ein paar Stößen und mit kreischenden Motoren und Bremsen die aus Korallen bestehende Landebahn entlang donnern und schüttelnd zum Stehen kommen. Es ist ein seltsames Gefühl zu wissen, dass wir gelandet sind. Aber wo sind wir gelandet? Was werden meine ersten Eindrücke sein?

Mein Mann Hugh und ich nehmen unsere Reisetaschen. Zusammen mit unseren vier kleinen Söhnen warten wir ungeduldig bis wir von Bord gehen können. Mein Haar wird nass. Was ist los? Regnet es? Leckt das Dach? Nein, die Kondensation die sich während des Fluges gebildet hat, tropft jetzt auf alle Fluggäste herab.

Es ist eine ziemlich feuchte und durchnässte Familie, die die Treppe heruntergeht und an die warme und milde Luft tritt.

Steile majestätische Bergspitzen ragen aus dem üppigen tropischen Wald empor, ihre Gipfel zeichnen sich scharf vom wolkenlosen blauen Himmel ab. Die Blätter der Kokospalmen bewegen sich in der Brise sanft hin und her, während Bananenplantagen sich entlang der Landebahn ausstrecken. Leuchtend grüne Anpflanzungen von Taro verschmelzen mit dem Hintergrund und einen kurzen Augenblick sehe ich die Silhouette eines silberfarbigen Vogels, welcher im Sumpfland steht. „Oh" seufze ich, als ich den berauschenden Duft der Blumen entzückt einatme. Der exotische Duft von Gardenien, Jasmin und Frangipani überwältigt meine Sinne. Blumenkränze aus rosafarbenen und weißen Blumen, in der Maori Sprache der Cook Inseln 'eis' genannt, werden uns um den Nacken gelegt. Ich kann Hughs lachende Augen kaum sehen, da sein Gesicht und Kopf unter den Blüten verschwinden. Während des Geschnatters und Geschreis der Menge höre ich sowohl den Beat der Trommel, als auch die weichere, sinnliche Melodie der Gitarren und Ukuleles. Nach wahrem Brauch der Cook Inseln heißt die Band mit Begeisterung bekannte Gesichter willkommen und begrüßt so die Neuankömmlinge.

‚Kia Orana!' (‚Mögest du lange leben!') Welch ein schöner Gruß und welch herzlicher Empfang. Oh, wie lange lebe ich schon hier auf dieser tropischen Insel Rarotonga! Was für erstaunliche Abenteuer habe ich erlebt! Was für aufregenden Menschen bin ich begegnet, als unsere Verwandtschaft den Cook Inseln - als gerade unabhängig gewordene Nation - geholfen hat, sich zu entwickeln! Ich habe so viele Geschichten, so viel Glück, aber auch persönliche Dramen, Trauer und eine herzzerreißende Tragödie zu berichten.

Rarotonga, 1972

Kapitel 1

Kindheit

Eine geheimnisvolle Atmosphäre herrschte im Haus. In den letzten Wochen gab es mysteriöse Anrufe, verstohlenes Geflüster in den Ecken und bedeutungsvolle Blicke wurden zwischen meinen Eltern, Mary und John, gewechselt. Tante Annie wusste, dass sich etwas anbahnte, als sie einen winzigen rosafarbigen Spitzenschal entdeckte, der in Marys Handtasche versteckt war. Aber sie verriet nichts.

Nach sieben harmonischen und liebevollen Ehejahren beschlossen John und Mary ein Kind zu adoptieren. Dr. Roy Lange war ein enger Freund der Familie und der Vater von David Lange, der später Ministerpräsident von Neuseeland werden sollte. Er schlug vor, mit einem Freund Kontakt aufzunehmen, der ein Pflegeheim in Papanui besaß. Papanui war ein Vorort von Christchurch auf der Südinsel von Neuseeland.

1940 wurden unverheiratete Mädchen zum gegenüberliegenden Ende des Landes gesandt um ihre Kinder zu bekommen und sie dann zur Adoption freizugeben. Sowohl der ledigen Mutter als auch ihrem Kind haftete eindeutig etwas Schändliches an. Würde es in die Gesellschaft passen? „Was ist wenn…" und all die anderen Fragen.

Mary und John flogen nach Christchurch, wo Schwester Duncan ihnen ihr kostbares Geschenk gab. Wie nervös und ängstlich sie waren! Aber sie waren auch aufgeregt. Liebevoll trugen sie ihre winzige, zehn Tage alte Tochter in einem kleinen Weidenkorb nach Hause. Nach einer langen und anstrengenden Reise mit dem Zug holten Tante Dot und Onkel Allan uns drei am Otahuhu Bahnhof ab. Onkel Allan badete mich und schnitt meine Finger- und Zehennägel. Woher weiß ich das? Weil er diese Tatsache zwanzig Jahre später fröhlich berichtete, als er auf meiner Hochzeit eine Rede hielt.

Zwei Wochen später, als Oma, Tante Annie und die Cousine Thelma rundum den Esstisch saßen, klingelte das Telefon. Breit lächelnd verkündete Tante Annie, „Du hast eine neue Enkelin. Mary und John haben sie gerade nach Hause gebracht. Thelma, du hast eine winzige Cousine."

„Wann kann ich sie sehen? Wie ist sie gekommen? Onkel Jack hat mir nicht erzählt, dass sie ein Baby erwarteten", sagte Thelma.

Oma, Tante Annie und Thelma fuhren zu unserem Haus in Otahuhu, um den neuen Zuwachs der Familie zu sehen.

„Wie heißt sie?", fragte Thelma.

„Wir nennen sie Helen Katherine", antwortete Mary.

Helen Katherine Nicholls an ihrem ersten Geburtstag, 1941

Jeder war erfreut, dass sie familiäre Namen gewählt hatten. Thelma, die schon immer Tante Annies und Onkel Johns ‚Mädchen' war, war glücklich eine Schwester zu haben. Bis auf den heutigen Tag schaue ich zu ihr auf und liebe sie sehr.

An meinem zweiten Geburtstag, dem 11.September 1942 wurde in Christchurch ein Baby geboren, ein Junge. Die Adoption meines Bruders, den meine Eltern Arnold John nannten, machte unsere Familie vollzählig. Jedenfalls dachten wir das.

Gegen Ende des Jahres 1945 erhielten Mary und John einen Brief von Schwester Duncan, die immer noch die Leiterin des Pflegeheimes in Christchurch war. Sie schrieb, um zu fragen, ob sie in Betracht ziehen könnten, noch einen kleinen Jungen in ihrer Familie aufzunehmen. „Ich fühle, dass dieses kleine Baby eure Familie vervollständigen wird", schrieb sie.

John war manchmal mit der Bürgerwehr unterwegs auf Manöver oder bereiste die Nordinsel, um die Munitionslager zu inspizieren. Arnold war ein zartes Kind und oft krank. „Ich glaube nicht, dass ich in dieser Zeit ein neues Baby bewältigen kann", antwortete Mary.

Papa zu Hause mit Mary und Helen

„Mary, ich weiß einfach, dass dieses kleine Baby das Richtige ist. Ich behalte es hier, bis du soweit bist", beharrte Schwester Duncan. Sie war sich sehr sicher, dass sie noch ein Kind adoptieren sollten.

Plötzlich realisierte Mama, dass es in Ordnung sein würde. Natürlich konnte sie es bewältigen. Sie und Papa würden liebend gern noch ein Kind haben. Helen und Arnold würden gerne noch ein Geschwisterchen und Spielkamerad willkommen heißen. Sie hatten genügend Liebe in ihren Herzen, um noch ein kleines Baby darin aufzunehmen.

Bryce Walton wurde am 12. Oktober 1945 geboren. Ich erinnere mich an eine lange, schmale, mit Gras bewachsene Behelfslandebahn auf dem Lufthafen Mangere. Erstaunt betrachtete ich, wie ein zerbrechlich aussehendes Flugzeug landete und direkt vor der Flugzeughalle wackelnd zum Stehen kam. Die Tür öffnete sich und eine Schwester trat hinaus, die eine gestärkte weiße Haube und einen scharlachrot leuchtenden Umhang trug. Sie hielt eine blaue Kuscheldecke. Als ich spähend hinein schaute, sah ich ein rosiges rundliches pausbäckiges Köpfchen mit goldfarbenen Locken.

Bryce! Ach, so niedlich und knuddelig!

Der Krieg war vorbei. Aber Lebensmittelkarten wurden noch immer für die Grundnahrungsmittel genutzt. Mama nähte meine Kleider aus zerschnittenen Hosen und Röcken. Die jungen Männer der US Armee wohnten am Ende unserer Straße. Sie marschierten oft von ihren Kasernen in die Stadt. Um den jungen Soldaten eine Freude zu bereiten, stellte mein Vater manchmal einen großen Sack Äpfel oder Birnen aus unserem Obstgarten vor das Tor.

Ich werde fast fünf Jahre alt gewesen sein, als eines Tages, während ich im Tor hin und her schaukelte, die Soldaten vorbei marschierten. Ich hatte strikte Anweisungen, dass es unhöflich war, sie um Bonbons zu bitten. Mama war überrascht, als ich Säcke voller Süßigkeiten mit nach Hause brachte. „Wie bist du daran gekommen? Erinnerst du dich nicht, was Papa dir gesagt hat?", fragte sie. „Ich habe nicht darum gebeten", entgegnete ich entrüstet, „ich habe nur gesagt, dass ich Süßigkeiten liebe."

Zuhause in Amesbury, 1947

Papa war in Thames geboren und aufgewachsen und begegnete Mama während eines Familientreffens, als sein älterer Bruder, Onkel Harold, Tante Ruby, die älteste Schwester meiner Mutter heiratete. Was für ein Zufall! Das bedeutete, dass, als ich geboren war, ich drei sehr enge Cousins hatte: George, Viv und John! Ich liebte sie sehr und sie waren immer freundlich zu mir, dem kleinen Mädchen, das ihnen stets folgte.

Mama war einundzwanzig Jahre alt, als sie nach einigen Jahren fester Freundschaft 1933 meinen Vater heiratete. Papa, der zu diesem Zeitpunkt achtundzwanzig Jahre war und sein Cousin Harry wurden Partner. Sie besaßen eine Baufirma. Papa hatte ein Stück Land von seinem Vater erworben und baute ein hübsches Haus darauf, welches sie Amesbury nannten. 109 Mangere Road war eine lange Hauptstraße, die von der Ostgrenze von Ostmangere bis zur Great South Road im Vorort Otahuhu in Südauckland verlief. Natürlich war ich nicht dabei, aber ich kann mich noch erinnern, dass man mir erzählte, dass nach ihrer Hochzeit, die Freunde von Mary und John ihnen ein „Blechkonzert" aufführten. In jenen längst vergangenen Tagen, wenn das Brautpaar zu Bett gegangen war, versammelten sich ihre Freunde rundum das Haus und schlugen dröhnend und rasselnd auf alte blecherne Kerosinfässer, um die Frischgetrauten zu wecken und in Verlegenheit zu bringen. Im Nachthemd und Morgenrock kam Mama schläfrig auf die Veranda. Aber wo war Papa? Die lärmenden Nachtschwärmer riefen ihn wiederholt hinaus zu kommen. Mama konnte ihre Fröhlichkeit kaum unterdrücken. Stell dir ihr Gelächter vor, als sie ihn schließlich, bekleidet in einem schwarzen Regenmantel über seinen Schlafanzug, entdeckten und realisierten, dass er zusammen mit ihnen die „Trommel" geschlagen hatte!

„Amesbury" war ein gediegenes mit weißen Brettern verschaltes Haus mit vier Schlafzimmern. Stufen aus Ziegelsteinen führten in einem Bogen zu einem altmodischen Säulengang, der wiederum zu einem großen Hausflur führte.

Das Wohnzimmer hatte riesige, bequeme Sofas und Sessel, die vor dem offenen Kamin standen. Ein Broadway Klavier stand in der Ecke, daneben ein weiteres Sofa, von wo aus man auf Rosenbeete und einen Fischteich blickte. Wir benutzten dieses besondere Zimmer nur für Besucher, die Sonntagnachmittags zum Tee kamen. Mit Tellern und Tassen, die mit hübschen Blumenmustern verziert waren, richtete Mama dann den Servierwagen her. Den Ehrenplatz in der Mitte nahm ein dreistufiger Kuchenteller voller Teegebäck mit heißer Butter, kleinen dreieckigen mit Gurken belegten Sandwichs und würzigen gefüllten Eiern ein.

Helen in Amesbury

Das Haus stand am Ende einer Vorfahrtstraße und ein gutes Stück von der Hauptstraße entfernt. Ein großer einheimischer Busch, den mein Vater gepflanzt hatte, bedeckte das Haus an einer Seite. Tante Aida und Onkel Oscar wohnten auf der anderen Seite der Einfahrt, eingezäunt durch eine niedrige Buchsbaumhecke.

Eines Tages mähte Papa den schmalen Rasen zwischen den zwei zementierten Streifen der Einfahrt. Onkel Oscar war in seinem Garten. Er konnte hören, wie Papa mit dem Rasenmäher werkelte und über dessen Zustand wütend vor sich hin murmelte. Onkel Oscar erhob das Haupt, um besser hören zu können. Da erfolgte ein lauter Schrei des Widerwillens, als Papa den kaputten Rasenmäher über die Hecke warf.

„Du kannst das verdammte Ding haben!", sagte Papa und stürmte in den Schuppen. Onkel Oscar lachte, nahm die Mähmaschine mit in die Werkstatt und nach etwas Öl und Gefummel brachte er sie wieder zum Laufen. Danach benutzte Papa sie noch Jahre ohne Probleme.

Wenige Jahre später, bald nachdem Papa eine brandneue silbergraue Wolseley Limousine gekauft hatte, würgte er den Motor ab, als er die Zufahrt hinunter fuhr. Zunächst konnte er ihn nicht wieder starten. „Du kannst ihn über die Hecke werfen, wenn du möchtest", lachte Onkel Oscar. Unnötig zu sagen, dass es Papa diesmal gelang, den neuen Wagen zu starten.

Wir halfen Kartoffeln und Möhren aus dem Garten zu ernten. Ebenso pflückten wir saftige, grüne und blaue Trauben, die im Treibhaus gezüchtet wurden. Mama sorgte für ihre „Mädchen" – etwa zwanzig Hühner. Es war meine Aufgabe sie zu füttern und die Eier zu suchen.

Arnold, Bryce und ich bauten Hütten und Festungen unter den gebogenen Zweigen der zwei schattenspendenden Kakibäume. Wir konnten um den mit Ziegeln eingefassten Fischteich gehen, der voller Goldfische und Karpfen war, die unter dem steinernen Springbrunnen und zwischen veilchenblauen Wasserlilien schwammen.

Mama liebte das Backen. Ihre Spezialität waren leichte, weiche Biskuitkuchen. Sie dekorierte sie mit geschlagener Sahne und in Scheiben geschnittenen chinesischen Stachelbeeren. Heute nennt man die Frucht Kiwi.

Wir züchteten die ersten Reben in unserer kleinen Stadt. Heute werden die faserigen, braunschaligen, ovalen Früchte in die ganze Welt exportiert.

„Helen, sorge dafür, dass die Jungs ihre Mützen tragen", wies Mama mich an.

Arnold und Bryce trugen weiße baumwollene Mützen, die ihre rosigen kahlen Köpfe bedeckten. Es hatte ein Ringelflechten-Ausbruch gegeben. Mama hatte ihnen die Köpfe geschoren und rieb sie mit einem altmodischen, aber effektiven Heilmittel ein. Bis jetzt hatten die rauen, runden Kreise noch nicht auf andere Körperteile übergegriffen. Ich entdeckte einen auf meiner Brust, aber Mama behandelte ihn mit Jod. Arnold und Bryce sahen wie kleine Kriegswaisen aus, aber Mama sagte, dass ihre Haare wieder wachsen würden.

Ab dem ersten Tag war ich die herrische, ältere Schwester. Als sie heranwuchsen, kleidete ich Bryce und Arnold mit Mamas langen Abendroben und Pelzumhängen ein. Ich bestand darauf, dass sie taten, als ob sie Mädchen wären. Doch wenn sie Cowboy und Indianer oder Kricket spielten, oder auf Bäume kletterten, dann machte ich immer mit. Tatsächlich „erzog" ich sie ständig.

Meine Brüder brauchten keine Mutter. Sie hatten mich!

Kapitel 2

Papas Brief an meine Mutter

HK Coy
35.Bataillon NZEF

Liebe Mary, mein Mädchen und Schätzchen!

Gestern Abend schrieb ich Dir bereits, aber ich fühle mich so einsam, dass ich schreiben muss.

Heute Abend ist es im Zelt sehr ruhig, alle haben Urlaub außer einem und der spielt Schach mit einem Jungen von nebenan. Es war wieder einen schönen Tag und meine Arme haben schon einen leichten Sonnenbrand. Wir zimmern immer noch, aber diese Jungs arbeiten nicht so hart wie wir auf dem Hügel und ich muss feststellen, dass ich ziemlich langsam werde. Da ist keine Motivation sich mit der Arbeit zu beeilen und es zu erledigen. Es ist so unterschiedlich von dem, was ich in meinem ganzen Leben gewohnt bin und es scheint, dass es meine Arbeitsfreude beeinträchtigt hat. Wenn das Ganze vorbei ist, wird es mir bestimmt erneut Freude machen, unser Zuhause wieder schön zu machen.

Es gibt wieder Gerüchte im Lager, aber es scheint ziemlich sicher, dass wir nächsten Mittwoch einen Fußmarsch für etwa zehn Tage unternehmen werden.

Morgen, Samstag, bekomme ich meine erste Spritze TABI, die ich bereits im 5. Bataillon hätte bekommen sollen. Im Ganzen muss ich fünf verschiedene Spritzen bekommen. Wie ich auf dem schwarzen Brett sehe, fühlt man sich nur ein oder zwei Tage nicht ganz wohl, besonders wenn man danach ein paar Stunden ruhen kann.

Ich höre gerade, wie einer der zwei Schachspieler „matt" sagt, das erste Wort das seit einer Stunde gesprochen wird.

Ich denke immer an unseren Schatz, wenn ich ihr Foto hier betrachte, und möchte sie liebend gern wiedersehen und frage mich, wie lange es dauern wird, bis ihr Kinderbett an Arnold geht und sie selbst in einem großen Bett schlafen wird.

Wie wächst die Sonnenblume in dem hinteren Blumenbeet? Hat sie die Fensterbank schon erreicht? Um diese Zeit blüht wahrscheinlich die blaue Klematis schon und die Fische schwimmen an der Oberfläche des Teiches im Sonnenlicht.

Der Gefangene, für wen ich Zeuge war, ist zu achtundzwanzig Tagen Haft im militärischen Gefangenenlager Ardmore verurteilt worden. Er ist jetzt seit ungefähr vier Wochen in unserer Gefängnisabteilung und ein ganz anderer Typ wie die anderen jungen Männer. Ich verstehe erst neuerdings seinen Charakter etwas besser und ich bedaure sehr, dass ich ihn nicht früher verstanden habe und fühle, dass ich ihm aus seinen Schwierigkeiten hätte helfen müssen. Es stellt sich heraus, dass er wenig Familienleben erfahren hat, aber dass er sehr großzügig und leicht zu lenken ist. Ich bedauere sagen zu müssen, dass wir einen Mangel an Interesse an ihm hatten. Wir (ich und die anderen Jungs) hätten seine Aufmerksamkeit fesseln und ihn in vernünftigen Grenzen halten müssen, aber wir versäumten das und er verkehrte mit zwielichtigen Typen, die ihn auf einen krummen Pfad führten.

Also, Liebes, mich verlangt so danach, Euch alle zu sehen, dass ich es kaum erwarten kann.

Aber inzwischen hoffe ich das Beste und sehe aus nach Deinem Brief.

In Liebe Dein,

John xxx

Kapitel 3

Die Großmutter

Oma hieß Sarah Ada. Sie wohnte in Northcote Point, mit Blick über Aucklands Waitemata Hafen. „Quinton Villa" war ein verschachteltes koloniales Haus mit fünf Schlafzimmern und einem gespenstisch staubigen Dachgeschoß. Alte Seetruhen waren randvoll mit Kleidern und Nippes gefüllt. Ich fegte immer das zarte Spinngewebe beiseite und verbrachte dort oben zauberhafte Stunden mit Spielen. Von breiten, schattenspendenden Veranden überschaute man die Gärten und die Northcote Kai.

1950, ich war fast zehn Jahre alt, versammelte sich die Verwandtschaft um Omas achtzigsten Geburtstag zu feiern.

Fröhlich schallendes Gelächter klang durch die weit offenstehenden zweiteiligen Fenster des Esszimmers bis in den Hof. Mama rief uns zu, "Wie steht es mit dem Polieren?"

Der Esstisch aus Eiche und schwere Stühle wurden an die Seite des langen Zimmers geschoben, und wir hatten den quadratischen Teppich aufgerollt. Die Lautstärke des altmodischen Plattenspielers war so weit wie möglich aufgedreht und die achtundsiebzig Schallplatten schmetterten die Klänge von Tanner Hausers Marsch. Arnold und Bryce glitten und rutschten über das Linoleum. Ich hatte ihre Füße mit Staubtüchern umwickelt. Das Polieren ging also tatsächlich sehr gut. Je lauter die Musik wurde, desto lauter wurde auch unser schreiendes Gelächter.

Ich liebte diese Familienfeier. Meine drei Onkel füllten das Haus mit ihren dröhnenden Stimmen, weil sie alle zur gleichen Zeit sprachen. Sie waren Landwirte und lebten im Norden Neuseelands. Oft kamen sie nicht in die Stadt und deshalb war es eine besondere Gelegenheit. Mamas drei Schwestern und ihre Familien waren auch da. Oma saß dort breit lächelnd. Sie war der Mittelpunkt. Weiches, weißes Haar umgab das Gesicht und ich bemerkte, dass sie ihre goldene und mit einem Amethyst besetzte Lieblingsbrosche auf dem hohen Rand des Ausschnittes ihres dunklen marineblauen Kleides trug. Sie hatte ihre kleine schwarze Handtasche aus Leder neben sich. Oma war siebzig, als ich geboren wurde. Sie vermutete schon, dass ich bald da sein würde, als sie eine rosafarbene Decke in Mamas Tasche sah. Sie sagte, dass ich was Besonderes war, aber das waren meine Brüder Arnold und Bryce auch.

Mit meinem Onkel Viv konnte man viel Spaß haben und seine jüngste Tochter nannte er Blossom (Blühte)! Onkel Edgar brachte mir das Ponyreiten bei und wie man die Schafe zusammentreibt. Ich hoffte, dass das geröstete Lamm, das wir zum Lunch aßen, nicht das Lieblingslämmchen war, das ich in den Ferien noch mit der Flasche gefüttert hatte. Onkel Arthur war immer ruhig. Ich glaube, er dachte darüber nach, wer wohl seine Kühe melken würde, während er weg war.

Oma mit ihren 7 Kindern, meine Mutter eingeschlossen, zweite von links

Tante Annie und Tante Doris deckten den Tisch mit dem besten Porzellan und Messern und Gabeln. Es sah sehr hübsch aus, als Tante Ruby noch zwei kristallen Behälter gefüllt mit prallen grünen und blauen Trauben von unseren eigenen Reben dazu stellte. Wir wurden zum Lunch gerufen und allmählich setzten sich die Erwachsenen um die langen Tische im Esszimmer. Meine Cousins gesellten sich zu uns an einen Tisch, der draußen im Hof stand. Dank der offenen Fenster hatten Mama und Papa ein wachsames Auge auf unsere Ausgelassenheit!

Die Geburtstagstorte wurde hereingebracht und wir sangen kräftig mit, während Oma alle Kerzen ausblies und den feuchten Schokoladekuchen in Scheiben schnitt.

Die schönsten Ferien verbrachte ich mit Oma am Northcote Point. Im Winter, wenn es regnerisch und düster draußen war, machte Oma im Esszimmer den Kamin an. Wir häuften Briketts auf dem schwarzen Rost und wärmten uns am offenen Feuer. Das Feuer knisterte und Funken glühten heiß und rot. Ich sah, wie sie ein Bild darstellten, bevor sie den Schornstein hochschwebten. Oma half mir türkischen Honig auf einer, mit einem langen Griff ausgestatteten, dreizackigen, kupfernen Gabel zu rösten.

Ich saß immer zusammengerollt auf dem tiefen Plüschsofa und senkte meinen Kopf in mein Lieblingsbuch 'Anne of Green Gables'.

Nach jeder Mahlzeit half ich Oma alle Marmeladen, Gelees und Butter auf saubere Teller zu tun und brachte sie in die Vorratskammer. Sie waren dann für die nächste Mahlzeit fertig. Oft scheuerte ich die Holzbank mit sandiger Seife, bis sie in einer schönen goldenen Farbe schimmerte. Die Bank war glatt wie Seide.

Oma mit Thelma an ihrem Hochzeitstag, 1951

Tante Kate wohnte bei Oma. Sie liebte es, in ihrem Garten zu arbeiten. Ich half ihr, die schweren Lasten nasser, duftender Seetang und wirrer Knäuel von Algen von dem felsigen Strand zu der Stelle, die ‚The Point' heißt, zu tragen. Oma und ich saßen frühmorgens auf der Veranda und schauten zu, wie die Fähre in den Hafen fuhr. Wir saßen ruhig, die zierlichen Porzellantassen und Untertassen mit Blumenmuster und Englischem Tee in der Hand – ohne Teebeutel oder Ähnliches. Nein, ich lernte 'richtig' Tee zu kochen: zuerst wärmt man die Teekanne an, dann fügt man einen Teelöffel trockener Teeblätter pro Person und einen für den Topf hinzu. Dann rührt man den Topf dreimal um, damit es besser zieht bevor man einschenkt. Manchmal fügten wir Zitronenscheiben statt Milch hinzu.

Im Sommer trug Oma elegante Strohhüte mit breiter Krempe, dekoriert mit Blumen und Borten. Im Winter zog sie einen Filzhut über ihre silbergrauen Haare. Sie war graziös und ausgeglichen und ich liebte sie innig. Ich fand sie sehr alt, aber sie spielte immer noch gut Karten oder Monopoly. Wenn es Zeit für mich war die Fähre nach Auckland zu nehmen, fragte sie immer, ob ich genug Geld dabei hatte. Natürlich hatte ich das, aber sie gab mir immer noch einen Schein von zehn Schilling, die sie aus ihrer glänzenden schwarzen Lederhandtasche zog. Sie musste die Handtasche mit sich ins Bett genommen haben, denn sie hatte sie immer bei sich.

Ich habe nie gesehen, dass sie einkaufen ging. Eine Auswahl an Waren wurde zu ihr gebracht, damit sie sie durchsehen konnte. Sie ging nie zu einer Bank, einem Rechtsanwalt oder Buchhalter. Sie kamen immer zu ihr. Ihre vier Töchter oder eine ihrer unverheirateten Nichten halfen und sorgten für sie.

Sie hatte einen massiven Tresor in ihrem Schlafzimmer, worin sie einen Haufen Geld und ihren Schmuck aufbewahrte, aber sie verriet mir nie die Kombination des schweren Schlosses.

Oma war nicht faul, noch war sie je müde. Als junge Mutter hatte sie schwer auf einer Farm gearbeitet. Jetzt, als Rentnerin konnte sie die Früchte ihrer Arbeit genießen.

Und warum auch nicht?

Kapitel 4

Quinton Villa

Die Villa war aus einem riesigen Kauribaum errichtet worden, welcher vom Kaipara Hafen geschleppt wurde. Es gab im Holz keine Fugen und die Dachsparren waren einzelne lange Stücke Kauriholz.

Quinton Villa

Mein Urgroßvater, James Trounson, kam mit seiner Frau Sarah 1862 nach Neuseeland. Sie gehörten zu den ursprünglichen Albertland Siedlern. Mehr als vierzig Jahre lebten sie im winzigen Örtchen Paparoa, nördlich von Auckland. Die mit Wald bedeckten Hügel und Täler des nördlichen Wairoa Flusses wurden schnell von ihren herrlichen Bäumen beraubt, um die Mühlen zu füttern. Mein Urgroßvater war einer der wenigen weitsichtigen Männer, die sich entschlossen, die großartigsten Exemplare des Kauriwaldes zum Nutzen zukünftiger Generationen von Neuseeländern zu erhalten. 1921 übertrug er der Regierung 975 Morgen Kauriwald, später bekannt als Trounson Kauri Park. Heute ist er ein oft besuchtes Naturschutzgebiet. Der geschätzte Wert dieser Schenkung betrug etwa £ 60.000,-

in den frühen zwanziger Jahren. Drei majestätische Kauribäume wuchsen in diesem wild wachsenden Wald. Sie hatten einen gemeinsamen Fuß und waren offensichtlich aus einem Samen gewachsen und wurden zu Ehren von Oma, Großtante Mary und Großtante Kate „die drei Schwestern" genannt.

Vor wenigen Jahren kehrte ich noch mal zum Kauripark zurück. Als ich über den aus Planken gemachten Fußweg ging, der die sich ausbreitenden Wurzeln dieser besonderen Bäume schützt und „die drei Schwestern" sah, die immer noch hoch und stark wuchsen, war ich zu Tränen gerührt.

Silbergraue, glatte zylindrische Stämme mit einem Umfang von 5 bis 10 Metern ragen jetzt glatt und lang in den Himmel, bis zu einer Höhe von etwa 30 Metern, bevor sie sich verzweigen und ein massives Blätterdach bilden, wodurch das Sonnenlicht wie durch einen Filter dringt. Das riesige Reservat ist wild und undurchdringlich mit steilen Hängen, auf denen man leise und vorsichtig treten muss. Dort liegen umgestürzte Bäume bedeckt mit federartigen Farnen und moosbedeckte Felsbrocken und dunkle Grotten. Vor allen Dingen war da die wunderbare Stille, nur unterbrochen durch den gelegentlichen Ruf der Tui (einheimischer Vogelart) oder das sanfte Zwitschern der Pfauentaube.

Helen at Trounson Kauri Park, 2005

James Trounson sagte in einer Rede an die neuseeländische Bevölkerung, „Dieser Wald hat viele Generationen Freude gebracht und wird das auch weiterhin tun. Mein Anteil daran ist in Wirklichkeit klein, denn erinnert euch, diese Bäume wurden vor tausenden von Jahren gepflanzt, lange bevor der weiße Mann nach Neuseeland kam und wird in hunderten von Jahren noch immer hier sein. Ich bin sehr froh in der Lage zu sein, diesen Wald zur Freude der Bevölkerung der Regierung zu übergeben."

Diese unschätzbare Gabe des Waldes bleibt grün und großartig, ein lebendiges Denkmal zu seinem Gedächtnis.

Ich wünschte, ich hätte diesen sozial gesinnten Menschen gekannt.

Kapitel 5

Die besten Freunde

Freda war meine beste Freundin. Seit dem Säuglingsalter wuchsen wir zusammen auf. Unsere Eltern besuchten dieselbe Methodisten Kirche in Otahuhu und wurden gute Freunde. Ihr Vater und ihre Mutter besaßen auch ein Ferienhaus in Manly.

Freda war eine Frühgeburt. Sie war so winzig, dass ihre Mutter sie in ein Stück Baumwolle wickelte und in Öl badete. Thelma strickte speziell für sie eine Puppenmütze. Mama sagte, dass sie froh sein könnte, am Leben zu sein!

Freda hatte das dunkelbraune Haar zu zwei langen Pferdeschwänzen gebunden. Ich lernte nur Klavier spielen, aber sie hatte Geigenunterricht und lernte auch Stepptanzen und Ballett. Wir verbrachten die Sommerferien immer in Manly, ein Strandgebiet nördlich von Auckland. Am Neujahrstag nahmen wir am Wettlauf auf drei Beinen teil, in der Hand einen Löffel und ein Ei. Als Krönung schrien und kreischten wir, als die Größeren unsere Arme beim Tauziehen beinahe auskugelten.

Arnold und Bryce segelten kleine P-Klasse Boote und später größere wie Sunbursts. Wir schwammen wie Fische, wir tauchten nach Herzmuscheln und ruderten unser Dingi in Kreisen.

Papa mähte den Rasen hinter dem Haus und wir harkten und häuften das trockene Gras, um es zu verbrennen. Abends rösteten wir Kartoffeln in der Asche und erzählten uns „Geheimnisse und Lügen".

Am frühen Sonntagabend spazierten wir immer dem Strand von Manly entlang zu den Crossroads.

Unter den sich weit ausbreitenden Zypressen standen zerstreut ein paar alter Stühle für die Erwachsenen umher, damit sie sich ausruhen konnten. Freda, ich und die übrigen Kinder saßen auf Kissen auf den kalten Sandbänken. Wir wickelten uns Decken um die Knie und schauten zu, wie eine altmodische Orgel den Strand hinauf geschleppt wurde. Die Pedale wurden getreten und die Bälge wurden mit Luft gefüllt. Nach einigen falschen Noten sangen wir kräftig Verkündigungslieder wie „Vorwärts Christliche Soldaten" und andere bekannte Hymnen der Baptisten und Methodisten. Der Pastor hielt eine aufwühlende Predigt. Leidenschaftlich ermahnte er seine kleine Gemeinde sich gegenseitig zu lieben, bereit zur Vergebung zu sein und so weiter. In der Dunkelheit, nur mit den funkelnden Sternen als Gesellschaft, rannten wir nach Hause.

Diese heißen Sommertage dauerten ewig. Aber niemals hatte der Tag genug Stunden.

Kapitel 6

Die Sommer in Manly

Es war der Sommer 1948. Listen waren aufgestellt worden, die Vorräte gekauft und die Ladefläche unseres grauen Kleinlasters der Marke Chevrolet aus dem Jahre 1930, ausgerüstet mit extra starken Sprungfedern, war randvoll gepackt mit Camping- und Angelzeug. Ein kleiner Kühlschrank war auch noch hinten im Auto verstaut worden und wurde nach den Ferien wieder nach Hause mitgenommen. Wir fünf zwängten uns auf den Dreiersitz im Führerstand.

Der ‚Chevy' Kleinlaster

Papa fuhr mit einem Arm aus dem Fenster, die Stirn gerunzelt in gespannter Aufmerksamkeit. Ich saß auf Mamas Schoß und Arnold und Bryce saßen eingequetscht zwischen dem Schalthebel und der Handbremse.

Schwarzer Rauch kam aus dem Auspuff des Lasters, wenn er mühsam den steilen, sich windenden Kieselweg bis zum Kamm hochfuhr. Von diesem Aussichtspunkt schauten wir über das blendend blaue Wasser des Waitemata Hafens bis nach Auckland City. Auf der anderen Seite war der Hauraki Golf mit der Kleinen und Großen Barriere Insel in dunstiger Ferne.

Als ich das Tal hinunter auf den Strand von Manly schaute, war ich entzückt von meiner Lieblingsaussicht – eine sichelförmige Bucht gesäumt von hellrot blühenden Pohutukawabäumen. Kleine Sommerhäuschen lagen nach dem Meere zu. In der Mitte des Strandes konnte ich gerade noch den Umriss unseres Häuschens sehen – ein verrostetes, rotes Blechdach, das drei staubige Wellblechwände bedeckte. Die Wand zum Strand hin hatte vier Fenster, die nach außen auf gingen. Durch die Haustür trat man sofort in ein Wohnzimmer mit winziger Küche. In den dreißiger Jahren gab meine Oma meiner Mama und ihren drei Schwestern jeder eine Strandparzelle. Papa baute unser Häuschen aus Resten, die von seinen Baustellen übrig waren. Es gab drei ähnliche Gebäude in der Nähe unseres Hauses. Heute gab es noch kein Lebenszeichen. Wir kamen als erste unserer ausgedehnten Verwandtschaft an. Vielleicht würden wir den Strand für eine kurze Zeit ganz für uns haben.

Unser Strandhaus in Manly

„Beeile dich, fahr' weiter, Papa!", schrie ich.

Ich konnte die salzige Gischt fast auf meiner Zunge schmecken, während ich zusah, wie die Sturzwellen mit weißem Kamm sich an den sandigen Strand brachen. *Es werden die schönsten Sommerferien werden, die wir je hatten. Osterferien, die Schulferien in Mai und August, Tag der Arbeit und jetzt die längsten Ferien von allen! Manly würde für die sechs herrlichen Wochen der Weihnachtsferien unser Zuhause sein!*

Der Chevy tuckerte langsam den Hügel runter in Richtung Strand. Arnold hatte die Aufgabe, die drei Hoftore, die wir passierten bevor wir unseren Strand erreichten, zu öffnen und zu schließen. Der Hof von Hobb grenzte an unsere Parzelle. Jeden Morgen gingen wir zum Milchstall, um eine Kanne mit frisch-schaumiger sahniger Milch abzuholen. *Dieses Jahr werde ich versuchen die Kanne hin und her und dann kopfüber zu schwenken, ohne einen Tropfen zu verschütten.* Mein Cousin John hatte mir gezeigt, wie ich das machen kann. *Würde es mir gelingen?* Es gelang mir, aber nur nach viel üben und nach viel verschütteter Milch.

Wir kamen an und sprangen aus dem Laster und hasteten durch die Sanddünen zum Meeresrand. Ich grub meine Zehen in den feuchten Sand. Mein ganzer Körper fing an zu kribbeln. Ich war zuhause! Manly war unser zweites Zuhause.

Plötzlich war da ein glucksender Laut und mit meinen Zehen grub ich eine Muschel aus und dann noch eine. Lachend sagte ich den Jungs, dass sie einen Eimer holen sollten. „Wir werden Muscheln, Essig, Brot und Butter zum Abendbrot haben", erzählte ich ihnen.

Sechs Wochen waren wir frei von der Schule und vom Leben in der Stadt, um am Strand Drachen steigen zu lassen, auf Felsen zu klettern und Grotten zu erforschen. Wir bauten Sandburgen und die Tage schienen endlos lang. Abends spielten wir Monopoly und Karten, während die Erwachsenen Bridge, Canasta und Schach spielten.

Schöne Zeiten in Manly

Kapitel 7

Wer die Wahl hat, hat die Qual

1946

„Mama, Papa, wo seid ihr?" Aufgeregt rannte ich ins Haus. „Mama, ich möchte dich etwas Wichtiges fragen." „Was denn, Liebes?", fragte Mama ruhig. „Freda ist jetzt ein Kadett. Lynette ist auch eingetreten und Heather möchte das auch tun."

„Wohin gehen sie? Wo sind sie eingetreten? Reg' dich ab, nimm dir Zeit und fange von vorne an", antwortete Mama.

Am Anfang des Jahres war Freda der Pfadfinderei beigetreten. Sie war ein Jahr älter als ich und nachdem ich über all die aufregenden Aktivitäten hörte, an denen sie teilnahm, wünschte ich nichts mehr, als dazu zu gehören. Sie erzählte mir, dass man als Kadett anfinge und im Laufe des Jahres Prüfungen oder Tests ablege und, wenn man diese bestand, Abzeichen empfinge. Ich hoffte, Mama würde mir erlauben auch hinzugehen.

Mama konnte sehen, wie erpicht ich darauf war. Ich wusste, dass ich warten musste, um Papa zu fragen, aber ich war ungeduldig und wollte es sofort wissen. Morgen wäre die erste Versammlung des Jahres in der Halle der Sonntagsschule.

Papa kam und unterbrach uns. „Worüber die ganze Aufregung? Warum belästigst du deine Mutter mit so vielen Fragen? Ich konnte dein Geschnatter schon im Obstgarten hören ", sagte er.

„Ist das für mich?" Wie üblich hatte er mir einen Korb voll frischer Früchte gebracht.

„Ja, sieh' mal wie groß und saftig diese Birne ist. Sie fiel vom Baum geradewegs in meine Hände. Ich glaube, dass dein Name oben drauf geschrieben ist." „Lass mich sehen. Ich kann nichts lesen. Du nimmst mich auf den Arm." Papa fing an die Birne zu reiben, bis die blassrosa Schale hell und glänzend wurde. Er platzierte sie auf die Ecke der Bank in der Küche und hörte zu, während ich ihm meine Pläne erzählte.

Er war nachdenklich und ernst, als er erzählte, was für eine wunderbare Gelegenheit das war, um dazu zu lernen, neue Freunde zu finden und dabei auch noch Spaß zu haben. Er machte mir klar, dass, wenn ich einmal Kadett wäre, ich das für immer sein würde, dass ich auch weiterhin zu den Pfadfindern gehören würde. Er schärfte mir ein, dass ich nicht etwas anfangen sollte um damit aufzuhören, wenn es zu schwierig wurde oder ich meine Meinung ändern sollte.

Es schien, als ob meine Freundinnen, Freda und Lynette schon seit Jahren zu den Kadetten in die Halle der Sonntagsschule gingen. Ich war schon sechs Jahre alt. Nach zwei Jahren bei den Kadetten würde ich zu den Pfadfinderinnen gehören. Jeden ersten Sonntag im Monat marschierten die Mitglieder des Pfadfindervereins in die Kirche hinein. Der Anführer trug die Flagge nach vorn und kniete vor dem Kommunionsgeländer. Pastor Handy nahm jede Flagge entgegen und ordnete sie in einem besonderen Spalt. Die restlichen Buben und Mädchen marschierten herein. Sie trugen schicke Uniformen und setzten sich in die Kirche. Während der Osterferien gab es ein besonderes Ferienlager.

„Ich sage dir etwas. Du darfst aus Zweierlei wählen", sagte Papa. Er stellte mich immer auf die Probe.

„Helen, du kannst diese leckere, goldene Birne wählen. Oder du entscheidest dich für deine Freundinnen und tritst den Kadetten bei."

Als Sechsjährige fand ich diese Wahl nicht sehr fair. Papa hatte mir ja schon gesagt, dass die Birne auf der Schale bereits meinen Namen trug. Er wusste, dass es mein Lieblingsobst war.

Mama und Papa sahen mich an und warteten geduldig, bis ich meine Entscheidung getroffen hatte.

„Ich weiß, was ich mehr als alles Andere in der Welt möchte", sagte ich schnell.

„Ich werde Kadett! Ich werde Kadett!"

Ich war mit meiner Entscheidung zufrieden. Beim Frühstück am nächsten Morgen stand dieselbe saftige Birne auf meinem Teller. Papa winkte und lächelte mich an.

„Ich bin stolz auf dich, Helen. Du hast eine Wahl getroffen, die du nie bereuen wirst. Diese ist die erste der vielen Wahlmöglichkeiten und schweren Entscheidungen, vor denen du im Leben stehen wirst".

Kapitel 8

Papa, der Meuchelmörder

Es war Samstagmorgen und meine zwei Brüder und ich hatten unsere Hausarbeit erledigt. Arnold und Bryce hatten die goldenen und rostbraunen Herbstblätter zu staubigen Haufen zusammengefegt. Nachdem ich den ganzen Morgen poliert hatte, konnte ich beinahe mein Spiegelbild in der glänzenden Oberfläche des Esstisches sehen. Die antiken Eichenmöbel dufteten warm wie Honig. Der verführerische Duft von Gebackenem verbreitete sich durch die weit offen stehenden Küchenfenster in den Hof. „Beeile dich mit dem Frühstück, Mama!", riefen wir.

Papa der Bauarbeiter

Papa war ein Bauunternehmer und unser Haus war ein Zeugnis seiner Liebe zu einheimischen Holzarten. Die Kunst, ein unbearbeitetes Stück Holz in seidig glatten Tische oder kunstvoll geschnitzten Stühle zu verwandeln, faszinierte ihn. Ich wusste, dass er ein Romantiker war, denn als Hochzeitsgeschenk für Mutter überraschte er sie mit einer Schlafzimmergarnitur. Oft schaute ich zu, wie Mama ihre Haare vor dem ovalen Spiegel bürstete. Sie saß gewöhnlich auf einem Schemel ohne Rückenlehne mit verzierten

Stuhlbeinen, die mit Pfoten endeten. Dieser passte zu dem geschwungenen Kopfende des Bettes und dem gepolsterten Deckel der Truhe, in der sich ihre Aussteuer befand.

Papa machte Mama einen Heiratsantrag unter der Firststange eines Zeltes. Die Familie hatte am Strand von Takapuna in Aucklands North Shore gezeltet. Man zählte 1931 und Mama war nur zwanzig Jahre alt. Einige Jahre später baute er die Firststange in den Bogengang ein der zum Hausflur führte. Ich wusste, dass er unsere Mama liebte.

Ich bin mir nicht sicher, wie alt Papa war. Ich glaube, dass er sieben Jahre älter war als Mama, sodass er wahrscheinlich Mitte dreißig gewesen sein muss. Mir schien er schrecklich alt und weise. Ich wusste, dass er schwer arbeitete, denn er verließ das Haus immer am frühen Morgen noch vor dem Frühstück. Samstags arbeitete er immer zuhause in der Werkstatt und sonntags…..Oh, die Sonntage waren ganz besonders! Er arbeitete nie an einem Sonntag. Sonntagmorgens besuchten wir die Kirche der Methodisten und abends unterrichtete Papa die Bibelgruppe der Männer. Papa fuhr uns alle in dem glänzenden, schnittigen, silbernen Wolseley zum Abendessen mit unseren Cousins in Tante Annies Haus. Manchmal kamen sie auch zu uns zum Abendessen.

Ich erinnere mich, dass Papa einmal früher als gewöhnlich nach Hause kam. Er bat uns, in den Chevy einzusteigen. *Wohin fahren wir?* fragte ich mich erstaunt. Er und Mama grinsten breit, als wir durch Otahuhu fuhren und dann vor einem todschicken Autohandel Halt machten. Das Geschäft hatte hohe Fenster, die von der Decke bis zum Boden reichten. Wir drückten die Nasen gegen das Fensterglas und schrien beim Anblick der glänzenden, schnittigen, nagelneuen Autos auf, die dort zur Schau gestellt waren. Stell dir vor, wie erstaunt wir waren, als Papa und Mama sagten, „Kommt herein. Was haltet ihr davon?" Sie hatten gerade einen neuen Wagen gekauft!

In den Schulferien im Mai mussten wir den Wagen „einfahren". Das bedeutete, dass wir einen langen Ausflug zu Mount Egmont machten. Unterwegs hielten wir bei den Waitomo Grotten. Den ganzen Weg konnten wir nur etwa 60 km pro Stunde fahren, weil der Motor noch so neu war. In jenen Tagen schienen 60 km pro Stunde ziemlich schnell und zurück in Otahuhu, hatte der Wolseley etwa 2000 km zurückgelegt. Papa durfte jetzt etwas schneller fahren.

Ich musste ein ganzes Stück hoch schauen, um Papas lächelndes Gesicht zu sehen. Manchmal trug er ein weißes Taschentuch auf dem Kopf, das an vier Ecken geknöpft war. Ich sagte ihm, dass er komisch aussah, aber er lachte nur und antwortete, dass es das Sägemehl von den Haaren fernhielt. Tatsächlich glaubte ich, dass seine schwarzen Haare langsam ausfielen. Ich konnte seine dunkelbraunen Augen sehen, die durch eine breite Brillenfassung funkelten. Die Ärmel seines buntkarierten Baumwollhemdes waren aufgerollt. Ein kleines Stück seidig weißer Haut war über seinen gebräunten, hervortretenden Bizeps zu sehen. Seine graue Flanellhose wurde von einem Hosenträger mit schottischem Muster gehalten und seine Arbeitsstiefel mit schweren Sohlen knirschten auf dem zementierten Weg. Er hatte immer was zu tun!

Wir liebten die Samstagmorgen, wenn Papa Zeit für uns hatte. Er machte einen Handstand und ging ganz lange auf den Händen. Er zeigte uns, wie man Kreisel drehen lässt und er galoppierte unsere ganze zementierte Einfahrt runter und rauf, während er einen Metallreifen vor sich her schob. Wir drei liebten diese Reifen mit Griffen, die über den kreisrunden Rahmen von oben nach unten glitten und die Papa speziell für uns gemacht hatte. Das Geheimnis war, den Griff fest nach unten zu halten, während wir um die Wette rannten.

Mama rief uns zu, mal Pause zu machen. Da saßen wir nun um den schiefen Gartentisch und unter den Kiwiranken in der Sonne, die unsere Rücken erwärmte. Papa ergötzte uns mit Geschichten aus „alten Zeiten". Mama stellte eine große Schale mit Dattelgebäck, dick beschmiert mit Marmelade und Sahne, vor uns auf den Tisch. Dunkle Pflaumen waren in unserem Obstgarten gepflückt und zu leckerer, klebriger Marmelade verarbeitet und haltbar gemacht worden. Unsere Münder waren vollgestopft und wir leckten uns die Lippen, als Papa plötzlich sagte: "Wie wäre es morgen mit einem Hähnchen als Sonntagsbraten?"

„Oh, ja", sagte Mama. Wir drei nickten einstimmig. Hähnchen war wirklich ein Genuss. Gewöhnlich bekamen wir das nur zu Geburtstagen oder Weihnachten. Man kaufte niemals ein gefrorenes Hähnchen im Supermarkt, das gab es einfach nicht! Die Hühner liefen hinten im Garten herum und unter den Obstbäumen, aber abends jagten wir sie in den Hühnerstall hinein.

Ehe wir es uns versahen, zog Papa ein superscharfes Messer heraus und im nächsten Augenblick schauten wir zu, die Münder weit offen vor Schreck. Wir waren sprachlos, als wir ein kopfloses Huhn sahen, das im Hof herum torkelte während das Blut aus dem Hals spritzte. Wir kreischten alle, Mama schrie, aber Papa stand da nur, die Hände auf den Hüften, ein blutbeschmiertes Messer in der Hand und lachte über unsere Angst und Gebaren.

Es war ein unvollkommenes Abendessen an dem Sonntag: für uns drei Kinder gab es nur geröstete Kartoffeln, Süßkartoffeln und Kürbis. Allein schon den Gedanken, dieses Hähnchen zu essen, konnten wir unmöglich zulassen.

Kapitel 9

Papa, der Schlächter

Es war spätabends. Es war ruhig im Haus und alle schliefen. Plötzlich hörte man lautes Geschrei, das aus dem Schlafzimmer der Jungen kam. Arnold und Bryce schwangen Besen und Spielzeugschwerter hin und her. Ich sprang von einem Bett zum anderen – nicht aus Freude, sondern aus Angst.

Wir hörten schwere Schritte, als Papa zielbewusst die Halle entlang ging. Er riss die Tür auf. „Was soll dieser Krach?", schrie er. Alle redeten wir zu gleicher Zeit und versuchten zu erklären, während wir auf die vier Zimmerecken zeigten. Papa trug einen blau-weißen gestreiften Schlafanzug. Die Hose war mit einem Band um die Taille gebunden. Er trug keine Pantoffel.

Papa in Manly

Als er uns zurief, den Tumult einzustellen, ließ er sich plötzlich aufs Schienbein fallen. Wir konnten eine Ausbuchtung in seinem Hosenbein sehen. Noch einen Schlag auf das Knie und dann sprang Papa auf und nieder, während er sich erbarmungslos auf dem Oberschenkel schlug. Wir machten jetzt einen Höllenlärm. Die Mutter kam herein.

Unsere Augen traten fast aus den Höhlen, als sich Papa mit dem nächsten Schlag fast sich selber umstieß. Plötzlich war da ein dumpfer Schlag und eine riesige braune Ratte fiel zu Boden. Sie hatte den längsten Schwanz, den man sich vorstellen kann. Sie wandte sich und zuckte offensichtlich im letzten Todeskampf!

Wir alle schrien in Abscheu, die Mutter eingeschlossen, das aber in ein hilfloses Gelächter überging, als Papa, der Schlächter, die Ratte erledigte und schnell beseitigte.

Kapitel 10

Papa, der Angler

1953

Papa war schon auf und beschäftigt, als die Sonne am Horizont aufging und sie die Wellen wärmte, die am Strand von Manly plätscherten. Er brachte Mama eine Tasse Tee, füllte seine Thermosflasche und machte ein Lunchpaket fertig.

Angeln war Papas Lieblingshobby. Es war eine Leidenschaft. Mit Onkel Harrys Hilfe baute er ein Boot aus Klinkern. In den Weihnachtsferien ging er jeden Tag außer sonntags von sechs Uhr morgens bis vier Uhr nachmittags zum Meer.

Ein der letzten Fotos von Papa, genommen vor seinem geliebten Boot.
Weihnachten 1954

Heute war keine Ausnahme. Er trug seine glückbringende, purpurrote Filzjacke als sie das Boot zum Meeresufer schoben. Die Stelle, wo er immer Glück hatte, war ungefähr vier Kilometer vom Strand entfernt. Um es zu finden, richtete er das Boot nach bestimmten Stellen an der Küstenlinie aus. Die vier Männer warfen die Angel aus und warteten geduldig. Am Horizont erschienen andere Boote. Sie ankerten an ihren eigenen Positionen und winkten freundlich übers Wasser. Es dauerte nicht lange, bis Papa und seine Kumpel ihren Fang von Schnapper, Knurrhahn und etliche Stachelmakrelen einholten. Letztere wurden als Köder benutzt; sonst hätten sie bald keinen mehr gehabt.

Zum Tagesende hatten sie ihre Säcke mit etwa 400 Fischen gefüllt. Um halb vier nachmittags schauten wir auf Tante Annies Veranda durchs Teleskop und konnten sehen, wie sich das Boot langsam der Küste näherte. Es sah schwer beladen aus. Einige Einheimische warteten schon am Strand auf ihre Ankunft und die übliche Verteilung der Fische. Die Jaffes waren eine riesige Familie von siebzehn Leuten. Die Zwillinge waren am Strand mit einem kleinen Karren und bereit einige Fische abzuholen. Papa beschloss, sie auf den Arm zu nehmen und fuhr lässig an der Küste entlang und wieder zurück und beobachtete Ollie und Andy, wie sie ihren Karren zogen und wie sie rannten, um mit dem Boot Schritt zu halten und den Fang nicht zu verpassen. Papa war so großzügig, er hielt oft an, um einen Angler, der kein Glück gehabt hatte, ein paar Fische zu geben, sodass sie nicht mit leeren Händen zu ihren Familien kamen.

Unsere Nachbarn in Manly.. ...teilen Papas Fang

Schließlich kam das Boot zum Strand. Jedermann half, es auf den Trailer zu heben und schaute zu, wie die Säcke auf dem Sand geleert wurden. Es war erstaunlich zu hören wie Papa die Kinder und Erwachsene fragte: "Wie viele seid ihr zu Hause?" Danach teilte er so viel aus, dass jeder genug zum Abendessen hatte. Ollie und Andy stellte er nie diese Frage. Er gab ihnen einfach einen ganzen Sack und sie zogen ab, während sie mit viel Mühe die Karre nach Hause schleppten. Am Strand wurden die Fische ausgenommen und filetiert. Das Boot wurde abgespritzt und die Sanddünen hochgeschleppt. Papa ging zu Fuß nach Hause. Er sah glücklich und entspannt aus, als Mama ihn fest umarmte und fragte: „Was möchtest du zum Abendessen?" „Fisch natürlich", antwortete er, wie immer.

Papa (rechts) mit einem großen Fang

Kapitel 11

Der Kotuku

(Maori für den schönen weißen Reiher)

Meine Hände waren feucht und mein Herz raste. Meine nagelneue Schuluniform fühlte sich steif an - mein Nacken juckte von der Stärke, die Mama in den Peter Pan Kragen der blütenweißen Bluse getan hatte. Ich hatte eine baumwollene gestrickte Schärpe um die Taille des Plisseerockes meiner marineblauen Sergeuniform geknotet. Mama zeigte mir, wie ich mein gestreiftes Schulhalstuch binden musste. Kurze weiße Socken ringelten sich um meine Knöchel während ich den funkelnagelneuen Panamahut aufsetzte.

Unsere Schuluniform, Helen (links) mit zwei Schulfreundinnen

Mit zehn Jahren war ich startbereit für meinen ersten Tag am Otahuhu College. Unsere Grundschule zählte nur vier Schuljahre. Da es keine Realschule in unserer Region gab, gingen wir geradewegs auf die höhere Schule. Ich hatte viele Freundinnen, die ich bereits kannte, aber es waren dort auch neue Jungen und Mädchen, die aus anderen Städten kamen.

Viele meiner Mitschüler mussten den Bus oder den Zug nehmen, aber ich hatte Glück; von unserem Haus zur Schule brauchte ich nur die Straße hinunter zu gehen. Ich konnte zum Lunch nach Hause gehen und vielleicht sogar meine Freunde einladen.

Mama hatte ein Abzeichen auf meinen Blazer genäht und ein glänzendes neues Abzeichen war an dem Band meines Hutes befestigt. Ich liebte dieses Symbol aber war mir nicht sicher, was es bedeutete. Es war ein schöner, weißer Vogel. Er hatte einen langen graziösen Hals und stand auf einem langen dünnen Bein, während das andere Bein unter seinem Flügel steckte. Der Kotuku war das Emblem unserer Schule. Schließlich fand ich heraus, dass dieses Abzeichen gebraucht wurde, um wichtige Leistungen in der Schule auszuzeichnen. Als ich den Schwimmtest bestanden hatte, empfing ich ein bronzenes Medaillon mit dem Kotuku und als ich Vertrauensschülerin wurde, bekam ich ein ähnliches, aber größeres Abzeichen. In den folgenden sechs Jahren auf der Schule kämpfte ich mich durch mehrere Examen und wurde oft mit einer Urkunde oder Medaille belohnt die alle die Abbildung eines Kotukus trugen.

Otahuhu College Emblem

Leider hatte ich diesen hübschen Vogel noch nie im Leben gesehen. Ich fragte mich, ob er wirklich existierte. Die Legende sagte, dass der Reiher an sumpfigen Fluss- und Seeufern lebte. Obwohl unser Haus neben hügeligem Ackerland stand und in der Nähe ein kleiner Fluss war, schien der Reiher mir dauernd auszuweichen.

Als ich die Schule beendet hatte, vergaß ich den Kotuku bald. Nur gelegentlich, wenn ich Erinnerungen Revue passieren ließ, wurde ich an die sorgenfreie Schulzeit erinnert. Die Jahre verstrichen schnell und dann kehrte der Kotuku zurück.

Otahuhu College Tage

Kapitel 12

Papas Sterben

1955

Die Jahre vergingen schnell. Wir drei Kinder genossen eine privilegierte Kindheit – nicht in finanzieller Hinsicht, aber es war auf jeden Fall eine glückliche Zeit.

Das war so bis mein Vater ins Middlemore Hospital eingeliefert wurde. Er hatte über extreme Müdigkeit geklagt. Mama war sehr beunruhigt, als sie jede Menge unerklärliche blaue Flecken auf seinem Körper sah. Es wurde Leukämie diagnostiziert und er verlor sehr schnell an Gewicht.

Jeden Tag besuchte ich ihn nach der Schule. Ich zeigte Papa Vicki, meinen winzigen langhaarigen Dackel vor dem offenen Fenster. Sie wandte sich und wimmerte in meinen Armen während sie versuchte, sich Papa zu nähern.

Ich wachte mit einem Gefühl der Furcht auf und lag in einem fremden Bett - man hatte mich zu Tante Annie geschickt, um dort zu übernachten. Ernste Gesichter starrten mich aus ovalen dunklen Holzrahmen, die die Wände bedeckten, an. Warum war ich hier, fragte ich mich. Dass Mutter sich wegen Papa Sorgen machte und durcheinander war, das wusste ich. Während ich da lag, dachte ich über die letzte Zeit mit ihm nach.

Mein Papa erlaubte mir, eine junge Hündin aus einem Wurf auszusuchen und ihr auch einen Namen zu geben. Er nahm mich zu einem Buchladen mit, wo ich ein Buch von meiner Lieblingsautorin auswählen durfte und er brachte mich zum Musikunterricht. Er verstand, dass ich schlechte Laune hatte, als ich auf unserem Broadwayklavier Melodien hämmerte und die Tasten heftig schlug.

Ich konnte Papa nicht sagen, wie wichtig er für mich war. Es war schwierig die Worte „Ich liebe dich und ich möchte, dass du nach Hause kommst, heute noch!" auszudrücken. Ich war nicht in der Lage, diese Worte auszusprechen auch nicht, wenn ich an seinem Krankenbett saß und ihm Fotos meiner Freundinnen und meines jetzigen Freundes zeigte. Ich sah, wie seine sanften braunen Augen aufleuchteten, wenn er Mama anschaute. Er brachte ihr immer die ersten Früchte der Saison. Ich rief mir ins Gedächtnis wie stolz er auf mich war, als ich beschloss, den Pfadfindern beizutreten. Ich erinnerte mich an seine Tenorstimme, wie er „Oh Danny Boy", oder Mamas Lieblingslied „Bring mich wieder nach Hause, Kathleen" sang.

Arnold, Helen und Bryce, 1954

Die Schlafzimmertür quietschte leise, als sie geöffnet wurde. Ich sah meine Tante Annie in der Türöffnung stehen. Nachdenklich ging sie zu meinem Bett und setzte sich schwerfällig neben mich. Sie machte ihren Mund weit auf und ich konzentrierte mich auf ihr gelbliches Kunstgebiss. Ich wollte die Worte nicht hören, die ich aus dieser weitgeöffneten Höhle kommen sah. Mein Herz wurde ruhig als ich ihre angespannte Stimme wie aus weiter Entfernung hörte. „Dein Papa ist letzte Nacht gestorben. Du musst sofort nach Hause gehen."

Die Tür knallte hinter mir zu während ich rannte und rannte. Wild raste ich durch den bunten Dahliengarten, sprang über den wackeligen hölzernen Zaun, welcher unseren Garten in Abschnitte unterteilte, bis ich die stille Dunkelheit unseres einheimischen Gebüsches erreichte. Es war frühmorgens. Vage hörte ich den Vogelchor als ich neben den Puriribaum stehen blieb. Ich umarmte den Stamm und kauerte unter den schützenden

Zweigen. Meine Tränen fielen ungehindert auf die glänzenden Blätter. Ich hatte Angst, nach Hause zu gehen. Leidenschaftlich hasste ich jede Veränderung. Ich wünschte, dass alles immer gleich bliebe.

Bevor ich das Haus erreichte, nahm ich mich zusammen. Vierzehn Jahre war ich alt, die älteste und einzige Tochter. Meine zwei Brüder würden später am Tag nach Hause kommen. Jetzt musste ich bei meiner Mutter bleiben.

Mama wartete bereits auf mich. Sie streckte ihre Arme aus und umarmte mich zärtlich. Sie hatte keine Tränen in den Augen, weinte und jammerte nicht. Sie strahlte Wärme, Liebe und gütiges Verständnis aus. Nie sah ich eine Träne. Aber unter der Oberfläche konnte ich ihre Qual und ihren Schmerz spüren. Wir mussten den Forderungen des Tages ins Auge schauen. Eine Beerdigung musste organisiert werden. Freunde und Verwandten würden eintreffen. Sie brauchten etwas zum Essen.

Ich wünschte, meinen Vater zu sehen. Es war mir ein Bedürfnis, mich persönlich von ihm zu verabschieden. Tante Annie brachte mich zum Begräbnisinstitut. Alle trugen schwarze Kleider. Sie sahen sehr ernst aus.

Aber dieser Mann war nicht mein Vater! Dieses kalte, feuchte, weiße wachsartige Gesicht mit geschlossenen Augen und grimmigem Gesichtsausdruck! Dieser leblose Körper, gekleidet in einem ungewohnten dunklen Anzug und in einer glänzenden Holzkiste gelegen! Ich wollte zu meinem Puriribaum zurück rennen und mich dort an meinen Vater erinnern, wie er Arbeitskleidung trug! Wie seine grauen, karierten, hoch gerollten Hemdsärmel starke, gebräunte, sehnige Unterarme zeigten. Das cremefarbene Flanellhemd zum Zuknöpfen lugte oben aus seinem Kragen hervor. Seine Augen funkelten über die Brillengläser, die gewöhnlich auf seiner Nasenspitze balancierte. Ich wünschte sein tiefes, dumpf rollendes Lachen zu hören, das aus seiner Brust emporstieg, als er mit uns lachte. Er war erst fünfzig, zu jung um uns schon zu verlassen.

Egoistisch, nur an mich selbst denkend, beschloss ich, dass ich für den Gottesdienst einen neuen Hut brauchte. Mama erlaubte mir zu dem kleinen Kleidergeschäft in Otahuhu zu gehen. Frau Reid war mitfühlend. Sanft lenkte sie mich von den älteren Modellen ab, die ich eigentlich haben wollte. Zum Schluss wählte ich eine schwarzsamtene „Pillenschachtel" dekoriert mit glitzernden Bergkristallen und einem zierlichen Schleier aus Spitze, der meine Augen bedeckte. Trotz meiner Trauer nahm meine Eitelkeit überhand. Bei dieser ernsten Gelegenheit musste ich so gut wie möglich aussehen. Und so stand ich schweigsam und still neben meiner Mutter in der vordersten Reihe der Methodistenkirche. In Ehrfurcht schaute ich zu, dann in Entsetzen, als ich plötzlich realisierte, dass dieser Moment endgültig war.

Die klangvolle Melodie von „Bleibe bei mir" begleitete uns, als wir bedrückt hinter dem Sarg zum Leichenwagen gingen. Mutter wollte nach Hause. Ich ging mit Tante Annie zum Friedhof. Meine Tränen vermischten sich mit Regentropfen. Ich konnte die Inschriften auf den Grabsteinen meiner Großeltern nur noch verschwommen sehen. Helen Nicholls starb 1933, Reuben Walton Nicholls 1944 und jetzt mein geliebter Vater, John Walton Nicholls, 1955. Ich schaute und staunte. Was würde 1966 passieren? *Nichts*, hoffte ich.

Der Sarg wurde sachte in die Erde gesenkt. Pastor Handy sprach ein paar letzte Worte zum Abschied. Langsam ging ich zur Ecke des unwillkommenen Erdlochs. Von dem Strauch neben dem Lilienteich hatte ich süß duftenden Seidelbast gepflückt. Langsam ließ ich die Blumenblätter auf den Sarg fallen.

Die langsame, ruhige Fahrt nach Hause erfüllte mich mit Angst. *Was würde als Nächstes passieren?* Meine Mutter war von ihren Schwestern, Brüdern und vielen angeheirateten Verwandten umgeben. Meine Oma, die ich sehr liebte, war da. Ich setzte mich neben sie und wurde durch ihre Gelassenheit ganz ruhig. Sie versicherte mir zärtlich, dass alles gut werde; dass, sobald ich erwachsen sei, ich verstehen werde, was Papa mir geschenkt hat. Sie erzählte mir, dass seine Liebe und Freundschaft mir immer gegenwärtig sein werde, wohin ich immer gehe, ja, für immer. Meine weise Oma hatte natürlich Recht.

Kapitel 13

Mutter

Ich liebte es, Mama zu beobachten wie sie sich für eine Veranstaltung des Rotary Klubs vorbereitete. Immer wenn sie sich vor der Frisierkommode anzog, atmete ich den Duft einer dunkelblauen Flasche ein. „Abend in Paris, Liebes", erzählte sie mir und ich sah zu, wie sie das Parfüm auf den winzigen Puls an der Innenseite der Handgelenke, hinter die rosa Muscheln ihrer Ohren und danach auf die weiche Haut ihrer Kniekehlen strich. Ich fragte mich, weshalb sie das tat.

Sie sah schön aus in ihrem eleganten, wallenden, pastellfarbigen Kleid.

Papa sah auch gut aus. Passend dazu trug er einen Smoking. Mit Schwung half er Mama in den langen, weichen Pelzmantel. Und da gingen sie, Arm in Arm.

Im Sommer trug Mama immer hübsche, baumwollene Kleider mit Blumenmustern, im Winter gewöhnlich wollene Röcke und Blusen mit einer Perlenkette um den Hals, das war der Schmuck, den sie liebte.

Mama und ihre Schwester, meine Tante Annie, machten liebend gern Einkaufsbummel. Tante Annie fuhr ihr kleines kastanienbraunes Auto Austin 10 in das Zentrum von Auckland, wo sie den Koffer mit brauchbaren Sachen von Smith & Caughey, oder von Farmers Warenhaus füllten. Es war aufregend, die Überraschungen zu öffnen, die sie für uns drei mit nach Hause gebracht hatten.

Leider änderten sich diese Dinge. In den beiden letzten Jahren, als Papa krank war, verbrachten wir alle Abende ruhig zu Hause.

Papas Tod hatte sicherlich seinen Tribut von Mama gefordert. Außer einem schmalen braunen Streifen am Genick wurden ihre schönen, seidigen, dunkelbraunen Locken praktisch über Nacht weiß. Plötzlich musste sie ungewohnte Aufgaben meistern, wie Rechnungen bezahlen, das Scheckbuch ausgleichen und alleine den Haushalt führen.

Mama

Papa hatte die Rechnungen immer am zwanzigsten des Monats bezahlt. Wir kauften immer auf Kredit im Lebensmittelgeschäft, der Metzger schickte seine Rechnung und der Gemüsehändler ebenso am Ende jeder Woche. Der Milchhändler war der einzige den wir mit Gutscheinen bezahlten. Diese legten wir in die leeren Flaschen an der Pforte am Ende der Auffahrt. Mama hatte ein Abonnement auf das Wochenblatt „Die englische Frau" und „Haus und Garten". Ich liebte mein „Kristallblatt für Mädchen" und die Jungen ihr wöchentliches Witzblatt. *Ob wir die jetzt aufgeben müssen* fragte ich mich.

Beide Eltern hatten fleißig gearbeitet und gespart. Und jetzt, was ihren Kummer noch größer machte, wurde Mama bestraft wegen der wenigen Wertsachen, die Papa ihr hinterlassen hatte. Sie besaß das Strandhaus und das Wolseley Auto. Sie hatte keine Hypothek. Sie hatte auch einen kleinen Betrag an Bargeld auf ihrem Bankkonto.

In den fünfziger Jahren führten die Behörden eine „Bedürftigkeitsermittlung" durch, um festzustellen, ob eine Witwe Anspruch auf eine Beihilfe hatte. Auf Grund ihrer Genügsamkeit und Ersparnisse empfing Mama keinerlei Hilfe von der Obrigkeit, obwohl sie drei Kinder hatte, die sie alleine großziehen musste: drei ungestüme Schulkinder, die schnell aus ihren Kleidern wuchsen, die stets was zum Essen und Geld für Schulausflüge, Bücher und Schreibwaren brauchten.

Wir fanden Jobs. Ich arbeitete freitagabends und in den Schulferien bei Todd Brothers, in einem kleinen Herren- und Damengeschäft in Otahuhu. Meine beiden Brüder trugen eine Morgenzeitung aus und irgendwann füllte Bryce Säcke mit Kohlen. Er kam dann immer mit schwarz verschmiertem Gesicht nach Hause.

Mama beschloss Internatsschüler aufzunehmen. Ich war richtig froh, dass Schulfreunde bei uns wohnen würden. Zum Glück brauchte ich mein Zimmer mit niemandem zu teilen, nicht mal als Alison, Pauline und Alice Teil der Familie wurden.

Als Mamas Gesundheit sich verschlechterte wurde Tante Ruby gerufen, um zu helfen. Zurückblickend glaube ich, dass ihre Krankheit mit Sicherheit der tiefen Trauer und den belastenden Jahren nach Vaters Tod zuzuschreiben waren. Ihre schlechte Gesundheit hat auch zu der schweren Entscheidung geführt, Bryce auf das Wesley College zu schicken.

Bryce war ungefähr zwölf, als er an das methodistische Internat für Jungen eingeschrieben wurde, das auf einer ausgedehnten Fläche im ländlichen Südauckland lag. Mama schluckte immer die Tränen hinunter, als sie ihn nach den langen Ferien oder Wochenenden zu Hause wieder zur Schule brachte. Ich sehe immer noch vor mir, wie Bryce die Autotür öffnete, ohne auf Wiedersehen oder Lebewohl zu sagen, hinausschoss und wie ein Verrückter zum Schlafsaal raste. Er wollte seine Tränen nicht zeigen. Ich weiß, dass es für Mama ebenso schwer gewesen war, den Entschluss zu fassen Bryce zu einem Internat zu schicken, als es für Bryce war, nicht mehr zu Hause zu sein. Er machte aber Freunde im Internat.

Bis ich 1956 im Alter von sechzehn Jahren anfing zu arbeiten, hatte ich noch nie ein Kleid oder einen Mantel getragen, der im Geschäft gekauft worden war. Mama war bis spät abends auf, um meine Kleider und Wintermäntel zu nähen. Ich konnte sie nahezu von innen nach außen gedreht tragen; so vollkommen und professionell nähte sie. Was ich am Liebsten trug, war ein gefalteter Schottenrock. Ich glaube, dass ich neun oder zehn war, als Mama diesen Rock machte, genäht an eine cremefarbige Taille mit einem tiefen Einschlag, welcher herausgelassen wurde, je mehr ich in die Länge wuchs.

Ich erinnere mich, dass Mama in der hiesigen Schule einen Kurs in Hüte machen besuchte. Sie machte tolle Hüte. Sogar noch in den sechziger Jahren trugen wir Hüte, Handschuhe und passende Schuhe und Handtaschen wenn wir in die Stadt fuhren oder zur Kirche, Hochzeiten, Beerdigungen und anderen besonderen Gelegenheiten gingen.

Arnold fing eine Lehre als Bauarbeiter an und Bryce war im letzten Schuljahr, als Mama beschloss nach Papatoetoe zu ziehen und dort ein kleineres Haus zu bauen. Wir bedauerten Amesbury, dem Haus unserer Kindheit, auf Wiedersehen sagen zu müssen, aber es war für Mama auch ein spannendes Unterfangen und eine Herausforderung, ein modernes Haus aus Backsteinen und mit Dachziegeln zu bauen. Schließlich war das neue Haus fertig und wir feierten eine Einzugsparty, die mit dem fünfzigsten Geburtstag von Mama zusammenfiel.

In der geräumigen Doppelgarage, die Mama extra so hatte bauen lassen, dass sie ihre Hobbys nachgehen könnten, konnten Arnold und seine Freunde darauf loshämmern. Sie und ihre Pfadfinderfreunde bauten Kanus, mit denen sie später den Wanganuifluß hinunter paddelten. Mama wandelte ihr schönes, neues Wohnzimmer vorübergehend in ein Arbeitszimmer zum Nähen um. Sie entwarf und nähte dann schwere Hüllen aus Segeltuch für jedes Kanu. Was für ein Erlebnis war diese Kanufahrt!

Arnold und Bryce hatten immer Spaß daran, einen Höllenlärm mit ihren Trommeln, Gitarren und Zimbeln zu machen. Wie konnte Mama das aushalten? Ich nehme an, dass sie sich sagte, dass es besser wäre, ihre Söhne und deren Freunde im Hause zu haben, wo sie sie im Auge behalten konnte, als dass sie abends auf den Straßen umherstreiften.

Bis auf diesen Tag frage ich mich, wie viele unserer zahlreichen Familienfreunde Mama einen Heiratsantrag machten. Sie weigerte sich immer den

Namen preiszugeben, nachdem sie den Antrag zurückgewiesen hatte. Ich vermute, wir drei wären ihr Leben. Mama fand nichts wichtiger als ihre Kinder zu lieben, sie zu hegen und zu pflegen.

Mutter war das Herz der Familie. Sie war standhaft und unerschütterlich. Sie hegte große Erwartungen was ihre Kinder, später auch ihre Enkelkinder, betrifft. In ihren Augen konnten wir nichts falsch machen. Sie strahlte vor Stolz angesichts der kleinsten Errungenschaft. Deshalb taten wir, Arnold, Bryce und ich, immer unser Bestes. Mutter war immer ruhig; nur selten hörte ich, wie sie ihre Stimme erhob. Wenn sie das tat, bedeutete das, dass sie richtig verärgert war.

„Bei Zeus", sagen meine Söhne immer noch, Omis ausdrückvolle Redensart nachahmend.

„Bei Zeus, du bist jetzt in Schwierigkeiten!", pflegte sie zu sagen.

Mutter war auch eine unglaubliche Hamsterin, eine Sammlerin, die absolut alles Mögliche sammelte. Bedingt durch die große Wirtschaftskrise 1930 verschwendete sie nie etwas. Aber am meisten sammelte sie Menschen. Sie interessierte sich für Menschen jeden Alters und aus allen sozialen Schichten. Sie wurden ihre engsten Freunde.

Sie hatte Zeit; Zeit zum Zuhören, Zeit zum Reden, Zeit zum Überlegen und Zeit zum Nachdenken. Mutter lebte eine Generation früher, als das Leben einfacher und das Tempo langsamer war. Und doch, sind wir wirklich so anders? Ist das einundzwanzigste Jahrhundert wirklich so unterschiedlich?

Sie benutzte das Telefon kaum. Nur im Notfall führte sie ein internationales Gespräch. Aber mich verlangte es danach, länger mit ihr zu reden, dem Tonfall ihrer Stimme zu lauschen. Ich wünschte ihre Liebe zu spüren, während sie über alberne Belanglosigkeiten des täglichen Lebens plauderte. Viel zu schnell, sogar wenn ich mit ihr telefonierte, entschied sie, dass das Telefongespräch „zu viel kostete". „Jetzt muss ich aufhängen", sagte sie. „Bitte, rede noch etwas länger", antwortete ich. „Ich muss deine Stimme hören. Ich möchte mich an den sanften Ton erinnern, wenn du lachst."
„Ach, du liebe Zeit. Na schön, nur noch ein paar Minuten."

Kapitel 14

Ein Brief von Bryce

1958

The Crummy Point										Paerata, 23.2.58

Liebe Helen,

Ich habe mich gut eingelebt. Ich bin in der sechsten Klasse und meine Lehrerin ist Fräulein Barbara Marshall. Mein bester Freund ist ein Tongaer namens Fatafahei und sein Vater ist ein Häuptling, der ist ein Sohn von Königin Salote. Es sind zwischen 40 und 50 Knaben in meinem Schlafsaal.

Für mein Bett habe ich Auszeichnungen bekommen. Zum Glück sehen sie nicht in deinem Spind nach. Nein, wir haben kein militärisches Training. Ich beteilige mich auch nicht an irgendwelcher Sportart. Ich dachte, dass es vielleicht besser wäre, herauszufinden, wie das in dieser Schule funktioniert, bevor ich mit einer Sportart anfange.

Die Klassen 5 und 6 gehen jeden Samstagmorgen zum Sport. Letzte Woche zerbrach Fatafahei drei Milchflaschen. Diese Woche musste ich denselben Job machen. Als ich meine Arbeitsklamotten angezogen hatte, und mich bei dem Hauswart meldete, sagte er: „Oh! Nein, wie konnten sie mir das nur antun!"

Wenn du einen der Jungen aus der Klasse meiner Sonntagsschule siehst, erzähle ihnen, bitte, dass ich mir über einen Brief von einem von ihnen sehr freuen würde.

Ich habe deinen Brief nicht in einen separaten Briefumschlag gesteckt, denn wir dürfen nicht an ein „Fräulein" schreiben. Frl. Marshall liebt keine Freundinnen. Für heute schicke ich viele Grüße,

Bryce

Kapitel 15

Mädchen begegnet Jungen

1955

Meine Augen konnten den dunklen jungen Mann mit dem Wuschelkopf am Mikrofon kaum loslassen. Seine Stimme summte sonor und tief und als er von Schmerz, Verrat, Liebe und Lust sang, glaubte ich ihm beinahe. Ich möchte mehr wissen.

Gegen Ende des Liedes begegneten sich unsere Augen und ich konnte fühlen, wie mein Herz schneller schlug.

Angezogen für ein Ball in der Schule

Es entstand eine kurze Unruhe während die Jungen über den Tanzboden schlenderten. Wir hatten unser halbjährliches geselliges Beisammensein der Schule. Mit meinen Freundinnen saß ich an einer Seite der Halle und die Jungen saßen in einer Reihe an der Wand gegenüber. Sie redeten nervös miteinander und betrachteten uns einschätzend. Ich hatte furchtbare Angst davor, das einzige Mauerblümchen zu werden – das einzige Mädchen, das übrigbleibt und zuschauen müsste, wie meine Freundinnen in den Armen ihrer Partner davon glitten. Erleichtert atmete ich auf, als ein Schulkamerad sich an mich heranmachte, mir schüchtern die Hand bot und wir uns unter die anderen Tänzer mischten. Ich versuchte einen flüchtigen Blick des dunkelhaarigen Sängers zu erhaschen, aber er war im Gedränge verschwunden.

Die Band erhöhte das Tempo und schmetterte die Melodie von den Gay Gordons. Wir bildeten einen Kreis, verbeugten uns vor unserem Partner und fingen an zu tanzen. Das machte Spaß! Während wir im Saal kreisten und lachend und neckend die Partner wechselten, entfernte sich ein Pärchen aus dem Kreis. Es war derselbe Junge, der mich so angezogen hatte, als er sang. Sie wirbelten sich fortwährend im Kreis. Er trug ihren weißen, hauchdünnen Schal, der über seinen Rücken flatterte. Als er lachend in ihre Augen schaute, wünschte ich, dass ich es wäre, die er festhielt. Ich war wie hypnotisiert. Sie waren so romantisch. Sie waren erfahren und kühn. Die Energie und Spaß die von ihm ausging, konnte ich spüren. *Wer war er? In welcher Klasse war er?*

Helen und Hugh als Koko

Ich ging zu den Sitzen an der Wand zurück und flüsterte meinen Freundinnen zu: „Wisst ihr, wer der Junge ist?" „Oh, ja, er ist im First Fifteen Rugby Team und Klassensprecher. Ich glaube, dass er die Rolle von Koko in den nächsten Gilbert und Sullivan Inszenierung ‚der Mikado' spielt, " sagte Freda. Ich hatte auch gerade für diese Schulproduktion vorgesungen und hoffte zu hören, dass ich im Chor mitsingen durfte. *Vielleicht begegne ich ihm bei den ersten Proben*, dachte ich bei mir. Ich betrat den Übungsraum und da war er. Ohne zu zögern, ging er durch den Raum direkt auf mich zu. „Ich bin Hugh Henry", sagte er, um sich selber vorzustellen. „Ich habe deinen Namen, Helen Nicholls, schon herausgefunden. Ich möchte dich gern Nicki nennen", sagte er lachend.

Hugh in 1945, 7 Jahre alt

Wenn er lächelte, bildeten sich Fältchen an den Augenwinkeln, das sah reizend und flirtend aus. Ich lachte nervös, aber beruhigte mich bald. Ich war vierzehn Jahre jung. Mit achtzehn zeigte er sich reif und verantwortungsbewusst. Ich hatte zahllose Freunde, aber keiner der so aussah und auftrat wie dieser junge Mann.

Wir vergaßen völlig, dass noch andere da waren, während wir uns den ganzen Abend unterhielten. Die Stunden gingen allzu schnell vorbei. Ich hatte das Gefühl, dass etwas Magisches in der Luft lag.

Einige Tage später schaute ich zu, als die Jungs auf das Rugbyfeld rannten. Es war das jährliche Rugbyspiel, das Maori Team gegen das Pakeha (oder das europäische) Team. Bis jetzt hatte ich niemals einen Unterschied zwischen den Maori und den europäischen Schülern gemacht.

Das Einzige, worauf ich bei den Jungen achtete, war, wie gut er aussah und wie lang er war, und ob ich mich wohl zu ihm hingezogen fühlte. Hugh, mein blendender, lächelnder Freund war nur einer von ihnen.

„Da ist Hugh, er spielt als Verteidiger. Oh, er spielt für die Maori. Sie müssen einen zu wenig haben, er ersetzt wohl jemanden", sagte ich meiner Freundin Freda.

Hugh beim Rugby

Sie schaute mich an, sagte aber nichts. Nach dem Spiel brachte Hugh mich von der Schule nach Hause.

„Ich sah, dass du für das Maori Team spieltest. Hatten sie zu wenig Spieler?"

„Nein, das Team war komplett. Warum?"

„Nun, ich staune, dass du nicht für die Pakehas (Europäer) spielst."

„Ach, ich bin von den Cook Inseln. Ich bin Polynesier. Zwar bin ich kein Maori von Neuseeland, aber wohl ein Maori der Cook Inseln", sagte Hugh mir stolz. „Wir haben über den Südpazifik einiges gelernt und ich weiß, dass Rarotonga die Hauptstadt der Cook Inseln ist. Bist du dort wirklich geboren? Erzähle mir, wo du herkommst", fragte ich.

Ich möchte mehr über diesen jungen Mann wissen. Er trug ein marineblaues Hemd mit offenen Kragen, seine Schulmütze hinten in die dunkelblaue, grob gewebte, kratzende, kurze Hose gestopft; er sah genau so aus, wie alle Junge in meiner Klasse. Aber dann erzählte er mir, dass er ein Cook Insulaner war. Er war etwas über 1,80m lang, mit einem goldbraunen Teint und lachenden, rostfarbenen Augen, tatsächlich gutaussehend in meinen Augen. Er drückte sich außergewöhnlich klar aus und strahlte Selbstvertrauen aus. Ich fand ihn faszinierend.

Und so fing unsere Freundschaft an – eine Schuljungen- und Schulmädchenromanze, welche in wenigen Jahren danach aufblühte und sich vertiefte.

Helen und Hugh

Meine Mutter wollte, dass ich mit anderen Freunden ausging.

„Du bist zu jung, um an einen bestimmten Jungen gebunden zu sein", erzählte sie mir.

„Du verstehst mich einfach nicht. Du magst ihn nicht, weil er anders aussieht wie meine anderen Freunde. Vielleicht weil er von den Cook Inseln ist?" „Nein, nein. Ich meine nur, dass du andere Freunde haben solltest. Wie kannst du wissen, was du brauchst, wenn du niemals andere Freundschaften hast?"

Meine Mutter war wegen mir besorgt. Obwohl Ehen zwischen den Rassen in Neuseeland nichts Ungewöhnliches waren, war ich das einzige Mädchen in unserem Freundeskreis, das sich verliebt hatte – in einem Jungen, der ein ‚Eingeborener' der Cook Inseln war. Ja, sogar meine Lieblingstante Annie nannte jeden mit brauner Haut einen ‚Eingeborenen'. Ein Freund fragte mich sogar, wie ich mich fühlen würde, wenn ich braune Babys hätte. *Toll!* dachte ich bei mir. Da bin ich durchs Leben gesegelt mit dem Kopf in den Wolken, ohne irgendeine Ahnung von dem verdeckten Rassismus zu haben.

Beide Eltern, besonders meine Mutter, zeigten immer Toleranz anderen Menschen gegenüber. Sie lehrte mich andere Ideologien, Religionen und Rassen zu akzeptieren. Mich wurde gelehrt nicht über Religion, Geld oder Politik zu diskutieren. Ich wurde sehr behütet. Es war das erste Mal, dass ich anfing, meine eigenen Werte und die meiner Freunde in Frage zu stellen. Man konnte mich nicht davon abbringen; Hugh war alles was ich mir wünschte. Ich realisierte, dass ich jung war. Ich wusste, dass ich gerade meinen Vater verloren hatte und ich brauchte eine Vaterfigur in meinem Leben. Aber mein Herz sagte mir, dass Hugh der Einzige für mich war. Ich war verliebt – der Himmel hing voller Geigen. Ich wusste, dass diese Liebe ewig bestehen würde. Und das Beste war, ich wusste, dass er genau so über mich dachte. Er erzählte mir nicht nur, dass er mich liebte, er schrieb auch Gedichte. Er brachte seine Gefühle zu mir zu Papier. Er sang sogar die gängigen Liebesschnulzen für mich.

Hugh begegnete meiner Mutter. Ich war nicht zu Hause, als er vorbeikam, um zu fragen, ob er mich ins Kino mitnehmen durfte. Als ich nach Hause kam und sie mir erzählte, dass sie ihn kennengelernt hatte, war meine erste Frage, „Was hattest du an?" Ich hatte Angst, dass sie ihre Schürze noch an hatte! Ein junges Mädchen legt unwichtigen Dingen soviel Gewicht bei.

Hugh musste einen guten Eindruck gemacht haben, weil Mama mir erlaubte, zu der Nachmittagsvorstellung ins Kino zu gehen. Nach Stunden in denen mich die Frage quälte, was ich anziehen sollte, wählte ich ein seidenähnliches Baumwollkleid mit langem Rock und kurze weiße Handschuhe. Eine eckige glänzende Handtasche passte zu meinen weißen Lackschuhen. Als ich Hugh zur Gesicht bekam, war ich beeindruckt. Später erzählte er mir, dass er den glänzenden, grünen Anzug mit den breiten Revers von seinem Großvater geliehen hatte. Ich bewunderte die Wahl seiner blass roten, breit gestreiften Krawatte.

Ich kann mich nicht erinnern, welchen Film wir sahen. Vielleicht war es *Love is a many splendoured thing*, denn das war unser Lieblingslied 1956. In der Dunkelheit hielten wir uns die Hände. In der Pause kaufte er mir ein Schokoladeneis und langsam gingen wir wieder hinein. Wir aßen etwas in einem bekannten Fisch und Pommes Frites Geschäft und widerstrebend nahmen wir einen Bus nach Hause. *Einen romantischen Tag, den ich nie vergessen werde,* war alles was ich denken konnte, während ich in dieser Nacht mein Kissen umarmte.

Hugh und Helen

Hugh übernahm die Rolle des älteren Bruders meiner Brüder, Arnold und Bryce. Bald war er ein wichtiger Teil der Familie.

Großmutter fand ihn gutaussehend und lud uns zum Abendessen in ihr Haus in Northcote Point ein. Ich lächelte in mich hinein. Als ich sie gefragt hatte, ob sie meinen Freund kennenlernen möchte, sagte sie mir, dass ich zu jung war, um einen festen Freund zu haben.

Hugh lebte bei seinen Großeltern in einem kleinen Landhaus im kolonialen Stil. Sein Großvater war der Aufseher der schönen Anlage, die zu Cornwall Park gehörte am Fuße des One Tree Hills. Hugh verbrachte dort seine Jugend und durchstreifte öfters diesen Hang und seine Umgebung.

Am Ende des Jahres 1956 verließen wir beide die Schule. Ich schrieb mich an Aucklands Business College ein, um ein Jahr zu studieren, bevor ich anfing als Privatsekretärin eines Rechtsanwalts zu arbeiten. Hugh sicherte sich eine Stelle in einem Schreibwaren- und Büromöbelgeschäft. Wir verbrachten jede Minute zusammen, aber wohnten immer noch zu Hause. Eine Wohnung teilen oder zusammen ziehen, das tat man nicht. Hugh hatte ein Grundstück, etwa 1000 m², in einem Außenbezirk von Auckland gekauft. Er beschloss, das Land gegen ein gebrauchtes Auto - ein Holden V8 – einzutauschen. Wir legten unser kleines Erspartes zusammen, um ein anderes Grundstück in der Umgebung von Papatoetoe zu kaufen.

Neunzehn Jahre hatte ich Weihnachten immer in unserem Strandhaus in Manly verbracht. Jetzt hatten wir 1959 und meine Freundin June und ich hatten einen Flug zur Südinsel gebucht. Es war das erste Mal für uns beiden, uns so weit südlich zu wagen. Ich war sehr aufgeregt ein neues Abenteuer in Aussicht zu haben. Hugh aber freute sich nicht so für mich, als ich erwartet hatte. Tatsächlich war er so verärgert, dass er beschloss, mir zu Weihnachten nicht zu schreiben oder anzurufen.

Ich war in einer Zwangslage. *Sollte ich gehen und die Konsequenzen tragen? Oder sollte ich nachgeben und ihn bei Laune halten? Nein, wir hatten es schon vor langer Zeit geplant und June und ich freuten uns darauf, die Seen und Berge rundum Dunedin zu erkunden.*

Wir verließen Auckland für unsere dreiwöchigen Ferien. June war mit einem Landwirt verlobt. Fast jeden Tag erhielt sie Briefe und Karten. Ich bekam nichts. Ich war fallen gelassen worden. *Ach, dachte ich bei mir, ich könnte wählen mich schlecht zu fühlen und unser Urlaub zu verderben, oder ich könnte die Achseln zucken und mich amüsieren.* Letzteres war genau was ich tat. Wir hatten eine wunderbare Zeit.

Aber auf der langen Busreise von Wellington nach Auckland wurde ich immer verdrießlicher und fiel in ein tiefes Loch. Niemand würde mich an der Busstation abholen. Aber tief in mir hegte ich ein eigenartiges Gefühl der Hoffnung, dass Hugh mich willkommen heißen würde. *Er war bestimmt so einsam gewesen wie ich.*

Ja, da war er! Er hielt tatsächlich einen Blumenstrauß hinter seinem Rücken versteckt. Die strahlenden Augen sagten all das, was ich in den Briefen – die ich nicht bekommen hatte – hätte lesen wollen. Diese Enttäuschung war sofort vergessen, als er mich in seine Arme nahm und mich feste an sich drückte.

„Von nun an, werden wir all unseren Urlaub zusammen verbringen", sagte er mir. Ich konnte kaum sprechen. Was für eine Versöhnung!

Kapitel 16

Der Name sagt Alles

„Du bist ein polynesischer Junge von den Cook Inseln. Die meisten deiner Verwandten leben da immer noch. Warum hast du einen englischen Namen?" fragte ich Hugh eines Tages. Ich habe mir den Kopf darüber zerbrochen, warum und wie das passierte. In Neuseeland hatten die Maorikinder entweder einen christlichen Maorivornamen oder einen solchen Nachname.

„Ach, das ist eine lange Geschichte und liegt einige Generationen zurück", antwortete Hugh. „Der Name meines Vaters, Albert Henry, ging zurück auf den Namen einer der ersten Missionare auf Aitutaki,

Ps. Henry Albert Royle. Pastor Royle wurde durch die London Missionary Society aus Großbritannien geschickt. Er kam geradewegs von England im Jahre 1839 mit John Williams, um speziell auf Aitutaki stationiert zu werden, wo er die Araura Schule gründete. Henry Royle war auch verantwortlich für die Missionsstationen auf den drei Inseln der südlichen Gruppe, Atiu, Mitiaro and Mauke.

Der oberste Häuptling auf Aitutaki, Tamatoa Ariki, bot dem Pastor an, sich ein Grundstück auszuwählen, um für sich und seine Familie darauf ein geeignetes Haus zu bauen. Pastor Royle wählte als Grundstück die höchste Erhebung eines abfallenden Hanges mit Aussicht auf die schöne Lagune. Ein kleiner Junge,

Tetaura Raru, wohnte im naheliegenden Dorf Araura. Er wurde der Spielkamerad beider Töchter Henry Royles, Alice und Harriet. Als er das Schulalter erreichte, besuchte er mit den Mädchen die Schule. Bis er ein junger Erwachsener war, blieb er in der Schule und wurde dann ein Auszubildender für den Lehrerberuf. Tetaura Raru heiratete schließlich. Sein Erstgeborener war ein Sohn. Tetaura hoffte, ihn nach dem Missionar benennen zu können, der ihm eine solche gute Ausbildung gegeben hatte.

Es gab jedoch bei der London Missionary Society eine strenge Regel, die sagte, dass ‚eingeborene' Kinder niemals auf die europäischen Namen der

Missionare getauft werden durften. Sie könnten Schande oder Peinlichkeiten über den Namen des Missionars bringen. Andere könnten denken, dass der Missionar angefangen hätte, wie die Einheimischen zu leben und sich eine Insulanerin als Frau genommen hätte. Tetaura Raru gab nicht auf und fragte Ps. Henry Royle, ob er den christlichen Namen ‚Henry' seinem erstgeborenen Sohn geben durfte.

„Aber das erklärt nicht, wie du zu dem Nachnamen ‚Henry' gekommen bist".

„Ich weiß, es scheint, als ob ich drum herum rede", sagte Hugh.

„Gut. Zur gegebener Zeit war Henry Royle einverstanden und erlaubte, dass sein Name ‚Henry' gebraucht werden durfte. Der junge Henry wuchs auf und wurde schließlich mein Urgroßvater väterlicherseits.

So, jetzt folgen ein paar Fakten bezüglich eines anderen Engländers, Geoffrey Strickland", sagte mir Hugh. Geoffrey war Minoras Vater, die später Henry Tetaura heiratete. Es stellte sich heraus, dass er ein Abenteurer war, das schwarze Schaf der aristokratischen Familie. Seine bunte Geschichte lässt sich wie eine Somerset Maugham Erzählung lesen. Um die Jahrhundertwende gelangte er nach Amerika, um dort ein neues Leben im Wilden Westen anzufangen. Zuletzt versprachen Geschichten aus Hawaii und Walfangexpeditionen in der Südsee Strickland weitere Abenteuer. Er fing als Harpunier auf einem Walfänger an, der von San Francisco aus operierte. Schließlich wurde er Kapitän auf einem kleinen Schiff. Einige Zeit später kam er auf der abgelegene Insel Mauke an, eine der südlichen Cook Inseln, wo er eine junge Insulanerin mit Namen „Pira" heiratete.

1884 wurde Henry Tetaura auf ein Schiff der Mission geschickt, um die Missionsstationen auf Atiu, Mitiaro und Mauke zu kontrollieren. Auf der Insel Mauke begegnete er einer schönen jungen Frau, Minora Strickland, die ungefähr im Jahre 1866 geboren wurde. Schließlich heiratete er sie. Mit heller Haut, blauen Augen und blonden Haaren war sie das dritte Kind von Pira und dem Engländer Geoffrey Strickland. Minora und Henry Tetaura wohnten auf unserem Familienbesitz am Strand von Aitutaki.

Aber ich schweife ab, es ist jetzt Zeit den Nachnamen ‚Henry' zu erklären", setzte Hugh fort. „Henry Tetaura und Minora Strickland hatten sieben Kinder."

In jenen Zeiten war es auf den Cook Inseln Brauch, dass der erste Name des Vaters zum Familienname seiner Kinder wurde. Eine andere Option die

Henry hatte, war den Maorinamen ‚Tetaura' weiterhin als Familiennamen zu nutzen. Ich vermute, dass die Missionarstöchter, die Schwestern Harriet und Alice, es guthießen, dass ‚Henry' als Familienname gewählt wurde, da das ihren verstorbenen Vater ehrte.

Folglich wurde 1885 Henry Tetaura und Minoras Erstgeborener Tupui Ariki Geoffrey Tearapoti Henry genannt. Er wuchs auf und wurde bekannt unter dem Namen Geoffrey (oder Tiavare) Henry.

Das erklärt also, warum ‚Henry' unser Familienname ist. Unter Einfluss der Missionare wurde das Fortbestehen der Familiennamen alsbald ein anerkannter Brauch auf Aitutaki. Von da an gibt es den Namen Henry", informierte mich Hugh.

Es schien, als ob wir Stunden geredet hatten und ich geriet immer mehr in Verwirrung. Herauszufinden, wer zu wem in unserem Familienstammbaum gehörte, schien mir ein gutes Stück leichter, als dieser Monolog, der mir vorgetragen wurde. Ich hielt aber durch, ich wollte unbedingt mehr über Hugh und seine Verwandtschaft wissen.

„Mit all diesen Namensänderungen muss das Zurückverfolgen deines Familienstammbaums der früheren Generationen ziemlich schwirig sein. Deine Vorfahren müssen ein phänomenales Gedächtnis gehabt haben, da du erzähltest, dass sie ihre Abstammung viele Generationen zurück hersagen können. Erzähle mir, was deinem Großvater Geoffrey oder Tiavare Henry widerfuhr."

„Also", setzte Hugh fort, „Geoffrey wuchs in einer strengen christlichen Umgebung auf. Er wurde in der kirchlichen Schule der beiden unverheirateten Schwestern, Alice und Harriet Royle, ausgebildet. Alice und Harriet waren wie Ersatztanten für Geoffrey und seine Geschwister. Er war beständig Klassenbester und schien unter diesen Unterrichtsbedingungen aufzublühen."

Am Anfang des neunzehnten Jahrhunderts wurden Ehen zwischen den Sippen noch arrangiert. Geoffreys Eltern hatten mit Erfolg Heiratsverhandlungen mit der Ngati Kamire Familie abgeschlossen. Mit nur siebzehn Jahren heiratete Geoffrey ein Mädchen mit Namen Metua Grace aus Aitutaki. Sie war nur sechzehn Jahre alt. Geoffrey und Metua Henry reisten drei Jahre lang durch den Pazifik, während sie auf einem Missionsschiff arbeiteten. Sie besuchten praktisch jede Insel, auf der die London Missionary Society eine Niederlassung hatte. Metua war die ‚Anstandsbegeleitung' der unverheirateten Frauen, die mit dem Schiff reisten, während Geoffrey als Kabinensteward arbeitete.

Geoffrey (Tiavare) Henry und sein Frau,
Metua Grace Henry

Anfang 1907 wurde Alice Royle krank. Metua Grace war mit ihrem ersten Sohn schwanger, deshalb reisten Alice und Metua nach Rarotonga, um sich ärztlich behandeln zu lassen, während Geoffrey auf Aitutaki weiter arbeitete. Leider starb Alice am 9. Juli 1909 auf Rarotonga. Am zweiten Morgen danach bekam Metua Wehen, während sie die Hühner fütterte. Sehr schnell danach gebar sie einen Sohn. Beide, Mutter und Baby, warteten vier Monate auf Rarotonga, bis es ihnen gelang, eine Überfahrt nach Hause auf Aitutaki zu sichern. Während dieser Zeit hatte das Baby keinen Namen, denn es war die Aufgabe des Vaters, den Erstgeborenen zu benennen. Es gab natürlich so gut wie keine oder gar keine Kommunikation zwischen den Inseln.

Geoffrey Henry nannte seinen ersten Sohn Albert Royle Tapa Henry. Der erste Name ‚Albert' war der mittlere Name von Ps. Henry Albert Royle gewesen. Der Name ‚Tapa' wurde dazu genommen, um den traditionellen Status innerhalb der Sippe beizubehalten. Später erbte Albert von seiner Mutter, eine Frau aus einer vornehmen Familie, den Aitutaki Titel ‚Tu Matara', was man mit den Worten ‚mit offenen Augen stehend' übersetzen könnte. Dies ist ein Titel, der dem untergeordneten Häuptling traditionell gegeben wird, auch bekannt als Mataiapo oder Kriegswache.

Nach dem Tode ihrer Schwester auf Rarotonga beschloss Harriet den Unterricht auf den Inseln aufzugeben und kehrte nach Australien zurück. Geoffrey und Metua reisten mit ihr zusammen. Ihr Baby wurde bei den Großeltern, Henry und Minora Tetaura, zurückgelassen.

Metua besuchte in Australien eine Schule, in der Pflegepersonal ausgebildet wurde, während Geoffrey die australische pädagogische Hochschule der London Mission Society besuchte. 1911, nachdem sie ihr Studium beendet hatten, kehrten sie nach Aitutaki zurück", setzte Hugh seine ausgedehnte Erzählung fort.

„Sie waren die ersten Cook Insulaner, die eine überseeische Ausbildung empfingen und mit den entsprechenden Qualifikationen abschlossen. Geoffrey wurde zum Schuldirektor von Aitutakis Araura College ernannt. Er war auch verantwortlich für die Ausbildung der älteren Schüler des Internats, mit dem Ziel, dass diese auf ihren Heimatinseln den Unterricht gestalten würden. Leider funktionierte dieses System nicht lange.

1913, auf Befehl aus Wellington, überzeugte der ortsansässige Regierungskommissar der Cook Inseln, Henry Northcroft, die London Missionary Society die Schulen und das Unterrichtssystem, das sie gegründet hatten, zu schließen bzw. abzuschaffen. Die Regierung Neuseelands wollte das Unterrichtssystem der Cook Inseln übernehmen. Die Schließung des Tereora Colleges auf Rarotonga und wenig später des Araura Colleges auf Aitutaki ließ nur eine sehr einfache Grundschule übrig. Geoffrey Henry war der Schuldirektor auf Aitutaki, aber seine Stelle wurde im Rang herabgesetzt. Er wurde Teil des öffentlichen Dienstes, einer der sehr wenigen Cook Insulaner auf der Insel Aitutaki, der von der neuseeländischen Regierung angestellt wurde. In den folgenden paar Jahren hatte mein Großvater viele verantwortliche Positionen inne. Er war der Direktor verschiedener Schulen und ständiger Vertreter von vielen abgelegenen Inseln, einschließlich Mangaia und Pukapuka.

Während der Kriegsjahre bauten die Amerikaner eine Basis auf Aitutaki. Die neuseeländische Regierung versetzte Geoffrey wieder nach Aitutaki, wo er als Dolmetscher tätig war. Er war einer der Unterhändler im Hinblick auf die Schenkungen von Land, das für die Anlage der korallen Landebahn und weiterer Militäreinrichtungen benötigt wurde. Geoffrey Henry starb 1965 auf Aitutaki. Vor seinem Tode wurde er Zeuge zweier Begebenheiten, welche, hätten sie in den frühen Tagen seines öffentlichen Dienstes stattgefunden, ein unmöglicher Traum gewesen wären. Sie bedeuteten das Ende der neuseeländischen kolonialen Verwaltung und den Anfang der Autonomie für die Cook Inseln.

Wie du weißt, wurde im Jahre 1965 sein ältester Sohn, mein Vater Albert Royle Tapa Henry, zum ersten Premierminister der Cook Inseln gewählt." „Was für eine Saga", sagte ich staunend.

Hugh hatte mich gerade mit einem total faszinierenden Bericht seiner Familiengeschichte erfreut. Ich hoffte, dass irgendjemand in der Lage sein würde, diese Begebenheiten für die Nachwelt aufzuzeichnen und ebenso die, die sich auf seinen Großvater mütterlicherseits beziehen. Hugh ist ihm nie begegnet, aber über die Jahre hörten wir Geschichten über das, was er auf Rarotonga vollbracht hatte.

Am 24. März 1860 wurde Hugh McCrone Connal in Casterton im Norden Englands geboren. Sein Vater war Michael Connal (geboren 1823) und seine Mutter war Mary Aird McCrone (geboren 1835). Beide Eltern wurden in Schottland geboren. Im Jahre 1883 schloss er das Studium zum Vermessungsingenieur auf Mauritius ab und qualifizierte sich ebenfalls als Bauinspektor auf den Seychellen. Drei Jahre später wurde er als städtischer Inspektor in Victoria, Australien registriert. Nachdem er in verschiedenen Teilen der Welt, einschließlich Tahiti, gedient hatte, kam Hugh Connal ungefähr um 1901 nach Rarotonga. Die neuseeländische koloniale Verwaltung beschäftigte ihn als Hauptinspektor und Bauingenieur für die Cook Inseln. Wir erfuhren, dass, typisch für jene Generation, er ein Meister seines Faches war. Er arbeitete fleißig, gewissenhaft und hingebungsvoll an seiner Karriere. Er führte nicht nur Vermessungsarbeit durch, sondern baute auch Häuser für die dort angestellten Ausländer. Er entwarf und baute

Kaie. Er entwarf Brücken. Seine Arbeit brachte ihn auf die Außeninseln Aitutaki, Mangaia als auch auf Rarotonga.

Es war auf Mangaia, als Hugh Tapuatua Cuthers begegnete. Tapu war die Tochter eines englischen Geschäftsmannes und einer Frau aus Mangaia. Sie hatten drei Töchter: Mary, die leider schon mit achtzehn Jahren verstarb, Elisabeth, die Albert Henry heiratete und Kate, die ein Leben lang Junggesellin blieb. Hugh zog schon einen Sohn und eine Tochter aus einer früheren Ehe mit einer Frau aus Tahiti groß. Er hatte also eine große Familie, für die er sorgen musste.

Hugh McCrone Connal

In den frühen Jahren des 19. Jahrhunderts hatten seine Arbeitnehmer durch den Mangel an Schulung wenig Bildung und eingeschränkte Kenntnisse der englischen Sprache. Wir wissen jedoch, dass er mit Menschen arbeitete, die erpicht darauf waren, dazu zu lernen und die vielen Stunden unter den widerwärtigsten Bedingungen arbeiteten, um die Arbeit zu erledigen. In jenen Tagen gab es keine Laster, keine Trecker, keine Planierraupen und keine Kräne – nur reichlich gesunder Verstand, harte Arbeit und Energie.

Es stellte sich heraus, dass seine Pläne und Entwürfe nicht so großartig waren, dass der Job Jahre brauchte um vollendet zu werden, statt Monate. Dass er seine Aufgaben gegen Ende des Jahres 1903 abgeschlossen hatte, machte ihn berühmt. Schnell und einfach baute er Brücken und baute sie so, dass sie lange hielten. Er muss viel Energie, Hingabe und Integrität besessen haben.

Hugh McCrone Connal starb am 15. Dezember 1920. Er wurde auf dem Friedhof der Christlichen Kirche der Cook Inseln in Avarua, Rarotonga begraben. Er war der erste Vermessungsingenieur aller Cook Inseln. Hugh McCrone Connal hinterließ uns ein Vermächtnis, nicht nur in Form von schönen Kolonialhäusern, die heute noch stehen und den kleinen, stabilen, betonierten Brücken, die wir heute noch benutzen, aber auch den Namen seiner Nachkommen.

Kapitel 17

Unser Familienstammbaum

Die folgende Seite zeigt unseren Familienstammbaum

Hochzeit von Albert und Elisabeth Henry

Tupui, Elisabeth, Louise und Mary mit
Ihren Eltern Albert und Elizabeth

Hugh, Elisabeth, Tupui, Mary, Albert und Louise

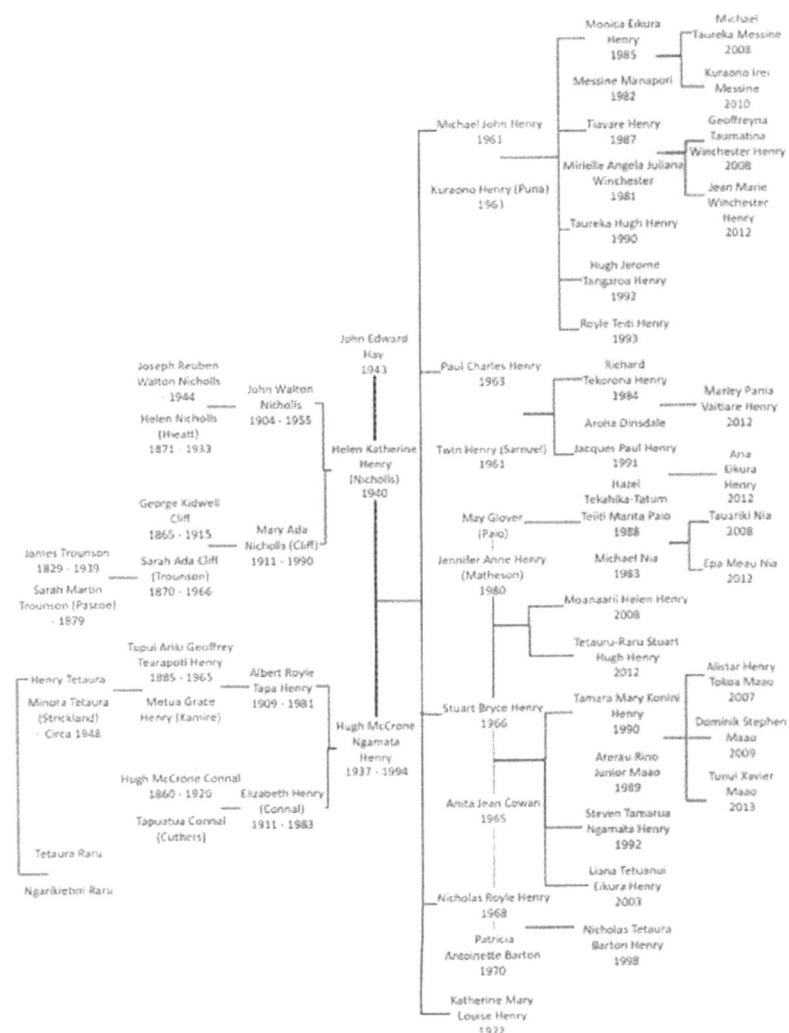

Familienstammbaum von Helen Katherine Henry und Hugh McCrone Ngamata Henry

Kapitel 18

Unsere Hochzeit

Nachdem ich aus dem Urlaub auf der Südinsel zurückgekommen war, fuhren Hugh und ich für ein paar Tage nach Manly. Ich war erleichtert und mehr als froh, dass er an dem Busbahnhof gewesen war, um mich abzuholen. Innerhalb einiger Wochen nach meiner Rückkehr erhielt ich ein paar Briefe, die in Dunedin umadressiert waren. Ich vergab ihm; denn er hatte geschrieben. Er liebte mich also doch!

1960 wurde von einem jungen Mann erwartet, dass er die Eltern des Mädchens um Erlaubnis bat, sie heiraten zu dürfen. Bis auf diesen Tag weiß ich nicht, worüber Mama mit Hugh sprach, wahrscheinlich welche seine zukünftigen Ziele und Wünsche waren. Sie schienen eine Ewigkeit zu plaudern, aber lächelten freudig, als wir uns schließlich zum Feiern setzten.

Hugh gab mir einen zierlichen Ring mit einem quadratisch geschnittenen Diamanten. Die wenigen Monate, die folgten, flogen vorbei. Wir organisierten unseren großen Tag, mein Brautkleid, als auch unser neues Zuhause.

Frau und Herr Henry

Wir beschäftigten uns mit Plänen für das Bauen eines Hauses, wir wählten Baumaterialien, Farbzusammenstellungen, Kücheneinheiten usw. Endlich war unser Traumhaus fast fertig. Die Gartenanlage, die Einfahrt und Teppiche mussten warten, bis wir mehr Geld zusammengespart hatten.

Am 11. Feb. 1961 wurden wir in der Otahuhu Methodistenkirche getraut. Es war ein vollkommener Sommertag, als ich am Arm meines Cousins George den Gang hinunter schritt. Zwanzig Jahre war ich alt und Hugh war dreiundzwanzig. Wir hielten uns die Hände und verbanden uns zu einem gemeinsamen Leben. Ich hatte keine Ahnung, wie prophetisch die Worte unserer besonderen Bibellesung, Ruth 1:16-17, sich erweisen würden!

...wo du hin gehst, da will ich auch hingehen; wo du bleibst, da bleibe ich auch.

Dein Volk ist mein Volk, und dein Gott ist mein Gott. Wo du stirbst, da sterbe ich auch, da will ich auch begraben werden. Der Herr tue mir dies oder das, nur der Tod wird mich und dich scheiden.

Hughs Vater gibt uns ein Geschenk

Ich trug ein traditionelles Kleid mit weißen Spitzen. Drei Rosen zierten den langen Rock, der von einem gestärkten Petticoat mit Reifen gestützt wurde. Winzige Knöpfe zierten den Rücken des Kleides und das Ende der langen, zugespitzten Ärmel. Ich lieh mir einen kurzen Schleier und ein perlenbesetztes Diadem aus, und trug einen blauen Strumpfhalter. Die Feier fand im Restaurant ‚Im Goldenen Glanz' statt und nach dem Essen und den

Ansprachen übernahm Hughs Verwandtschaft die traditionelle *O'ora. Das* ist eine Zeremonie, bei der jede Familie der anderen Geschenke macht.

Glücklich lächelnd sahen wir zu, wie Mitglieder von Hughs Verwandtschaft sich uns tanzend und singend allmählich näherten. Wir empfingen wunderschöne handgestickte Tagesdecken, *Tivaevae* genannt, ebenso tivaevae Bezüge für Sofa - und Kopfkissen und Ballen Stoff. Gewebte Hüte und Fächer, Körbe und Matten wurden uns geschenkt. Ich war ganz und gar überwältigt von der ungeheuren Freigiebigkeit, mit der wir beide überschüttet wurden. Dies war meine erste Erfahrung mit der Wärme und Liebenswürdigkeit der Cook Insulaner, indem sie mich in ihre Familie und Kultur willkommen hießen.

Die Flitterwoche erlebten wir am einsamen Coopers Strand im Norden von Neuseeland. Die Woche verbrachten wir mit wandern, angeln und entspannen, das war nach all der Aufregung ein guter Anfang unserer Ehe. Wir kehrten aber am Samstag schon nach Auckland zurück, da Hugh unbedingt in einem wichtigen Kricketspiel mitspielen ‚musste'. So begann die Geschichte unseres gemeinsamen Lebens. Andere Sachen mussten häufig hinter Hughs Liebe zum Sport zurückstehen.

Wir zogen in unser nagelneues Backsteinhaus mit drei Schlafzimmern ein. Zwar hatten wir kein Geld für die Einrichtung, aber das Haus war voller Liebe und Gelächter. Mama schenkte uns eine Schlafzimmereinrichtung als Hochzeitsgeschenk; wir saßen auf Stühlen, die nicht zusammenpassten und benutzten als Tisch eine Kiste. Nachdem ich drei Jahre als Sekretärin gearbeitet hatte, wurde ich mit einer guten Abfindung nach Hause geschickt. Einmal verheiratet wurde von der Mehrheit der jungen Frauen erwartet, dass sie zu Hause blieben, Ehemänner bedienten, putzten und bohnerten. Und das war, was ich tat.

Nach der Planung der Hochzeit, des Hausbaus, planten wir alsbald ein Baby. Wir hatten eine Hypothek zu bezahlen, Ausgaben, die wir einkalkulieren mussten und jetzt war ein Kind unterwegs. Ein riesiger Druck und Verantwortung lasteten jetzt auf Hughs Schultern. Unsere Freunde waren jedoch in ähnlicher Position und wie die, bekamen wir es irgendwie geregelt.

Am 25. August 1961 wurden wir stolze und glückliche Eltern unseres Erstgeborenen Michael John. Hugh kochte ein traditionelles Sonntagsessen. Meinen einundzwanzigsten Geburtstag, als auch das nach Hause bringen unseres Sohnes, feierten Mama, meine zwei Brüder, Hugh und ich. Wir genossen einen leckeren Lammbraten, gefolgt von Schaumgebäck mit Erdbeeren, Pavlova genannt, als Nachtisch.

In den ersten Monaten seines Lebens schien Michael unser Leben ganz in Anspruch zu nehmen. Mit Babys hatte ich keine Erfahrung. Glücklicherweise nutzte Mutter jede Gelegenheit, uns zu besuchen und für ihren ersten Enkel zu sorgen. Hugh war schon viele Male Onkel geworden und wusste Bescheid und war ein geschickter Papa. Achtzehn Monate später, am 27. März 1963, wurde unser zweiter Sohn, Paul Charles, geboren. Beide kleinen Jungen wuchsen als beste Freunde auf und fünfzig Jahre später haben sie immer noch einen starken brüderlichen Band.

Ich genoss es, ganztägig Mutter zu sein. Nach wie vor verbrachten wir die Ferien in Manly. Hugh pendelte in den langen Weihnachtsferien nach Auckland. Wir nahmen die Jungen mit zu Kricketwettkämpfen auf dem Domain - ein großer Platz in Auckland - oder wir schauten uns Rugbyspiele in Eden Park an. Unsere Freunde hatten Kinder im selben Alter, so dass unsere sozialen Kontakte hauptsächlich zu Hause stattfanden.

Außer Haus essen konnten wir uns nicht leisten, somit kamen unsere Freunde und Verwandten in den Sommermonaten zum Grillen und im Winter zu den Abenden am Kamin. Das war ein einfacher, aber glücklicher Zeitvertreib.

Kapitel 19

Eine junge Familie

Hugh plante unaufhörlich für die Zukunft. Er war erst glücklich, wenn er ein neues Ziel vor Augen hatte.

„Was hältst du davon, wenn wir ein quadratisches Lebensmittelgeschäft erwerben?", fragte er mich eines Abends. Ich war total verblüfft. Seine Stelle warf genug ab.

„Wie kommst du auf die Idee? Du bist gerade befördert worden. Alle meine Freunde wohnen nahe bei, und die Jungen gehen bald zur Vorschule. Ich möchte nicht umziehen." „Richtig, aber überlege. Wir könnten unser eigener Herr sein, unsere eigenen Beschlüsse fassen und mehr Zeit mit den Kindern verbringen, da wir an Ort und Stelle wohnen würden".

Glaubt er, dass ich meine Meinung ändern werde? Wohnen über dem Laden!! Nicht mit mir!

Ich liebte unser Zuhause. Die Zufahrt entlang hatte ich Rosengärten angelegt und im Hinterhof ein Gemüsebeet. An den Wochenenden arbeiteten wir beide rund ums Haus, um kleine Verbesserungen anzubringen.

Die Wochen gingen vorbei, während wir das Für und Wider erörterten. *Werden wir, oder werden wir nicht?* Eines Tages, als ich Hugh anschaute, realisierte ich mir, dass wir die Gelegenheit nutzen sollten. Wünschte ich vielleicht, dass unser Leben immer gleich blieb? Sollten wir uns weiter abmühen, ohne andere Möglichkeiten auszuprobieren? Nein, ich wollte nicht eines Tages aufwachen und mir wünschen, dass wir dies oder jenes gemacht hätten, um dann zu realisieren, dass es zu spät dafür wäre.

Also verkauften wir unser hübsches, erstes Haus und kauften einen Laden auf der Ecke der Hauptverkehrsstraße – Great South Road – in Greenlane. Über dem Lebensmittelladen gab es für uns eine kleine Wohnung. Nun banden wir uns Schürzen um und wogen Kohl, Kartoffeln, Mehl, Reis und Obst ab. Jetzt waren wir Lebensmittelhändler geworden!

Es wurde immer schwieriger, zwei ausgelassene Söhne in diesen beengten Räumlichkeiten zu beaufsichtigen. Eines Tages bekam ich einen Rüffel von einem wütenden Arzt im Auckland Hospital, als unser ältester Sohn

Michael mit einer vermuteten Überdosis Pillen auf dem schnellsten Weg dorthin gebracht wurde. Er war außergewöhnlich unvernünftig, sprach zusammenhangslos und benahm sich im Allgemeinen ungezogen.

„Wie konnte dieser Bub zu den Pillen gelangen?", fragte der weißgekleidete Arzt.

„Ich hatte sie auf eine hohe Kommode nach hinten gelegt, aber er ist so ein Waghals und klettert auf alles was ihm unter die Hände kommt. Ich fand die umgefallene Flasche und die Pillen lagen verstreut über den Fußboden. Es ist alles meine Schuld", schluchzte ich.

„Nun, ich werde seinen Magen auspumpen müssen. Sie können hinausgehen und dort warten", wies er uns an. Nach einer halben Stunde, gingen wir zurück in das Behandlungszimmer und fanden einen gänzlich erschöpften Michael. Sein Magen war ausgepumpt worden und er lag zu einem schlaffen Bündel zusammengerollt auf einer Liege.

Dieser Unfall hatte mich wirklich bedrückt. Was für eine schreckliche Mutter war ich! Ich nahm mir vor, in Zukunft sorgsamer umzugehen mit den Buben.

Eines Tages, am frühen Morgen, war ein lauter Krach, gefolgt von Geschrei zu hören. Paul hatte einen großen, hölzernen Spielzeuglaster die Treppe hinunter geworfen und dadurch eine klaffende Wunde auf Michaels Kopf verursacht. Wieder eilte ich mit ihm zum Hospital zur ambulanten Behandlung, während Hugh den Laden öffnete und versuchte mit einem weinenden und zerknirschten Paul, fertig zu werden. Was für eine schreckliche Erfahrung! Der arme Michael musste festgehalten werden, während der Arzt ein schmerzstillendes Mittel direkt in die Wunde spritzte. Wenige Tage später eiterte die Wunde und schwoll an. Wieder ging es in die Klinik, wo die Fäden gezogen und die Wunde gereinigt wurde. Meine geduldige Mutter und Tante kamen zur Hilfe und nahmen die beiden Buben zur Erholung mit zum Strandhaus.

Dieses letzte Ereignis brachte uns zu dem Entschluss, den Laden zu verkaufen und Hugh entschied sich dazu, wieder einen Acht-Stunden-Job anzunehmen. Mit seiner künstlerischen Begabung legte er sich auf das Entwerfen von Büromöbeln fest.

Zu meiner Freude stellte ich fest, dass ein drittes Kind unterwegs war. *Vielleicht wird es diesmal eine Tochter,* dachte ich.

Wir kauften ein ziemlich heruntergekommenes Einfamilienhaus in Aucklands North Shore. Das Haus war mehr als renovierungsbedürftig. Wir stürzten uns in Streicharbeiten und modernisierten das Innere des Hauses. Es war viel harte Arbeit, aber das Ergebnis gefiel und es hatte sich gelohnt. Michael kam jetzt in die North Cote Grundschule und man fragte uns, ob wir für Hughs fünfzehnjährigen Neffen Howard sorgen wollten. Seine Eltern waren nach Rarotonga gezogen, wo sein Vater in der neuen Regierung Minister für Innere Angelegenheiten und Tourismus war. Howard war in der achten Klasse einer Oberschule und machte sich dort gut. Nicht lange nach all der Unruhe, die der Umzug mit sich brachte, wurde am 22. Juni 1966 unser dritter Sohn Stuart Bryce geboren. Er war ein schönes, molliges Baby mit seidigem, goldbraunem, lockigem Haar. Zum Glück war er ab dem ersten Tag immer zufrieden. Seine zwei ausgelassenen Brüder pufften und knufften ihn dauernd, damit er aufwachte, um mit ihm zu spielen. Howard war ein klasse Babysitter für alle drei Kinder. Er liebte unser neues Baby. Er verbrachte auch Stunden mit Michael und Paul auf dem öffentlichen Spielplatz und spielte Fußball mit ihnen. Aber er hatte die schlechte Gewohnheit, heimlich in den Keller des Hauses zu gehen und Zigaretten zu rauchen. „Feuer, Feuer", rief Michael eines Abends. Wir rannten hinzu und formten eine Menschenkette um die Wassereimer weiter zu reichen und die schwelenden Flammen zu löschen. Mit trüben Augen wachte Howard auf, als wir ihn mit kaltem Wasser besprizten. Er war eingeschlafen, während er eine Zigarette rauchte.

Weil es Mutter gesundheitlich nicht sehr gut ging, beschlossen wir noch einmal umzuziehen, dieses Mal zu einem hübschen Vorort, Mt.Roskill. Wir kauften ein größeres Haus, um unsere wachsende Familie unterbringen zu können. Auf dem hinteren Teil des Grundstückes bauten wir eine kleine Wohnung für Oma. Die Großfamilie war eine wunderbare Zugabe für unsere Kinder. Howard war noch immer bei uns und machte sich gut auf der hiesigen Oberschule. Wir kauften einen goldhaarigen Cocker Spaniel sowie ein paar Kätzchen. Das Haus bot Aussicht auf einen Golfplatz. Die Grundschule war zu Fuß erreichbar. Hugh arbeitete auch weiterhin für Coulls Somerville Wilkie als stellvertretender Geschäftsführer.

1967, als er dreißig Jahre alt war, fuhr Hugh von Auckland nach Rarotonga für einen zweiwöchigen Urlaub. Die Moana Roa war ein Handelsschiff, das die beiden größeren Inseln, Rarotonga und Aitutaki, alle sechs

Wochen anlief. Seit einiger Zeit wünschten seine Eltern sehr, dass er zu den Inseln zurückkehre, um zu erfahren, wie es ist auf einer Insel zu leben. Ich weiß, dass sie sich sehnlichst wünschten, dass wir dort hinziehen.

Ich fragte mich, wie seine Reaktion sein würde.

Hughs Eltern Albert und Elisabeth Henry

Kapitel 20

Der Ruf der Insel

1967

Hugh kehrte zum ersten Mal zu seinem Geburtsland zurück, seit seine Großeltern ihn, als vierjähriges Kind, im Jahre 1941 nach Neuseeland brachten. Er wurde in jeder Hinsicht als Neuseeländer großgezogen und ausgebildet. Natürlich kannte er seine Herkunft und verstand die Maorisprache der Cook Inseln. Oma und VauVau, wie er seine Großeltern nannte, waren in ihren jüngsten Enkelsohn vernarrt. Obwohl er von ihnen verwöhnt wurde, wuchs er doch zu einem verantwortungsbewussten, jungen Mann auf.

1964 waren seine Eltern, Albert und Elisabeth, nach Rarotonga zurückgekehrt, um die bevorstehenden Wahlen vorzubereiten. Am 4. August 1965 wurden die Cook Inseln unabhängig, aber in freier Verbindung mit Neuseeland. Albert wurde zum ersten Premier gewählt oder Premierminister, wie dieses Amt später genannt wurde.

Albert und Elisabeth Henry werden willkommen geheißen nach ihrem Rückkehr auf Rarotonga

Begreiflich, dass Albert und Elisabeth darauf erpicht waren, dass ihre vier Kinder zurückkehrten und zur Entwicklung der kleinen Inselnation beitrugen. 1966 stellten ihre Tochter, meine Schwägerin Louise und ihr Mann Bruce ihr Leben total auf den Kopf, indem sie ihre junge Familie nach Rarotonga brachten. Louise, eine qualifizierte Sekretärin, wurde zur Privatsekretärin ihres Vaters, des Premiers, ernannt. Offenbar brauchte er nicht nur eine professionelle Sekretärin, aber auch eine, die ihren eigenen Mann stand und ihn gegen den unzähligen Insulaner abschirmten, die Schlange standen, ihn zu treffen und auf milde Gaben hofften.

Hughs älterer Bruder, Tupui Ariki und seine Frau Marie lebten schon auf Rarotonga. Tupui besetzte das Amt des Innenministers.

Der Premierminister Albert Henry und seine Frau Elisabeth bei ihrer Rückkehr von einer Überseereise

Manche Leute sagten, dass der Premierminister eine Dynastie schuf oder dass er auf jeden Fall des Nepotismus schuldig war. Der Premier argumentierte, dass er in der Lage sein musste, seine Sekretärin ohne Vorbehalt zu vertrauen, während der neue Innenminister alle angemessene Qualifikationen hatte und von den Leuten seines Wahlkreises auf der Insel Mauke gewählt worden war.

Ich war nicht erstaunt, als Hugh, nach seiner Rückkehr aus dem Urlaub auf Rarotonga, und nachdem er unsere Kinder mit Geschenken überschüttet hatte, mit einem breiten Lächeln auf seinem Gesicht sagte: „Was hältst du davon wenn wir alle nach Rarotonga ziehen, um dort zu leben?" Ich holte tief Luft, während mir eine Erinnerung durch den Kopf schoss. Ich war eine junge leicht zu beeindruckende Zwanzigjährige, als sein Vater, Albert, mich kurz vor unserer Verlobung zur Seite nahm. Er bat mich, ein ‚väterliches' Gespräch führen zu dürfen. „Du weißt, dass Hugh Polynesier ist und eines Tages wird er zum Land seiner Geburt zurückkehren wollen. Liebst du ihn genug, um deine Mutter und den Rest der Verwandtschaft zu verlassen? Wird deine Liebe groß genug sein, um Einsamkeit, rassistische Spannungen und Vorurteile zu überwinden? Wirst du ihn in deinem neuen Land unterstützen?" Es gab so viele Fragen und Sachen zu bedenken. „Ich liebe Hugh und werde mit ihm nach Timbuktu gehen, wenn er das von mir verlangt", antwortete ich fröhlich. Zu jener Zeit interessierten mich an der Zukunft nur meine Verlobung mit dem Mann meiner Träume und die Organisation einer romantischen Hochzeit.

Hugh starrte mich gespannt an. „Worüber denkst du gerade nach? Warum dauert es so lange, bis du antwortest?", fragte er. Seine Augen leuchteten vor Aufregung und er neigte seinen Kopf seitwärts, während er mich fragend ansah. Er hatte eine unbändige Begeisterung fürs Leben, für neue Erfahrungen und für aufregende Aktivitäten. „Was für ein Abenteuer werden wir erleben?", lächelte ich verschmitzt. Er zog mich an sich und umarmte mich fest und wir wirbelten im Kreise durch die Küche zum Erstaunen und zur Freude dreier kleiner Jungen. „Warum tanzt ihr?", fragte unser sechsjähriger, sensibler, ältester Sohn Michael. Paul und Stuart schauten verdutzt, zu jung um alles zu verstehen, sie begriffen nur, dass wir glücklich waren.

In den folgenden zwei Jahren arbeiteten wir unserem Ziel zu und sparten fleißig, um unsere Pläne realisieren zu können.

Der erste Premierminister der Cook Inseln
Albert Henry

Kapitel 21

Entscheidungen

Zwei Jahre waren wie im Fluge vorbeigegangen, seit wir die Entscheidung getroffen hatten, eines Tages nach Rarotonga zurückzukehren. Wann immer Hughs Eltern nach Auckland reisten, drängten sie uns, unsere Pläne umzusetzen. Sie sagten, es gäbe viele Möglichkeiten auf den Inseln. Es widerstrebte mir aber, meine Mutter zu verlassen, die sehr krank gewesen war. Die Buben machten sich gut in der Grundschule und Hugh war befördert worden und bekam ein redliches Gehalt. Außerdem realisierte ich, dass ich wieder schwanger war und fand, dass es praktischer wäre, das Baby in Auckland zu bekommen. Waren das nur Ausreden? Vielleicht, aber ich war auch nervös und ängstlich nach Übersee zu ziehen, wo man isoliert sein würde und alles ein vollkommener Kontrast bildete zum Großstadtleben und allem, womit ich aufgewachsen war.

An einem kühlen Sonntagmorgen im November 1968 machten Hugh und ich uns auf den Weg zur Entbindungsstation des Mater Hospitals. Später am Abend kamen unsere drei kleinen Söhne mit aufgerissenen Augen auf Zehenspitzen herein, um ihr neues Brüderchen willkommen zu heißen. "Bist du enttäuscht, wieder einen Sohn bekommen zu haben?", fragte man mich. Ich brauchte nicht mal über meine Antwort nachzudenken. Als ich in seine dunkelbraunen, vertrauensvollen Augen schaute, wurde ich von Liebe zu ihm gänzlich überwältigt. „Können wir ihn Buck nennen?", fragten Michael und Paul. Sie hatten jede Folge der Bonanza Serie im Fernsehen gesehen. „Wir werden sehen", antwortete ich und nickte nach all dem Wirbel und der Aufregung ein.

„Ich mag deine Wahl der Namen", sagte meine Freundin Freda, als sie mir die lokale Zeitung aushändigte. „Was meinst du? Welche Namen?" Hugh war so stolz auf den Familienzuwachs, dass er schon am Montag eine Anzeige in der Morgenzeitung aufgegeben hatte. Glücklicherweise hatten wir tatsächlich über Namen diskutiert, aber uns noch nicht für einen bestimmten entschieden. Ich war mehr als zufrieden mit den Namen, die Hugh wählte – Nicholas Royle Henry.

Was für einen Haushalt wir jetzt führten! Mama oder Nana, wie die Kinder sie nannten, war nie glücklicher, als wenn ihre Enkelkinder sie nach der Schule in ihrer kleinen Wohnung besuchten. Die beiden älteren Söhne gingen jeden Tag zur Grundschule hin und zurück.

Oma mit ihren drei Enkeln

Stuart war ein zufriedener, fröhlicher Dreijähriger und beschäftigte sich selbst. Nicholas, das Baby, wuchs und gedieh und nahm schnell an Gewicht zu. Kein Wunder, er trank gierig eine endlose Zahl an Milchflaschen. Howard, unser Neffe, der immer noch bei uns wohnte, ging durch eine ziemlich mürrische Adoleszenz, wir wurden aber mit seinen Launen fertig. Hugh war ein wahnsinnig beschäftigter, überarbeiteter Ehemann, Pläne ausheckend und entwerfend, um unser Ziel, die Rückkehr nach Rarotonga zu erreichen.

Ich war eine erschöpfte Mama, die versuchte immer fröhlich zu sein, und dafür zu sorgen, dass alles seine Ordnung hatte.

„Ich wette, dass du es nur fünf Jahre aushältst", rief unser Freund Ray aus, als er uns half beim Packen und Sortieren half. „Nun, es werden dann fünf Jahre der großartigsten Abenteuer sein", gab ich zurück.

Hugh und ich wurden fortwährend mit solchen unheilvollen Vorhersagen bombardiert, als auch mit Fragen wie: Warum willst du dein wunderbares Zuhause und behagliche Lebensweise aufgeben, um zu einer abgelegenen Südseeinsel zu ziehen? Hugh hatte bereits eine Stelle organisiert.

Vor einigen Monaten hatte er ein Telefongespräch entgegengenommen. „Hallo, hier spricht Neil McKegg. Wir brauchen einen Geschäftsführer für eins unserer Geschäfte in Rarotonga. Wie wäre es damit? Es hat sich herumgesprochen, dass Sie planen, nach Hause zurückzukehren. Wir werden ein Haus von der Firma zur Verfügung stellen auch ein Auto und nach einigen Jahren wahrscheinlich auch einen Urlaub für die ganze Familie", sagte er. „Bleiben Sie dran", sagte Hugh und gab die Information weiter. Ich konnte mit dem Kopf nur verwirrt nicken. „OK, das ist ein unglaubliches Angebot. Wann müssten wir abreisen?" Dann sagte Hugh, nachdem er den Hörer aufgelegt hatte: „Ich habe die Stelle eines stellvertretenden Geschäftsführers der Cook Islands Trading Company erhalten."

Plötzlich war es alles zu viel. Ich musste darüber nachdenken, aber nein, es war eine beschlossene Sache. Ich konnte nicht anders, als mich fragen, ob wir die richtige Entscheidung getroffen hatten. *Was ist mit meiner Mutter? Geht es ihr gut genug, um wieder in ihr Strandhäuschen in Manly zu ziehen?* Wir liebten es, unser Leben mit ihr zu teilen. *Ich werde meine Freunde vermissen.* Hugh aber war mein bester Freund. Er war mein Geliebter, Ehemann, Vater meiner Kinder und mein Vertrauter. *Ich muss mich auf ein neues Kapitel meines Lebens freuen.*

Unser Haus wurde für ein Butterbrot verkauft. Das war schwer zu akzeptieren, da wir uns über die Jahre angestrengt hatten, die Hypothek zu verringern, Veränderungen und Verbesserungen anzubringen. Wir waren dort so glücklich gewesen.

Bimbo, unser dummer Cocker Spaniel, ging zum Tierschutzverein. Unsere Freunde schüttelten erschreckt und verneinend den Kopf, als wir ihnen den Vorschlag machten, ihn zu übernehmen. Wir waren bestürzt, aber konnten es verstehen. Bimbo war ein großartiges Haustier für die Familie gewesen, aber er hatte wirklich kein Hirn und es war unmöglich ihn zu trainieren. Ich wusste, dass die Jungs ihn vermissen würden, aber vielleicht schafften wir uns eines Tages einen Hund von den Cook Inseln an.

Meine Mutter nahm die Katzen mit zu ihrem Strandhaus. Möbel und Nippes wurden verkauft oder verschenkt. Wir besuchten zahlreiche Abschiedspartys, Gute-Reise Cocktails" und " Ihr – werdet – bald – wieder – da - sein" Soireen. Während all dieser Unruhe irrten unsere, normalerweise sehr aktiven Buben durch die leeren Räume, ihre Lieblingsteddybären, Stoffpuppen und Bücher fest an sich gedrückt. Die kommende Veränderungen hatten sie verwirrt.

Endlich konnten wir ‚Dinge zu tun' und ‚Sachen packen' auf unserer Liste abhaken. Mein Broadwood Klavier, Gemälde und persönliche Sachen, ohne die ich nicht auskommen konnte, waren alle in Kisten verpackt worden, um mit dem Handelsschiff ‚Moana Roa' verschifft zu werden.

Wir waren unterwegs!

Kapitel 22

Der Tag des Abflugs

Der Tag des Abflugs brach an. Ich hörte den strömenden Regen auf das Ziegeldach prasseln. Der nasskalte, graue Himmel spiegelte meine düstere Stimmung wieder. Es war Anfang August und mitten im Winter. Ich fröstelte, als ich hastig aus dem Bett sprang, um unseren neun Monate alten Sohn, Nicholas, zu retten, der ungeduldig nach seiner Flasche schrie. Es war schwer, Aufgeregt zu sein, als ich die drei anderen Buben für ein frühes Frühstück aufweckte. Seit Monaten hatte ich diesen Moment vorausgesehen und den vier Söhnen begeistert beschrieben, wie unser neues Zuhause aussehen würde. Michael freute sich schon darauf, seinen achten Geburtstag auf einer Insel zu feiern. Er hoffte zu lernen, wie man eine Kokosnuss schält und mit einigen seiner Cousins zu spielen. Gestern Abend packte Paul seinen Schulranzen mit Büchern und Farbstiften. Er und Michael wurden oft für Zwillinge gehalten, da sie beinahe gleich groß waren und ich dazu neigte, sie ähnlich zu kleiden.

„Das Frühstück ist fertig", rief Hugh. Ich schaute zu, wie er Stuart aufhob und ihn neben meiner Mutter in seinen Kinderstuhl plumpste. „Los Kinder, beeilt euch. Es ist fast Zeit zum Flughafen zu gehen". Ich schaute meine Mutter an. Ich dachte daran, wie viel sie für uns tat und wie sehr sie ihre Enkel liebte. *Sie wird uns fürchterlich vermissen,* dachte ich. Ich werde nie ihre Worte vergessen, als ich ihr zum ersten Mal von unseren Plänen erzählte.

„Mama, wir haben beschlossen auf Rarotonga zu leben. Wie denkst du darüber?" „Wie aufregend für dich", antwortete sie großherzig. „Du weißt, dass ich niemals nach Übersee gereist bin. Dies wird für mich eine Gelegenheit sein, um eine andere Kultur zu erleben, es wird etwas Neues in meinem Leben bringen". Wie außerordentlich meine Mutter war! Nicht ein Wort des Selbstmitleids, dass ihre einzige Tochter abreiste, um an solch einem isolierten Ort zu leben. Mama betrachtete alles von der positiven Seite.

An diesem Morgen umarmten und küssten wir uns und zeigten äußerlich keine Trauer oder Emotionen. Ich fühlte, dass es für die Kinder wichtig war, dass sie diese Reise als ein besonderes Abenteuer betrachteten und nicht als ein Abenteuer mit einem Anflug von Traurigkeit. „Mama, verspreche, dass du sehr bald kommst und bei uns bleibst", sagte ich. „Natürlich, sobald ihr euch eingelebt habt", antwortete sie.

Ich schenkte Hugh ein schwaches Lächeln. Er hatte keinen Zweifel oder eine falsche Vorstellung von der gewaltigen Veränderung in unserem Leben. Er war immer positiv und optimistisch, seit er die Idee zum ersten Mal erwähnte. Als ich sein breites Grinsen sah, fühlte ich, wie sich meine Stimmung aufhellte. Worüber machte ich mir überhaupt Sorgen? Wir saßen alle im gleichen Boot. Zusammen würden wir etwas daraus machen.

Bekleidet mit ihren neuen Sommerhemden und kurzen Hosen, darüber Wolljacken und Regenmänteln, freuten die Buben sich über all die Aufregung und Aufmerksamkeit. Meine neue Handtasche war voller Süßigkeiten, die während der langen Reise ausgeteilt werden sollten. Mama und meine Brüder brachten uns zum Whenuapai Flughafen. Hugh strahlte übers ganze Gesicht, als er Verwandte und Freunde, die mit uns reisten, begrüßte. Mit ihrem warmen Atem tauten die Buben die Fenster auf, während sie sich durch die Scheiben die großen geparkten Flugzeuge genau ansahen.

Es schnürte mir fast die Kehle zu und ich fühlte meine Augen brennen. *Nein, ich muss nicht weinen,* sagte ich leise zu mir selbst.

Dies wird der Anfang eines neuen, aufregenden Lebens sein.

Kapitel 23

Auf dem Weg nach Rarotonga

Der letzte Aufruf ertönte unangenehm laut aus den blechernen Lautsprechern. Wir rannten durch die Pfützen auf dem geteerten Rollfeld, stiegen die Treppe hinauf und wurden durch das höhlenartige Innere eines Herkules der Luftwaffe verschluckt. 1969 waren diese Maschine und ein Handelsschiff, das die Inseln anfuhr, die einzige Transportmöglichkeit zu den Cook Inseln. Die Stewardess, bekleidet mit einem blauen Anzug, begrüßte uns mit einem Lächeln. Sie sorgte dafür, dass wir uns bald angeschnallt hatten in unseren Stühlen mit geflochtenen Sitzen. Ich schaute über den Mittelgang – fröhliche, lächelnde, braune Gesichter schauten zurück.

Während diese Cook Insulaner zu ihren Geburtsstätten zurückkehrten, ging ich zu einem neuen Zuhause. Die Motoren liefen warm und der Lärm wurde unerträglich. Aber Erleichterung kam mit der Verteilung starker Ohrenschützer unter den Passagieren, um den Lärm zu dämpfen. Als der Rumpf vibrierte, sahen Hugh und ich uns über den Köpfen der Kinder an und teilten schweigend unsere Besorgnis. Das Flugzeug nahm allmählich Fahrt auf, langsam und schwerfällig erhob es sich vom Boden. Wir waren in der Luft.

Den Passagieren wurde Lunch in einer Pappschachtel gereicht. Die Buben suchten erwartungsvoll nach Leckerem, aber fanden nur einen runzeligen Apfel, durchweichte Sandwichs, krümelige Kekse und eine kleine Packung Fruchtsaft. Ich hoffte, dass meine Leckereien sie auf der langen Reise froh stimmen würden. Durch den durchdringenden Lärm und unsere Ohrenschützer konnten wir mit niemandem reden, nicht einmal mit unserem nächsten Nachbar. Trotz des donnernden Getöses, schlief jeder langsam ein, während das Flugzeug weiter dröhnte. Ich kämpfte gegen den Drang, die Toilette nutzen zu müssen. Die Toilette ähnelte in keiner Weise, den Toilettenanlagen, die wir gewohnt waren. Hugh nahm die Buben und sie kamen mit den Nasen zugekniffen zurück und kicherten in ihren Ärmeln hinein. Die Erfahrung schien ihnen zu gefallen, wie den meisten kleinen Jungen. Schließlich musste ich nachgeben, also ging ich unsicher den engen Spalt zwischen den knochigen Knien entlang. Das Mädchen im blauen Anzug half mir eine steile Treppe hinauf. Ich hockte über einem 150 L Fass, versteckt hinter einer Persenning, bestimmt, um die Intimsphäre wenigstens etwas zu schützen. Was für eine Erleichterung! Ich ging zurück zu meinem Sitz und war mir bewusst, dass die Mitreisenden spöttisch lächelten und über meine Verlegenheit grinsten. Trotz der Tortur fühlte ich mich sehr viel besser. „Gehen wir hinunter?", fragte Michael. „Wir lehnen uns alle seitwärts, wie Dominosteine." „Ja, der Motorenlärm scheint sich verändert zu haben. Es kann jetzt nicht mehr lange dauern", antwortete sein Papa. Plötzlich wurde ich immer nervöser. Obwohl wir immer und immer wieder über Rarotonga geredet hatten und was ich dort erwarten könnte, wusste ich, dass die Wirklichkeit ganz anders sein würde. Ich hatte Fotos der Lagune und dramatischer Bergspitzen gesehen, aber ich überlegte, wie unser Haus wohl aussehen würde, dass Hugh eine neue Stelle in Angriff nahm und wie ich bloß vier Buben ohne die vertraute Unterstützung von Verwandten und Freunden in einem fremden Land großziehen könnte.

„Wir werden in dreißig Minuten auf Rarotonga landen", gab der Pilot bekannt. „Vergewissern Sie sich, dass Sie Ihre Ankunfts- und Zollformulare ausgefüllt und sie sich angeschnallt haben", forderte er uns auf. Schnell kontrollierte ich die Kinder. Waren sie sauber genug? „Mach' kein Theater", sagte Hugh. Ich konnte erkennen, dass er genau so nervös war wie ich. *Hatte er die richtige Entscheidung getroffen, die unsere Familie aus einem anständigen und ordentlichen Lebensstil und sicherer Stelle herausgerissen hatte. Wird er sich einfügen können? Er hatte so viele Jahre in Neuseeland gewohnt. Würde ich in der Lage sein, mich einer neuen Kultur anzupassen und neue Freunde zu finden? Wie ist es mit der Ausbildung? Wie mit der Krankhausversorgung?* Ach, es war jetzt sowieso zu spät, sich darüber noch Sorgen zu machen.

Mit einem Ruck, einigen Stößen und mit kreischenden Bremsen donnerte die Herkules die Landebahn entlang. Es war ein eigenartiges Gefühl, zu wissen, dass wir gelandet waren. Aber wo waren wir? Wie sah es hier aus? Es gab keine Fenster. Wir konnten nichts sehen.

Eine ‚Hercules' auf dem Rollfeld des
Flughafens von Rarotonga

Wir suchten unsere Reisetaschen zusammen und standen in der Schlange und warteten, bis wir von Bord gehen konnten. Mein Kopf wurde nass. *Was war los? Regnete es? Leckte das Dach?* Nein, die Kondensation die sich während des siebenstündigen Fluges gebildet hatte, tropfte jetzt auf alle Fluggäste herab. Im Stillen hoffte ich, dass wir beim Verlassen des Flugzeugs nicht wie ersäufte Ratten aussahen.

Wir sind glücklich wieder auf Rarotonga zu sein

Kapitel 24

Empfang nach Art der Insel

August 1969

Es war eine ziemlich feuchte und durchnässte Familie, welche die Treppe hinunterstieg in die warme milde Luft hinein. „Oh", seufzte ich selig, während ich den Wohlgeruch der Blumen einatmete. Der exotische Duft der Gardenien, Jasmin und Frangipani überwältigten meine Sinne. Meine Augen brannten durch das blendende Weiß der korallenen Landebahn. Als ich oben auf der Treppe stand, konnte ich an einer Seite den strahlendblauen Ozean neben einem blechernen Schuppen sehen und auf der anderen Seite üppig grüne Bergspitzen, die in den blauen Himmel ragten.

Ankunft auf dem Flughafen Rarotonga   Die 'Ankunftshalle' vom Flughafen

Ich war wie eine Träumende, während wir durch Tore auf ein Grundstück im Freien geführt wurden. Über den Zaun konnte ich Albert und Elisabeth, meine Schwiegereltern, sehen, sie winkten und lächelten. Einige Stempel, einige Vermerkzeichen durch Zoll- und Einwanderungsbehörde und wir waren umgeben von Verwandtschaft. Die Buben verschwanden im Nu in die Armen gänzlich unbekannter Leute. Girlanden, ‚Eis' genannt, aus rosa und weißen Blumen wurden uns um den Hals gehängt. Ich konnte Hughs lachende Augen kaum sehen, da sein Gesicht und Kopf unter die Blumenkränze verschwanden. Außer dem Geschnatter und Geschrei der

Menschenmenge konnte ich das Schlagen der Trommel hören, als auch die leisere Musik der Gitarren und Ukulelen. Nach wahrhaftigem Brauch der Cook Inseln war die Band in ganzer Stärke angetreten, um die bekannten Gesichter der Rückkehrer willkommen zu heißen und die Neuankömmlinge zu begrüßen.

„Kia Orana"! (Mögest du leben!) Was für eine schöne Redensart und was für ein Willkommen! Schon wussten die Leute aus Rarotonga, wer wir waren. Sie kannten unsere Namen, unser Alter und wo wir wohnen und arbeiten würden. Das nannte man ‚das funktionierende Kokosnussradio'. Das ist eine wunderbare Quelle der Information und des Klatsches – nicht immer korrekt, aber trotzdem unterhaltsam. Es war unglaublich, aber sie waren wirklich so. Lang, wie eine Statue, braune Insulaner, Männer und Frauen in farbenprächtigen Kleidern mit Blumenmustern, sie lachten und zeigten auf die Besucher. Die Frauen trugen vier Blumenkränze aufeinander auf dem Kopf oder Blüten hinterm Ohr. Ich hatte das Gefühl, dass ich in ein Blumengeschäft geraten war. Vor Freude rollten ihnen die Tränen über die runden, fröhlichen Gesichter, während sie Familienmitglieder umarmten und mit Girlanden aus Blumen schmückten. Staubige Lieferwagen, Motorroller und einzelne Autos parkten an der Seite des Rollfeldes und ich schaute wie betäubt, wie Mamas und Papas, Kleinkinder und Babys, zusammengepfercht auf den Ladenflächen, lachend und singend nach Hause fuhren. Es war wie eine große Party!

Während Hugh und ich weiter mit seinen Eltern sprachen, hatte mir jemand Baby Nicholas genommen und war einige Stunden nicht mehr zu sehen. Hugh war zuhause! Ich konnte erkennen, dass er in seinem Element war. Er strahlte, war fröhlich, redete laut und gestikulierte auf wahrhaftig polynesischer Art. Sein Arm umfasste mich und er stellte mich den entfernteren Verwandten und Freunde vor. Alle waren in gehobener Stimmung, offensichtlich hocherfreut einen rückkehrenden Sohn der Cook Inseln willkommen zu heißen. Bald fühlte ich mich aufgenommen durch den großzügigen, unbekümmerten Geist der Menschen, die in diesem Inselparadies lebten.

Mit meiner Hand in seiner, während die Söhne zwanglos durch die Menge rannten, wusste ich, dass wir hier glücklich sein würden. *Das wird tatsächlich mein Zuhause sein.*

Rarotonga

Kapitel 25

Erste Eindrücke
Te Enua Ou Tumutevarovaro

(Das Land in Dunst gehüllt und woher der Donner kommt)

Was sagte unser alter Freund Ray Fleming, als wir uns überlegten, Neuseeland zu verlassen, um ein neues Leben auf den tropischen Cook Inseln anzufangen? Ach ja, „Ich wette, ihr seid in fünf Jahre wieder zu Hause."

Unsere Freunde, die im ‚Windeltal' lebten, wie wir die neuen Vororte Aucklands und Wellingtons nannten, lebten weiter, wie gehabt im immer gleichen Rhythmus; die Ehemänner gehen um acht Uhr morgens ins Büro und kommen abends mit dem sechs Uhr Bus wieder zurück. Andererseits genossen Hugh und ich faule, feuchte Tage und milde Abende unter wehenden Kokospalmen hohe Gläser Longdrinks schlürfend. Das war jedenfalls das, was unsere Freunde dachten und ich hatte sicherlich nicht die Absicht sie zu enttäuschen. In Wirklichkeit aber, war unser Leben nicht weit von einem idyllischen Inselleben entfernt.

Wir kamen im August 1969 während den Feiern des Grundgesetzes an. Die Schiffe, welche die Inseln anfuhren, waren mit Tanzteams aus den nördlichen und südlichen Inseln überladen. Es gab heftige Wettbewerbe zwischen allen Tanzgruppen, und es wurden Preise vergeben für das beste Kostüm, als auch für sechs unterschiedliche Kategorien kultureller Aufführungen. Sowohl die Teams aus den Dörfern auf Rarotonga, als auch die von den Außeninseln hatten monatelang Kostüme genäht und Lieder und Tänze einstudiert. Drei hohe Palmen flankierten die Freilichtbühne. Ich saß auf einer Holzbank und sah staunend wie ‚te marama' - der Mond - langsam aufging und einen golden Glanz auf die Darsteller warf.

Willkommen daheim, Hugh

Als Ben Ellis, der Anführer der Insel Manihiki, die im fernen Norden der Inselgruppe lag, auf die Bühne sprang, führte seine Tanzgruppe einen fantastischen Tanz um ihn auf. Er war ein Riese von einem Mann und einfach großartig. Sein phänomenales Kostüm war aus natürlichen Fasern der Kokosnuss gefertigt und mit Perlmuscheln dekoriert worden. Der größte und glänzendste hing an seiner Taille und ergänzte einen weiteren Satz in seinem Kopfschmuck.

Die Tänze waren lebendig und fröhlich. Die Lieder waren humoristisch und voller Lob für unterschiedliche führende Regierungsmitglieder und prominente Personen. Die üblichen Tänze stellten einfaches Inselleben dar, wie das Fischen in der Lagune oder die Jagd auf Schweine. Die Songs machten sich sogar lustig über die Politiker des Tages, unseren ersten Premier, Albert Henry. Jedes Mal, wenn ein Name genannt wurde, musste er oder sie aufspringen und vor den Darstellern mit größtem Vergnügen tanzen. Erschöpft von all den Anstrengungen wankten sie von der Bühne und warfen anschließend Geld in eine bereitgestellte spezielle Kumete (Holzschale). Bedingt durch die Beziehung zu den Teilnehmern klatschten, jubelten oder johlten sie zur Ermutigung. Ich brauchte die Sprache nicht zu verstehen um an der Ausführung Freude zu haben. Polynesier sind begabte Geschichtenerzähler, talentierte Schauspieler und Darsteller.

Dies war offensichtlich nicht nur die Feier einer neuen Nation, sondern das Leben, die Errungenschaften der Vergangenheit wurden gefeiert und nach der Zukunft ausgeschaut.

Seit unserer Ankunft waren acht Monate vergangen. Jeder Tag war ein glücklicher, sorgenfreier Tag. Sogar mit vier lebhaften Jungen schien die Zeit stillzustehen. Ich schaute beglückt zu, wie die Jungen im warmen Wasser schwammen, oder von den vulkanischen Felsen am Black Rock – die beliebteste Stelle zum Schwimmen – sprangen. Sie schrien aufgeregt vor Lachen als sie sahen, wie unser schwarz und weiß geflecktes Hausschwein Henrietta einen Satz rosaroter Schweinchen warf. Sie war das am besten gefütterte Schwein auf der Insel. Die Jungen mixten Milchpuder mit Essensresten. Henrietta schmauste den ganzen Tag das ranzige Fleisch der zerhackten Akari – der reifen Kokosnüsse. Wir wachten früh auf durch das heisere Krähen der Hähne und das Gekreische der Mainavögel, die im Hinterhof um Krümel kämpften. Michael und Paul zogen ihre grauen, baumwollenen Schulhemde- und Hosen an. Gierig verschlangen sie saftige, goldene Papayas und genossen eine reife Banane gepflückt von der Staude, die direkt neben der Hintertür hing. „Wo sind eure Sandalen?", rief ich, als sie zum Straßentor rannten. „Wir brauchen keine Schuhe", schrien sie zurück. Der wackelige, gelbe Schulbus kam in wenigen Minuten und ich winkte ihnen nach. In den wenigen Monaten, die wir auf Rarotonga lebten, waren sie immer unabhängiger geworden. Michael war achtzehn Monate älter als Paul und mit seinen acht Jahren der unbestrittene Anführer. Paul ahmte und folgte ihm nach, mit dem Ergebnis, dass sie immer Unfug anstellten. Die krumme Tour, die der eine sich nicht ausdachte, heckte der andere aus.

Da es keine Vorschule auf der Insel gab, beschlossen einige Mütter abwechselnd mehrere Kinder morgens zu betreuen. Jede von uns baute draußen eine Sandkiste, errichtete Schaukeln und Rutschen und drinnen richteten wir Räume zum Malen und Lesen ein. Eines Morgens holte meine Freundin Stuart und Nicholas ab, um mit den anderen Kindern zusammen zu sein. Jeden Tag um 7.30 Uhr öffnete Hugh das große Warenhaus A.B. Donald. Bevor unserer Ankunft hatte die Cook Islands Trading Company die Räumlichkeiten übernommen und waren damit beschäftigt sie zu modernisieren. Der Laden war von unserem Haus aus zu Fuß erreichbar. Es war an mir, den Morgen zu genießen.

Was werden sie heute für mich vorrätig haben?, fragte ich mich. Das weltliche Einkaufen allein schon war eine Erfahrung. Was wird in den Läden sein, oder auf dem Markt? Oder kam alles erst ‚mit dem nächsten Boot'? Dies war der Satz, den man ständig hörte. Jeder Tag war faszinierend, aufregend, frustrierend, nicht vorsehbar und eine besondere Herausforderung. Aber zuerst brauchte ich einen Kaffee. Aerenga, unser Hausmädchen brachte mir eine dampfende Tasse Kaffee. Ich inhalierte den ausgeprägten Duft der frisch gemahlenen Kaffeebohnen ein. Der Kaffee wuchs auf der Nachbarinsel Atiu und wurde nach Rarotonga und Übersee exportiert. Aerenga trug einen farbenprächtigen rot-orangefarbigen Pareo. Dieses lange Stück Stoff kann auf vielerlei Weise um den Körper geschlungen werden. Wir trugen sie im Bett, zu den Läden oder, unter Hinzufügung einer Muschelkette, als Abendkleidung. Aerengas strahlendes, rundes Gesicht glühte. Sie lächelte breit, wobei sie ihre gleichmäßig weißen Zähne zeigte. Ein leuchtend roter Hibiskus steckte in ihren langen, zu Zöpfen geflochtenen, Haaren. Aerenga liebte die Kinder. Sie wohnte bei uns, half mir im Haushalt und mit den Kindern. Sie war ein Teil der Familie geworden.

Nicht lange nach unserer Ankunft schlug meine Schwiegermutter vor, Aerenga zu fragen, mir im Haushalt zu helfen. Sie war eine entfernte Verwandte und lebte auf der Insel Mangaia. Unglücklicherweise hatte sie nicht sehr viel Unterricht gehabt, aber hoffte doch, Arbeit auf Rarotonga zu finden. Ein Hausmädchen zu sein, wurde als eine gute Sache betrachtet, besonders da sie lernen würde, Dinge auf europäischer Weise zu tun und sie würde mit Sicherheit ihr Englisch verbessern. Während ich meinen Kaffee langsam schlürfte, erschienen plötzlich eine Anzahl Hennen, die vorher unter der Veranda waren. Hinter ihnen her zog eine Brut von flaumigen, gelben Küken. Träge betrachtete ich zwei ‚Mokos oder prähistorisch aussehende Geckos, die sich an der Decke gegenseitig jagten. Manchmal hingen sie kopfüber an den Holzbalken, richteten ihren Schwanz auf und spritzten etwas auf uns herab. War es ‚viel Glück', wenn sie auf unsere Köpfe oder Schultern kackten? Die Kinder glaubten es. Sie versuchten, die kleinen Kerle zu fangen und mit ins Bett zu nehmen. Glücklicherweise waren die ‚Mokos meistens zu schnell und versteckten sich hinter Gemälde und Fotos.

Große Zinkeimer, Kochtöpfe und andere Behälter wurden strategisch unter die Dachrinnen gestellt. Sie füllten sich mit Regenwasser, das vom Dach herabfloss nach den heftigen tropischen Schauern. Ich musste daran denken, sie zu leeren, bevor Mücken ihre Eier darin legen konnten und sich so vermehrten. Ich hörte, dass Vitamin B oder Marmite und Vegemite (Brotaufstrich) halfen, Mückenstiche zu verhindern. Jeden Monat stellten wir uns an, um in der Klinik gewogen zu werden. Abhängig vom Gewicht verschrieb der Arzt eine Anzahl Pillen gegen Filariose und Denguefieber.

Wir schätzten die einfachen Annehmlichkeiten; das Graben eines Umus oder Grube für den traditionellen Erdofen gehörte dazu. Ich hatte noch nie einen Umu angelegt. Ich war mir nicht sicher, ob Hugh jemals einen angelegt hatte. Die Jungen und ich schauten aber erwartungsvoll zu, als er und Aerenga ihr Können zeigten. Während sie ein großes Loch gruben, wurden die Kinder und ich zum Brennholzsammeln geschickt. Das Brennholz wurde auf den Boden der Grube gelegt und schwarze, vulkanische Gesteinsbrocken darauf angehäuft. Wir entzündeten das Feuer, warteten bis das Holz verbrannt war und kontrollierten danach, ob die Steine heiß waren. Stücken vom Schwein, Geflügel und Kumara (Süßkartoffel) wurden in Bananenblätter gewickelt, auf andere Bananenblätter, welche die Steine bedeckten, gelegt und dann mit noch mehr Bananenblättern abgedeckt und schließlich folgte zur Abdeckung eine Schicht Erde. Jetzt warteten wir einige Stunden, bis das Essen gar war. Das Ergebnis war letztendlich geräuchertes, zartes Schwein und zarte Geflügelstücke, die uns im Munde zergingen. Wir lernten, Dinge auf traditionelle Art und Weise zu tun. Das alles nahm viel Zeit in Anspruch, aber die hatten wir im Überfluss.

Gestern Abend wohnten wir einer althergebrachten Haarschneidezeremonie bei. Ich hatte mich über die Jungen gewundert, die in die Schule gingen mit Haaren so lang, dass sie diese geflochten, zusammengelegt und fest gebunden auf ihren Hinterköpfen trugen. Ich fand heraus, dass sie die favorisierten Söhne waren, egal ob sie leiblich oder adoptiert worden waren. Diese Praxis datierte aus vorchristlichen Zeiten. In den Tagen der Heiden benötigten die bevorzugten Söhne und Erben der Häuptlinge einen besonderen Schutz gegen Geister. Infolge vieler Kriege zwischen den Stämmen liefen männliche Babys mehr Gefahr als Mädchen.

Ein Junge bekommt seinen ersten Haarschnitt
(mit freundlicher Genehmigung von Helen Tatuava)

Wenn Jungen zwischen fünf und einundzwanzig Jahre alt waren, wurde eine besondere Haarschneidezeremonie, gefolgt von einem üppigen Festmahl, arrangiert. Einladungen, der Zeremonie beizuwohnen und eine Haarlocke abzuschneiden, wurden an Verwandten und enge Freunde verschickt. Die Haare des Jungen, dem die Zeremonie galt, waren, seit seiner Geburt, niemals geschnitten worden. Die langen Locken seiner Haare wurden mit Bändchen zusammengebunden und dann von den eingeladenen Gästen einzeln abgeschnitten. Hugh und ich waren stolz an diesem Ereignis teilnehmen zu dürfen und schnitten unsere spezielle Locke sorgfältig ab und nahmen es als Erinnerung mit nach Hause. Wir überreichten dem Knaben ein Geldgeschenk. Viele feine Matten und Tivaevae (gestickte Tagesdecken) wurden sowohl als Geschenke angeboten, als auch genutzt, um die Wände zu dekorieren, oder wurden über den Stuhl gehängt, auf dem der Junge saß. Was für ein gedenkwürdiges Ereignis!

Ich trat der Frauengruppe in Avatiu bei und an jedem Mittwochabend saßen wir mit gekreuzten Beinen auf der offenen Veranda, fröhliche Stoffe, farbiges Seidengarn und Blumenmuster ausgebreitet vor uns. Es war eine Gelegenheit zum geselligen Zusammensein. Dies war eine spezielle Zeit, an der wir Geschichten und Witze austauschten, während wir fleißig unsere Tivaevaes nähten. Ich fing auch an, etwas mehr über die Geschichte der Inseln zu erfahren und lernte meine freundlichen Nachbarn im Dorf besser kennen. Ein Muster von weißen Gardenien, rosa Hibiskus und rote Ingwerblumen wählte ich, die auf einen leuchtend grünen Hintergrund genäht werden sollten. Eine Dame war bekannt für ihre Musterentwürfe. Sie schnitt die Blumen aus und die übrigen acht Damen nahmen je eine Blume und fingen an, die Kanten zu besticken und sie auf das Rückteil anzunähen. Sobald meine Tagesdecke fertig war, wurde eine neue angefangen für ein anderes Mitglied der Gruppe. Ich war von dem ganzen Arbeitsgang absolut fasziniert. Es machte Spaß und hoffentlich hatte ich am Schluss mein eigenes Meisterstück.

Das Tutaka (Inspektion) in unserem Dorf fand letzte Woche statt. Ich war überrascht, als ein Team vom Gesundheitsamt und des Frauenvereins bei uns an die Tür klopfte und unaufgefordert eintrat. Erfreulicherweise bekamen wir ein Häkchen (dass alles in Ordnung war) auf unser Formular. Die Kinder hatten die Blätter zusammengerecht und Hugh hatte ein paar junge Männer geschickt um unsere Hecke und die hohen Palmen zu beschneiden. Der Leiter der Tutaka bescheinigte uns, dass wir ein sauberes, hübsches Haus und Garten hatten. Zum Glück hatte Hugh mich daran erinnert, die am schönsten gestickten Kopf- und Sofakissen hinzulegen. Die Gruppe bewunderte meine handgemachte übergroße Tagesdecke oder Tivaevae. Meine Schwiegermutter hatte sie uns als Hochzeitsgeschenk gegeben. Wenn unser ältester Sohn heiratet, wird die Tradition fortgesetzt. Die Tagesdecke würde ein Familienerbstück werden.

Diese war meine erste Erfahrung mit diesem merkwürdigen Brauch. Er stellte sicher , dass Rarotonga sauber war und frei von Mücken. Letzte Woche konnten wir kaum atmen, wegen der vielen rauchenden Feuerstellen, die das Ergebnis dieser Säuberungsaktion waren.

Es war nicht schwer, auf dieser kleinen Insel neue Freunde zu machen. Ich war bereits genötigt worden, dem Elternbeirat der Grundschule beizutreten. Vor Weihnachten waren wir damit beschäftigt, einen Verkaufsstand für Kuchen und andere Möglichkeiten zum Geld einsammeln zu organisieren.

Eine kleine Grundfläche für Veranstaltungen war neben Otera Rarotonga eröffnet worden. Es wurde AreTipani (das Haus der Blumen) genannt. Gelegentlich grillten wir dort. Hauptsächlich jedoch liebten wir es, unsere Freunde zu Hause zu bewirten und es war immer interessant, neue Freunde zu besuchen.

Nichts auf der Insel hatte eine Adresse. Es gab keine Straßennamen, geschweige denn Hausnummern. Kleine Häuser waren fast ganz verborgen durch Vegetation und Anpflanzungen. Manchmal war nur die Grundplatte übrig, vom Urwald überwuchert und löste sich schließlich im Nichts auf. Vor Jahren war jedes Dorf selbständig, mit seinen eigenen geweihten marae oder Begräbnisplatz. Heute sind die Grenzen weniger deutlich. Jedes Dorf scheint nahtlos mit dem nächsten zu verschmelzen.

Ich wurde Lehrerin an der englischsprachigen Sonntagsschule und Leiterin der örtlichen Pfadfindergruppe. Der Kirchenbesuch war ein wichtiger Teil unseres Lebens, eine weitere Gelegenheit neue Freunde zu finden. Die alte, weiße Kirche der Cook Inseln (CICC) aus Korallenkalkstein bebte geradezu durch das laute, manchmal etwas schräge Singen. Die Klänge waren aber zugleich beruhigend und erhebend. In meinen Ohren war die Melodie allerdings beinahe primitiv. Besonders ältere Frauen sangen in einer hohen schrillen Harmonie, die mir durch Mark und Bein drangen.

Vier oder fünf Mal im Jahr, in den Weihnachts- und Neujahrsferien, an gesetzliche Feiertage und Festspiele, fanden Pferderennen nach Art der Cook Inseln am Strand von Muri statt: Es war ein ausgelassenes Ereignis. Wir kamen früh um einen vorteilhaften Platz am Strand zu ergattern. Ein paar magere Ponys waren unter den Eisenholz- und wilde Hibiskussträuche angebunden. Die ‚Jockeys' saßen auf alten Decken oder Handtüchern, aber hatten zumindest Zügel oder Halfter, um sich daran festzuklammern. Die Offiziellen und Teilnehmer drängten sich zusammen. Die Laufbahn war den Strand entlang abgesteckt worden und Streckenläufer waren gerade zurückgekommen, nachdem sie nach Krabbenhöhlen und Trümmer ausgeschaut hatten, durch welche die Reiter hätten stürzen können. Das Fernglas vor den Augen, hockte Hugh unsicher auf den Zweigen der Eisenholzbäume. Er war der Kommentator an diesem Tag. Jockeys und Pferde wurden zum Start gerufen. Sie trugen schmuddelige T-Shirts und kurze Rugbyhosen und waren barfuß. Es war ein buntes Gemisch, das die Ponys drängte und schob, damit sie eine Linie bildeten. Die Luft wurde erfüllt von obszönen Kommentaren, als die Reiter, breit grinsend, miteinander scherzten und sich anrempelten, bevor sie ihre Plätze einnahmen. Die Flagge senkte sich und unter Beifallsrufe und Gejohle der Menge ging das Rennen los.

Es gab enorm viel Krach, als die Ponys vorwärts schossen, ihre Hufe peitschten den Sand hoch und Mützen flogen durch die Luft. Ein Pony scheute an der Linie, ein anderes bockte und bäumte sich auf und versuchte den Reiter abzuwerfen. Ein drahtiger Jockey klammerte sich verbissen fest, während sein Pony in die Lagune sprang und zum Rif schwamm. Ich hatte mein Geld auf ein hübsches kremigbraunes Pony gesetzt, das zu meiner Bestürzung ins Gebüsch stürmte und nie wieder gesehen wurde. Nur ein paar Reiter gelang es, ihre Rosse zu kontrollieren und die Ziellinie zu überschreiten. Alle waren erschöpft, aber glücklich, als sie die Dollars und Cents zählten, die sie gewonnen hatten.

Michael und Paul verbrachten den ganzen Samstagmorgen mit der Vorbereitung ihrer Angelschnüre und Angelruten. Es war die Zeit der Ature. Ature sind kleine silbrige Fische, wie Makrelen und große Sardinen. Die Avatiu Werft wurde gesäumt von hoffnungsvollen Anglern. Die Jungen quetschten sich zwischen einen ziemlich langen Mann und seine, sogar noch molligere Frau. Sie ließen ihre Beine über die Kante der betonierten Kaimauer baumeln und warfen ihre Angel ins tiefe, wirbelnde Wasser. Der Hafen wimmelte vor Fischen, die fast aus dem Wasser auf den Kai sprangen. Es dauerte nicht lange, bis ihr Eimer voll war. Aerenga war froh mit ihrem Fang. Sie war die Einzige, die eine gute Portion gebratener Fische genoss. Wir fanden, die winzigen Fische hätten zu viele Gräten und waren unappetitlich. Aber das Angeln beschäftigte Michael und Paul und sie waren aus den Füßen. Wenn die Tagua, Manuvai, oder Aketere die Handelsschiffe, die zwischen den Inseln fuhren und Silk & Boyd gehörten, im Hafen waren, liebten die Buben es, die Wände hochzuklettern und ins Hafenbecken zu tauchen. Ein wunderbarer Tummelplatz für Kinder.

Ein friedliches Gefühl überkam mich, als ich so da saß und über die letzten Monate nachdachte. Es war nicht leicht gewesen, die Veränderung von einem geschäftigen Leben in der Stadt mit Mama, die um die Ecke wohnte, aber anderseits war es auch nicht unmöglich schwer gewesen. Die kühle Ozeanbrise, die durch unser Haus wehte, die feuchtwarme Sommertage, die blühenden Flammenbäume, die eine Überdachung über den staubigen Straßen bildeten, das Lachen unserer Kinder – diese einfachen Freuden wirkten wie eine magische Zauber auf mich.

Ich war zu Hause.

Kapitel 26

Die Stadt, die ich liebe

Zerklüftete, smaragdgrüne Bergspitzen ragten steil in den leuchtend blauen Himmel. Diese turmhohen Riesen bilden einen dramatischen Hintergrund für das verschlafene Dorf Avarua. Ein herrlicher hochroter Flammenbaum breitet seine Zweige schützend über die Hauptstraße aus. Es war ein feuchtwarmer Morgen mitten im Dezember und der Teer schmolz schon auf dem kieshaltigen Asphaltweg und klebte an meinen Sandalen, als ich über die Straße zum Postamt ging. Die Moana Roa war aus Auckland (Neuseeland) eingelaufen. Ich hoffte, dass die Postsendung schon aussortiert worden war.

Die schroffen Spitzen von Rarotonga

Es war der perfekte Ort Freunde zu begrüßen und neuen zu begegnen, während wir vor dem weiß getünchten Gebäude aus Holz herumlungerten, schwatzten und plauderten. Die lange niedrig überhängende Veranda schützte vor der brennenden Sonne. Ich holte ein paar Briefe ab, zu viele Rechnungen und einige Weihnachtspäckchen und schlenderte danach gemächlich am Otera Rarotonga vorbei. Das kleine Hotel, das einige ausländische Gäste und Regierungsangestellten beherbergte, war von der Straße etwas zurückgesetzt in eine winzige grüne Oase gebaut worden. Purpurne und rote Bougainvillea kletterten aufs Geratewohl über Bananen- und Palmbäume und sahen aus wie ein lohendes Feuer, das sich von der niedrigen, weißen Kalksteinmauer aus Korallen, die dem Gebäude umgab, scharf abhob.

Ein kurzer Spaziergang brachte mich zu der Cook Islands Tradings Company. ‚Boß' McKegg übernahm 1891 die Eigenschaftsrechte dieses Warenhauses. Nur wenig hatte sich geändert. Man konnte alles Erdenkliche kaufen, von Sicherheitsnadeln bis Möbeln. Ausgestreckt über zwei Häuserblocks war es der soziale Mittelpunkt von Avarua und bestand sowohl aus einer kleinen Apotheke, einem Fotogeschäft, einer schlichten, verwahrlosten Kneipe, als auch aus dem Warenhaus. Daneben waren die Außenwände der örtlichen Reiseagentur mit roten, blauen, schwarzen und weißen Streifen bemalt worden. Dies wurde von den Einheimischen tatsächlich als Schandfleck betrachtet. Das Gebäude trat jedoch deutlich hervor und wurde von den vereinzelten Touristen leicht gefunden.

Otera Rarotonga, heute der ‚Banana Court'
(mit freundlicher Genehmigung der Cook Islands Bibliothek und Museums Fotografiesammlung)

Gelegentlich bekam man einen flüchtigen Eindruck vergangener kolonialen Tage durch weißes Lattenwerk an den Gebäuden, oder ein Strohdach. Bund bemalte Anzeigetafeln machten Werbung für verschiedene alltägliche Güter und Dienste. Sie fügten etwas Farbe zu den sonst ein wenig eintönigen Farben. Im Allgemeinen war das Ergebnis einfach und reizend. Das rostige, rote Wellblechdach und die verzogenen Holzwände des Büros der Union Steamship Company verfielen zusehends. Es war nichts für Schwächlinge entlang den wackeligen Landungssteg der in die Lagune hineinragte, zu gehen. An meiner linken Seite war eine Reihe Gebäude, die nicht zusammenpassten und bis zum Markt ging. Goldene kuppelförmige Haufen Papayas, reife Bananenstauden und gelbe Passionsfrüchten, die auf saftige Wassermelonen angehäuft worden waren, ließen mir das Wasser im Mund zusammenlaufen. Berge dieses Obstes und eine beeindruckende Auswahl an nicht immer bekanntes Gemüse waren auf leuchtend grünen Bananenblättern, die auf den Betontischen lagen, ausgebreitet worden. Die Gärtner, die auf dem Markt verkauften, öffneten ihre Buden am frühen Morgen. Der Markt war ein Treffpunkt, um den örtlichen Klatsch auszutauschen und sich über die Tagespolitik zu unterhalten.

Die Hauptstraße von Avarua

Im November 1969, drei Monate nach unserer Ankunft, wurde die Nationale Bank eröffnet. Sie bestand aus einem winzigen Vorzimmer, in dem alle Bankgeschäfte getätigt wurden. Zwei gelangweilte Schalterbeamte stützten sich auf den Ladentisch. Sie winkten, als ich vorbei schlenderte. Gerade kürzlich erzählte man mir, dass ein Mann aus Arorangi zwei silbrig glänzende Blechdosen auf den Tresen stellte. Er stemmte den Deckel auf und zog einige Handvoll schmutziger, zerfetzter Geldscheine hervor, sowie geschwärzter Silber- und Kupfermünzen. „Ich hatte diese Dosen unter dem Bett geschoben, da ich dem Postamt nicht traute. Man erzählte mir aber, dass Sie irgendwo einen sicheren Raum haben, um mein Geld aufzubewahren", sagte er einem verdutzten Angestellten. „Haben Sie Ihr Geld gezählt?" „Oh, nein. Ist das nicht Ihr Job?" fragte er. „Also, dann fangen wir mit dem Aussortieren und Zählen an". Eine Weile später kratzte sich der Angestellte am Kopf und verkündigte seinem Kunden, „Sie haben dreitausendeinhundert Dollar hier. Gut, dass Sie auf dem Weg zur Bank nicht beraubt wurden!"

Bald teilte der schmale Weg, der viele Schlaglöcher hatte, sich in zwei Bahnen und brachten mich zu den United Island Traders. Polierte hölzerne Ladentische liefen die Wände des langen niedrigen und dunklen Innenraums entlang. Dosen Nahrung, Mehl, Reis, Tee und Zucker stapelten sich auf den Regalen. Sie waren überfüllt, da die Moana Roa vor einer Woche eingelaufen war. Davor hatte der Ladeninhaber mir immer wieder gesagt, „Mach dir keine Sorgen. Alles ist auf dem nächsten Schiff." Dem Laden gegenüber war eine Auswahl an fröhlich gefärbten Stoffen, Knöpfen und Nähzeug. Elisabeth begrüßte mich herzlich, als ich eintrat, um ein paar Lebensmittel einzukaufen. Sie war eine statuenhafte Gestalt mit einer Mähne von rabenschwarzen, geflochtenen Haaren, die ihr bis auf die Taille reichten. Weiße Gardenien waren auch mit ihren Haaren verflochten worden. Ich stand vor dem Ladentisch und war total fasziniert von ihrer Schönheit. Graziös wog sie meine Einkäufe von Mehl, Reis und Zucker. Mit einem ansteckenden Lächeln und ein Kopfnicken gab sie mir die Tüten. Für Elisabeth schien die Zeit unwichtig zu sein, denn sie redete immer weiter mit ihren Kunden, obwohl andere in der Schlange anstanden.

Nebenan lehnte Herbie Pemberton, ein europäischer Händler, auf seinem Rollpult. Er musterte seinen nächsten Kunden und spähte dabei über seine Brille, die auf der äußersten Spitze seiner dünnen Nase saß. Er hatte eine große Auswahl von konventionellen Schuhen und Sandalen. Manchmal jedoch importierte er ungewöhnliches Schuhwerk aus weitentfernten Ländern.

Ich wusste nie im Voraus, was ich finden würde, wenn ich seine staubigen Vitrinen durchstöberte.

Als ich die Straße überquerte zu der Seite, welche die Meeresküste entlang lief, winkte Mary Melvin mich in ihren winzigen Island Craft Store herein, wo Kunsthandwerk von den Inseln verkauft wurde. Die Mauern waren aus Bambusholz gefertigt und abgedeckt worden mit einem Strohdach. Der Laden war überfüllt mit örtlich gewobenen Hüten und Taschen. Ich entdeckte eine auf Hochglanz polierte geschnitzte Perlmuschel, die zur Lampe gemacht worden war und auf einem geschnitzten Holzfuß stand. Die war außergewöhnlich schön und ich machte eine Bemerkung bezüglich der fachmännischen Ausführung. „Ach, mein Vater Ron hatte ursprünglich eine Werkstatt an der Straße im Inneren der Insel. Er verbrachte viele Jahre auf der nördlichen Insel Manihiki und weiß alles über Perlmuscheln und die Züchtung von natürlichen Perlen. Mein Mann Don und ich haben das Geschäft jetzt übernommen. Don hat alte Bücher über traditionelle Motive und Muster durchforscht. Unsere Schnitzereien basieren auf diesen Designs", sagte sie. „Sie sind schön. Bitte bestelle mir einen geschnitzten Ständer für eine Lampe." Ich staunte wirklich über die Auswahl von Kunsterzeugnissen und ich hoffte, dass Hugh sich freuen würde über den fertigen Ständer.

Es standen Personen in einer Schlange außerhalb der ‚Tiefkühltruhe' an. Ich konnte das Geheule des Sägeblattes hören, als Bruce Graham, mein Schwager, die gefrorenen, grauen Fleischstücke in Scheiben schnitt. Er machte eine Metzgerlehre in Auckland und war froh, dass er eine gute Stelle fand, nachdem er mit Louise auf Rarotonga angekommen war. Das Ergebnis seiner Sägerei war ein zufälliges Durcheinander von dicken und dünnen Koteletts und Kochfleisch. Sogar das gehackte Rindfleisch oder Hackfleisch sah verdächtig aus. *Na ja seufzte ich in mir. Wenn ich eine ganze Menge Karotten, Zwiebel und Kräuter hinzufüge, müsste es mir gelingen, eine schmackhafte Mahlzeit zu bereiten.*

Nebenan war der Getränkeladen ‚Bond Store' und machte gute Geschäfte. Weil das Schiff da war, waren die Regale wieder gefüllt worden. Es gab jetzt eine gute Selektion an Bier und Spirituosen, woraus man wählen konnte. Die Regeln waren jetzt geändert worden. Wir brauchten nicht länger ein Rezept vom Arzt um unser Lieblingsgetränk genießen zu können.

Jetzt wurde mir warm und müde war ich außerdem. Ich ging in Rimas Wirtshaus, um mich zu entspannen und einen Bananen Milchshake zu bestellen, hoffentlich ein bisschen kühler, als das letzte, das ich trank. „Vergiss nicht einige Eisstücke hinein zu tun, bitte", sagte ich der Kellnerin. „OK, keine Sorge. Wir hatten den ganzen Morgen Strom", lächelte sie.

Ich saß draußen unter dem Flammenbaum, um die Menschen zu beobachten. Fröhlich hupend und winkend rasten sie auf ihren Motorrollern die Straße auf und ab. Das war die billigste und beliebteste Beförderungsart. Mama und Papas benutzten lange Stoffbahnen für Sarongs, um Babys auf ihren Rücken anzubinden. Ältere Kinder glitten bedenklich zur Seite, wenn die Roller hin und her schwankten beim Umfahren des Kreisels und der Ecke am Postamt. Und dann, ich konnte meine Augen kaum glauben. Zwei Roller flitzten hinter einander vorbei, wobei die Fahrer drei Holzbretter über ihren Köpfen hielten. *Was könnte es als Nächstes geben*, fragte ich mich. Ich brauchte nicht lange zu warten. Eine Frau fuhr vorbei, die rittlings auf ihrem Roller saß und einen Kinderwagen hinter sich her zog. Das Baby winkte mir mit seinen molligen Fingern zu. Ich winkte zurück, wenn auch etwas verdutzt.

Ich hatte mein Milchshake fast ausgetrunken, nahm den letzten Schluck und schaute in meinen Becher. Zu meinem Entsetzen war da etwas wie ein graugrüner Wurm. „Oh mein Gott", schrie ich auf. Die Kellnerin eilte an meine Seite. Sie warf einen Blick auf mein Gesicht, das bestimmt so grün wie eine Erbse war und fischte dann einen ertrunkenen Gecko heraus. „Na, so was", lachte sie. „Gut, dass Sie über die Hälfte ausgetrunken hatten!" Ich griff meine Taschen und hastete nach Hause. Wie viele Geschichten hätte ich Hugh und den Kindern beim Abendessen zu erzählen!

Avarua regte mich an mit ihrer seltsamen Atmosphäre einer Kleinstadt und ihren freundlichen Menschen.

Ich war glücklich und zufrieden in meinem neuen Zuhause.

Das frühere Gericht und Postamt in Avarua

Kapitel 27

Tag des Bootes

1971

Heute würden Mutter und Tante Ruby ankommen für einen langerwarteten Urlaub. Die Moana Roa brauchte vier lange unbequeme Tage, um von Auckland über den pazifischen Ozean zu unserer kleinen Heimatinsel zu fahren. Es war nun zwei Jahre her, seit wir Neuseeland verlassen hatten und dies war der erste Besuch meiner Verwandtschaft. Wir hofften, es wäre der erste von vielen. Die Moana Roa und andere Schiffe, die Rarotonga besuchten, schifften ihre Fracht und die wenigen Passagiere aus auf offene Walfängerschiffe oder Leichter. Ich erinnerte mich, dass ich vor zwei Jahren mit offenem Mund zuschaute, wie unser Klavier in einem riesigen Netz ausgeladen wurde, zusammen mit Maschinerie, Ölfässern und übergroßen Umzugskisten mit allem Möglichem gefüllt von Kartoffeln bis zu Möbeln. Der Inhalt der Netze wurde unsanft in die wartenden Leichter ausgeladen, die mit drei stämmigen Cook Insulanern bemannt waren.

Gestern kletterten Michael und Paul in die Frangipanibäume, um die zarten, kremfarbigen, gelben und rosafarbigen Plumeriablüten herunter zu schütteln. Wir nannten sie ‚Tipani', der einheimische Name für Frangipani. Unser Hausmädchen Aerenga und ich haben Stunden mit übergeschlagenen Beinen auf einer Pandanusmatte gesessen, während wir einen Faden durch die Blumen zogen und so zu wunderbaren langen Blumenkränzen machten. Eine leichte Brise wehte durchs Haus und füllte die Zimmer mit dem süßen Duft. Ich stellte mir Mutters und Tante Rubys Entzücken auf ihren Gesichtern vor, wenn wir ihnen die Kränze um den Nacken legten, um sie so willkommen zu heißen in unserem kleinen Paradies. Nur noch eine Stunde warten.

Michael und Paul waren in den zwei Jahren lang geworden. Bekleidet in gestreiften T-Shirts und schicken Shorts sahen sie fast wie Zwillinge aus – keine Schuhe oder Socken für diese Inseljungen; nur Sandalen ode Flip-flops, wie wir die Gummisandalen nannten, wenn sie ein Paar fanden, die zusammenpassten. Ich hatte sie auf die Veranda geschickt, um die unvermeidliche Ansammlung von staubigem, komischem, in verschiedenen Größen vorhandenem, Schuhzeug zu sichten. Stuart stürzte zur Tür. Er hatte es immer eilig. Er konnte sein Lieblingshirt, womit er Oma und Tante Ruby beeindrucken wollte, nicht finden. Mit vier Jahren war er fest entschlossen, mit seinen älteren Brüdern Schritt zu halten und wünschte nicht zurück zu bleiben. „Aerenga." rief ich, „könntest du Nicholas schnell anziehen?" Gerade dann hörte ich das Hupen eines Autos. „Beeilt euch, Jungs. Da ist Papa". Ich kontrollierte zum letzten Mal die Schlafzimmer. Hatte ich frische Handtücher hingelegt? Ist das Spielzeug weggeräumt worden? Der erste Eindruck unseres Inselheimes musste perfekt sein.

Unser Hausmädchen Aerenga und
unsere vier Söhne

Nur, warum war ich so besorgt? Alles was ich mir wünschte oder brauchte, war meine Mutter zu umarmen, in ihre tief braunen Augen zu schauen und die widergespiegelte Wärme ihrer Liebe darin zu sehen. Sie würde nur für ihre Enkel Augen haben. Ich wüsste, dass sie Rarotonga lieben würde.

Hastig fuhren wir nach Avarua und parkten den Wagen in der Nähe der Mole. Es war ein besonderer Tag und fast jeder auf der Insel war hier, um Verwandten, Freunde und Besucher an Land willkommen zu heißen. Bedienstete versuchten die fröhliche, aufgeregt lachende Menge vom Rand der Landungsbrücke zurückzuhalten. Sogar die Angestellten der Union Steamship Company waren aus ihren Büros gekommen, um das Vorgehen zu beobachten. Das Schiff brachte vierzig Passagiere und etwas Fracht. Die meisten waren Regierungsangestellten und einige waren zurückkehrende Cook Insulaner. Gelegentlich kamen auch vereinzelte Touristen mit. Du erkanntest sie sofort, weil die Kleider, die sie trugen, für die Hitze und Feuchtigkeit auf Rarotonga kaum geeignet waren. Grobe dreiteilige Anzüge aus Serge, weiße bis zum Hals zugeknöpfte Hemde und, sehr formell, ein Schlips. Die Damen trugen wenigstens offene Sandalen, aber sie trugen immer noch Strümpfe. Sie sahen sehr warm, ungepflegt und unbehaglich aus. Das Schlagen der Trommel brachten Erinnerungen an unsere eigene Ankunft zurück. Die Willkommenstanzgruppe wärmte sich auf. Die Mädchen waren mit feinen, weißseidenen Hularöckchen bekleidet, die von alten Mehlsäcken gemacht worden waren. Diese waren im Meerwasser gewaschen und gebleicht und danach in Streifen gerissen worden, damit sie aussahen wie lange Büschel Gras. Ich sah zu, wie die Mädchen ihre Hüfte hin und her schwangen, ihre Hände wie Wellen oder wie die Blätter der Palme bewegten. Ihre Köpfe waren mit einer hohen Krone aus farbigen Blumen verziert. Hugh hob Nicholas auf die Schultern, Stuart saß auf meiner Hüfte und Aerenga versuchte die beiden lebhaften Knaben festzuhalten, die mit dem Team tanzte. Ihre mageren, braunen Beine bewogen sich im Takt der Musik. Sie liebten diese Musik, es lag ihnen im Blut!

„Da kommen sie!", rief Hugh über den Lärm der Menge hinaus. Der erste Tender hatte das Riff überwunden und flog gleichsam mit einer Welle auf das Dock zu. Massen mit dunklen, lockigen Haare drängten sich nach vorn, um einen Blick auf die Neuankömmlinge zu werfen. Freunde kämpften sich durch, sobald sie die lieben Verwandten sahen. Ich sah Tränen, welche die Backen herunterliefen, als die Passagiere von ihren Familien willkommen geheißen wurden. Hugh winkte mich nach vorne. Endlich erhaschte ich den ersten flüchtigen Blick in zwei Jahren von meiner Mutter.

„Mama, ach Mama! Oh, es ist so schön!" Meine Kehle wurde zugeschnürt und ich konnte nicht sprechen, während Tränen der Freude flossen. Meine Mutter drückte mich an sich und wieder von sich weg. Ich erkannte den besonderen, liebenden Blick. Endlich war sie gekommen, uns zu besuchen.

Meine Mutter schaute auf ihre vier Enkelsöhne, die versuchten die Blumenkränze um ihren Hals zu hängen. Hugh hielt sie mit einem Arm fest, der andere war um Tante Ruby geschlungen. Da sie siebenundsiebzig Jahre jung war, hatte Tante Ruby beschlossen, dass ihre Schwester – ihr Baby und meine Mutter, die erst sechzig war – nicht alleine reisen sollte. Girlanden von Blumen wurden ihnen umgehängt und sie herzten die Kinder und lachten spontan, während wir uns unter die einheimische Bevölkerung mischten. Ich sah, wie die natürliche Zurückhaltung und Hemmungen dieser Stadtmenschen, dahin schwanden.

Kapitel 28

Aitutaki und mein Kotuku

Nachdem wir drei Jahre auf Rarotonga gelebt hatten, fuhren Hugh und ich mit dem Bananenschiff, das zwischen den Inseln verkehrte, über Nacht nach Aitutaki, seine Heimatinsel. Als die Moana Roa außerhalb des Riffs fuhr, malte die Morgendämmerung die Hügel und Lagune in zartrosa Farben. Der höchste Punkt, Maungapu geheißen, war nur 390 m über dem Meeresspiegel. Kokospalmenplantagen bedeckten die niedrigen Küstenregionen. Am Einfahrt des kleinen Hafens zeichnete sich eine weiße Korallenkalksteinkirche scharf gegen die grünen Blätter und roten Blüten der Flammenbäume ab und die rostigen Blechdächer der kleinen Häuser, womit die Hügel übersät waren – derselbe Cook Insel Christliche Kirche die von Ps. Henry Albert Royle am Anfang des neunzehnten Jahrhunderts gegründet worden war.

Wir sahen danach aus, diese flache Insel, die teils Korallenatoll und teils vulkanisch war, zu erforschen. Aitutaki war berühmt für ihre große Lagune, umgeben von fünfzehn winzigen Inseln, Motus, wie wir sie nannten. Unsere Verwandtschaft besaß ausgedehnte Flächen Land auf Aitutaki. Wenn man auf dieser Insel ein Haus bauen wollte, lud man die Familienmitglieder zu einer Versammlung ein. Die ganze Verwandtschaft diskutierte dann das Für und Wider und alle mussten zustimmen, ehe das Grundstück zugewiesen wurde. Ein Protokoll von der Versammlung wurde ebenfalls geführt und am Landgericht registriert. Mein Schwiegervater hatte die Umstände, wo die Grundstücke liegen und wie viel Fläche für die nächsten Verwandten vorhanden ist, vor diesem Trip diskutiert. Er hatte uns seinen Wunsch eingeschärft, dass, es sei denn, wir würden tatsächlich beschließen, auf Aitutaki leben zu wollen, wir nicht um ein Stück Land bitten sollten. Es war unsere Absicht, die verschiedenen Lagen der Grundstücke zu besuchen und festzuhalten, ob sie sich für etwaige zukünftige Pläne eigneten.

Zunächst besuchten wir das alte ‚Elternhaus'. Es war aus korallen Kalkstein gebaut worden und in baufälligem Zustand. Das Dach war äußerst rostig, die Mauern verfielen und auf den ersten Blick sahen wir keine Möglichkeit das Haus wieder in Stand zu setzen. Die Lage war allerdings sehr günstig, direkt an der Hauptstraße und der einzige Laden war zu Fuß erreichbar. Es war deutlich, dass hier über mehrere Jahre niemand gewohnt hatte. Von dort kletterten wir einen Hügel hinauf zu einem Grundstück mit Name ‚Tumutumu'. Hughs Vater hatte uns erzählt, dass vor vielen Jahren etwa 16000 m² durch seine Vorfahren ausgesondert worden waren als ‚Brotkorb' für die Familien. Die Plantage war vollkommen überwuchert, aber es sah so aus, als wären große Möglichkeiten vorhanden. Bananenpflanzen rangen ums Überleben und einige wenige Taropflanzen streckten ihre Blätter durch das Unterholz. Irgendjemand hatte Ananasschösslinge gepflanzt und sie sahen vielversprechend aus. Mit vielen Arbeitskräften, Bewässerung und Begeisterung würde dieses Land vielleicht noch einmal Erträge bringen.

In dieser Lebensphase hatten wir natürlich nicht vor von Rarotonga nach Aitutaki zu ziehen. Wir träumten nur. Es gab jedoch eine Kokospalmplantage, die uns gefiel. An deren Grenze stand ein riesiger Tamanu, ein einheimischer Mahagonibaum. Kokospalmen waren in tadellosen geraden Reihen von der Straße bis zur Küste angepflanzt worden. Wir fragten uns, wer wohl die Nüsse erntete und wer die Reihen von Blättern und Müll säuberte. Vielleicht kehrten wir eines Tages hierhin zurück. Vielleicht könnten wir eine kleine Unterkunft für den Urlaub bauen. Vielleicht, wenn Transport und Kommunikation von Rarotonga und Aitutaki besser geworden wären, könnte unser Luftschloss Wirklichkeit werden.

Wir setzten unsere Radtour um die Insel fort. Die Sonne schillerte auf das klare Wasser, während wir auf dem staubigen, unebenen Korallenweg radelten. Allmählich wurde der korallen Streifen zu einem zerfurchten Feldweg. Wir radelten durch sumpfige Feuchtgebiete bis an die Küste. Einsiedlerkrebse, Tupa genannt, gingen uns eilig aus dem Weg und leuchtend rote Landkrebse verbargen sich ängstlich in ihren Höhlen. Wir legten unsere Fahrräder auf den Boden und standen nebeneinander, während wir den salzigen Geruch der brackigen Tümpel einatmeten. „Ssh", flüsterte Hugh, „sieh' mal, was dort auf dem glitschigen grünen Felsen steht." Da war es! Der Kotuku stand unbeweglich, ein Bein unter den glänzend weißen Federn versteckt. Seine hellen Augen starrten uns geradewegs an. Wir sahen uns erstaunt an und lächelten. „Er ist wirklich mein Kotuku", antwortete ich leise. Der Vogel sah fast scheu aus, aber ich konnte seine Robustheit und Kraft spüren, als er von dem Felsen glitt und anschließend, auf der Suche nach einer Mahlzeit, ins Wasser tauchte.

Mein wunderschöner Vogel wurde zu einer weiteren Erinnerung.

Kapitel 29

Zurück in die „reale" Welt

1972

Mit gemischten Gefühlen, durchsetzt mit Aufregung, packte ich die Koffer und säuberte das Haus mit der Voraussicht, unseren ersten Urlaub in drei Jahren anzutreten. Vier kleine lärmende Buben rannten umher und stellten meine Geduld auf die Probe. Aerenga, unser tolerantes Hausmädchen, war eine großartige Hilfe. Sie versuchte die Kinder zu beschäftigen, während Hugh und ich unsere Abreise organisierten.

Gestern beobachteten wir das Ausladen des Schiffes, mit welchem wir nach Auckland fahren würden. Die Ortsansässigen nannte es das Bananenschiff, weil auf der Rückreise Obst und Gemüse nach Auckland verfrachtet wurden. Mein Herz raste, während wir die Kinder ablenkten, damit sie sitzen blieben, als unser Leichter mit Passagieren zum Schiff geschleppt wurde. Riesige Wellen spülten über die Felsen am Ende der Fahrrinne und brachen sich an das Riff. Die „Avatiu" einer der zwei Schlepper, die gebraucht wurden, um die Leichter zu ziehen, schaffte es leicht zu unserem wartenden Schiff. Der Leichter bewegte sich auf und ab mit der Dünung des Ozeans, aber schließlich konnten wir zu einem Eingang gerade über der Wasserlinie klettern. Wir waren an Bord der Moana Roa und endlich auf dem Weg.

Michael und Paul nahmen alles sofort in sich auf. Zu ihrer Freude begleitete uns einen Offizier zu unserer großen Kabine, der jede Menge goldener Tressen, sowohl auf seinen Epauletten, als auch auf seiner Schirmmütze, trug. Aerenga sollte eine Kabine mit zwei der Kinder teilen. Aber sobald das Schiff unterwegs war, hatten wir Mühe, sie zu finden. Sie war einfach verschwunden. Schließlich fand Michael sie auf dem Oberdeck, fest in einem Sarong gewickelt und in tiefem Schlaf. Dort blieb sie während der viertägigen Reise und tauchte erst im Hafen von Auckland auf, als das Schiff sich nicht mehr bewegte.

Wir bereiteten uns darauf vor, von Bord zu gehen. Die Buben sahen sauber und ziemlich schick aus in ihren gleichen Hemden und kurzen Hosen. Aber Hugh und ich hatten Mühe ihre flachen, breiten Füße in feste Schuhe zu pressen. Die Buben stöhnten und wanden sich. Zum Schluss sahen alle präsentabel genug aus, um an Land zu gehen.

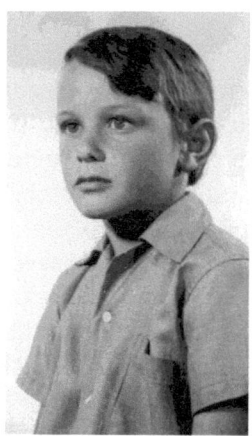 

Unsere Söhne Michael...   Paul...

Stuart...   und Nicholas

Hastig gingen wir die Gangway hinunter, wo meine Mutter uns willkommen hieß. Ich hörte fröhliches Geschrei, als Michael und Paul anfingen die „Küken" zu jagen. „Hier, Küken, hier", schrien sie. Ich war verwirrt, denn ich sah keine Küken. Eine kleine Schar braungeflügelter Sperlinge aber war dort und pickten Krümel auf dem Bürgersteig. Plötzlich realisierte ich mir, dass die Buben mit der neuseeländischen Vogelwelt nicht vertraut waren. Ja, wir hatten große schwarze Fregattvögel, die während eines Sturms über unseren Köpfen kreisten und die zankenden, aggressiven Mainahvögel, die ursprünglich aus Indien eingeführt worden waren, wegen schädigender Insekten, die aber Rarotongas heimisches Vogelleben nahezu vertrieben.

Die Insel hatte jedoch mehr als genug Hennen, Hähne und Küken.

Der dreijährige Nicholas war der erste, der seine brandneuen Schuhe auszog. Sie drückten und fühlten sich unbequem an. Die übrigen Knaben taten bald dasselbe. In den folgenden Monaten wurden ihre Schuhe versteckt und meine kleinen Insulaner gingen den ganzen und jeden Tag barfuß. Sie trugen höchstens Flipflops, wenn es denn sein musste.

Mama war entzückt ihre Familie in Manly zu Gast zu haben. Die Jungen rannten wie die Wilden die ausgestreckten Strände des Ozeans entlang. Oma erzählte ihnen, dass, wenn sie Salz auf die Schwänze der Seemöwen streuten, die Vögel zahm werden würden. Dieses hatte als Ergebnis, dass sie Ewigkeiten damit verbrachten, den Strand auf und ab zu jagen. Herr Wakelin, unser älterer Nachbar nebenan, zeigte Michael, wie man ein Frisbee wirft, danach den schwierigeren australischen Bumerang. Michael war fasziniert und übte stundenlang. Mama warnte alle Nachbarn, dass sie sich nicht erschrecken, wenn vier ungestüme Jungen plötzlich auf ihr Grundstück auftauchten. Sie erklärte, dass sie „Inselbewohner" und nicht an Zäune, Hecken oder Tore, die sie einengten, gewöhnt waren. Die Buben hatten eine herrliche Zeit, als sie die Nachbarschaft besuchten. Sie wurden oft mit Leckeres verwöhnt.

Hugh und ich beschlossen, die Buben zu Farmers Warenhaus mitzunehmen. Tante Annie und Mama gingen mit mir immer in den Schulferien dahin für eine Tasse Tee in der eleganten Teestube. Ich hatte immer noch schöne Erinnerungen an das Klappern der Essbestecke, die Wahl zwischen Ei – und Gurkensandwichs, die in winzigen Dreiecken geschnitten worden waren, die leckeren Wurstpasteten und die Auswahl an Kuchen, die auf dreistufige Kuchenteller platziert worden waren.

Mit den Buben im Schlepptau nahmen wir die Rolltreppe zum obersten Stockwerk. Wau! Sie konnten nicht glauben, dass es solche langen Treppen gibt, geschweige denn eine, die sich tatsächlich auf und ab bewegte. Dabei hatten sie noch keinen Fahrstuhl gesehen. Wir führten sie in die Teestube und beobachteten ihre erstaunten Gesichter. „Dürfen wir wirklich wählen, was wir wollen?", fragten sie. „Los, greift zu!", sagte ihr Papa mit einem breiten Lächeln auf seinem Gesicht. Vier eingeschüchterte Jungen, vier vollgepackte Tabletts und viermal ansteckendes Grinsen – Pasteten, Krapfen, Puddingteilchen, Sandwichs und noch viel mehr wurden verschlungen. Sie stopften sich voll. Was sie nicht essen konnten, tat die geduldige Kellnerin für sie in eine Tüte, die sie mit nach Hause nahmen. Später am Nachmittag fragte ich mich, worüber die Käufer lächelten. Wir waren wieder auf einen Einkaufsbummel, dieses mal zu Woolworths Süßwarenabteilung. „Wählen und mitnehmen", besagte die Anzeige. Die Buben brauchten fast eine Stunde, um aus den, in frohen Farben angerichteten Süßigkeiten zu wählen: Nussschokolade, orangefarbigen Dragees, Gerstenzucker, Pfefferminz, Smarties, schwarze Ballen zum Lutschen. Die Auswahl war riesig. Sie wählten aus und sahen bei den anderen nach. Sie rochen daran, wechselten ihre Meinung und wählten wieder welche aus. Obwohl in Papier gewickelten Sahnebonbons ihre Favoriten waren, war es ach so schwierig eine Entscheidung zu treffen.

Als wir mit vier müden und verwirrten Knaben nach Hause in Manly fuhren, staunten sie über die Verkehrsampeln. „Ich kann kleine Raumschiffe sehen. Sie sind rot – nein, jetzt sind sie grün und da ist noch ein, das gelb ist!", rief Stuart aus.

Da war eine andere Welt zu entdecken für die Buben.

Kapitel 30

Vier Söhne und eine Tochter

1972

„Helen! Jemand hat von der Adoptionsagentur angerufen. Ich glaube deine Tochter ist angekommen", rief Tante Ruby, während sie mir zuwinkte.

Einige Monate früher hatten Hugh und ich auf unserer Veranda geplaudert. „Werden wir weiterhin versuchen, eine Fußballmannschaft zu bekommen, oder bewerben wir uns um eine Designertochter?", fragte ich. Wir liebten unsere kleinen Söhne sehr und hatten in den letzten Monaten darüber nachgedacht, noch ein Kind zu bekommen. Es war sehr einfach eine informelle Adoption auf den Cook Inseln zu arrangieren. Traditionell gaben eine verheiratete Schwester oder Bruder einem Paar ein Baby, wenn sie eins haben wollte. Ein Baby, das auf diese Weise weitergegeben worden war, nannte man ein ‚Kostkind', da es gefüttert und großgezogen wurde als Teil der adoptierenden Familie, während es wusste, wer seine biologischen Eltern waren. Obwohl es nicht legal adoptiert worden war, hatte das Kind alle Liebe und Vorteile der Großfamilie - Großeltern, Tanten und Onkel eingeschlossen - in der es lebte. Omas und Opas sorgten gerne für die Kinder, sodass die jungen Eltern arbeiten und für ein Einkommen sorgen konnten.

Wir beschlossen, dass wir unsere Tochter nicht mit anderen Eltern teilen wollten. Deshalb stellten wir während unseres Urlaubs in Neuseeland alle notwendigen Anträgen zur Adoption einer Tochter. Wir gingen zu einer Befragung durch die Adoptionsagentur. Wir legten Gesundheitszeugnisse und Referenzen vor. Und dann warteten wir und warteten und warteten.

Letztendlich musste Hugh wegen seiner Arbeit nach Rarotonga zurück. Er nahm Michael und Paul auch mit zurück, da das Schuljahr gerade angefangen hatte. In der Hoffnung, dass eine Adoption bald erledigt sein werde, blieb ich mit Stuart, der noch nicht ganz fünf war, und Nicholas, der drei war, bei meiner Mutter. Die Zeit wurde knapp. Mutter ermutigte mich. „Ruf die Leute von der Adoptionsagentur an. Versuch es noch ein Mal. Ich habe das Gefühl, dass heute etwas passieren wird." „Gut, einen Versuch mache ich noch!", antwortete ich. „Morgen nehmen wir das Flugzeug nach Rarotonga." Niedergeschlagen legte ich den Hörer auf. „Kommt Jungs, lasst uns gehen und eine Sandburg bauen." Dann erzählte ich Mama mutlos, „sie haben kein Mädchen für uns gefunden." Als ich mit den Buben am Strand spielte, schaute ich auf und sah Tante Ruby eilig zu uns herunter laufen. Aufgeregt rief sie mich heraufzukommen und einen Anruf entgegen zu nehmen. Ich rannte die Sanddünen zu unserem Strandhaus hoch. Ich wusste nicht, ob ich weinen oder lachen sollte. Eine sachliche Stimme am anderen Ende der Leitung sagte, „wir haben ein Baby, ein Mädchen, dass, wie wir glauben, das richtige für Ihre Familie ist. Wären Sie in der Lage, so schnell wie möglich hierher zu kommen, vielleicht etwas später an diesem Morgen?" Ob ich in der Lage wäre! Jahrelang habe ich auf diesen Anruf gewartet. Ich war nur traurig, dass Hugh nicht hier bei mir sein konnte zu diesem wichtigen Zeitpunkt.

Meine Mutter, Kusine Thelma und ich stiegen eilig ins Auto und schon waren wir auf eine zweistündige Fahrt zur Stadt. Als wir auf das Krankhausgelände fuhren, fühlte ich mich krank. Meine Hände waren feucht und mein Herz schlug unnatürlich schnell. *Wo parken? Wohin gehen?* Ich war in einem solchen Zustand, dass ich nicht einmal die Hinweisschilder lesen konnte. Plötzlich saß ich vor einem Schreibtisch, mit einer offiziell aussehenden Dame mir gegenüber. Sie erzählte mir etwas über die junge Mutter eines Babys. Ich glaube, dass sie sagte, dass die Mutter erst an diesem Morgen entschieden hatte, ihre Tochter zur Adoption freizugeben. „Möchten Sie das Baby sehen?" Ich sprang auf und folgte der Pflegerin den langen, sterilen Gang hinunter. Der typische Krankenhausgeruch von Desinfektionsmitteln drang in meine Nasenlöcher. Ich konnte das Weinen von kleinen Kindern oder Babys hören. Wir betraten ein kleines, dunkles Zimmer mit einer Korbwiege in der Ecke. Ich schaute herab und alles was ich sah, war ein winziges Bündel mit einem Wust von schwarzen, strähnigen Haaren. „Sieht sie Ihren Söhnen ähnlich?" Was für eine alberne Frage! *Nein, natürlich nicht.* „Nein, nein, meine Söhne waren alle kahl. Keiner hatte Haare", flüsterte ich. „Möchten Sie sie festhalten?" In diesem Moment, als sie sich in meine Arme und ans Herz kuschelte, wüsste ich ohne Zweifel, dass dieses kleine Mädchen unserer Familie Freude und Glück bringen würde. Mein Herz floss über von Liebe, als ich der Pflegerin mit Tränen in den Augen sagte, „könnten Sie bitte meine Mutter hereinbringen?" Im nächsten Moment streichelte Mama Babys Haare und versuchte die Strähne zu glätten und flüsterte ihr zärtlich zu. „Was glauben Sie? Werden Sie sie nehmen?", fragte die Pflegerin. Glaubte sie, ich würde sie zurücklegen und sie vergessen? Glaubte sie, dass ich mehr Babys sehen und vielleicht sagen wollte ‚Ene, Mene, Miste' um so ein Baby auszusuchen. Möglicherweise war ich naiv. Ich stellte mir vor, man würde mir ein Baby darreichen und mir erzählen, „hier ist sie. Hier ist deine neue Tochter." Obwohl die Autoritäten die Adoptiveltern suchten, die am besten zu den biologischen Eltern, vor allem zu der Mutter des neuen Babys, passten, gibt es nicht immer sofortige Liebe und mütterliche Gefühle für ein Neugeborenes. Das ist für jedermann erst mal schwierig, glaube ich, aber für mich war es keine Entscheidung; es war fraglos ein ‚Recht'.

Wir kehrten, wie geplant, nach Rarotonga zurück. Das Baby aber blieb im Krankenhaus, geliebt und umsorgt von den Pflegerinnen, während die Adoptionsagentur alle Papiere ordnete. Meine Mutter war besorgt und rief mich auf Rarotonga an. „Das Baby müsste bei dir, der Mutter, sein, nicht in einem Krankenhaus. Ich habe mit der Adoptionsagentur gesprochen. Sie erlauben mir das Baby nach Hause in Manly mitzunehmen, aber es sind immer noch einige Dokumente zu unterschreiben, bevor es Neuseeland verlassen kann. Die Pflegerin erzählt mir, dass die Mutter des Kindes sich auch Sorgen macht. Sie möchte das Baby in häuslicher Umgebung wissen. Soll ich hingehen und sie abholen?" „Natürlich, Mama. Bringe sie, bitte, nach Manly und sorge für sie, bis wir sie hierher bringen dürfen", entgegnete ich.

Ein, zwei Tage später wurde Katherine Mary Louise Henry vom Nationalen Frauen Hospital von Onkel Allan und Tante Dot abgeholt – ja, dasselbe Paar, das mich in die Verwandtschaft vor so vielen Jahren willkommen hieß. Tante Ruby fuhr nach Manly, um Mama zu helfen für das Baby zu sorgen. Cousins und Cusinen brachten eine Wiege und einen Kinderwagen vorbei. Windeln und Babykleidung wurden als Geschenk für sie gebracht. Freunde und Verwandten kamen zur Besuch. Bei all der Aufregung und

Unruhe lächelte Katherine, machte im richtigen Moment ein Bäuerchen, schlief und gedieh.

Es waren drei lange Monate, bevor Mama und Katherine auf der Korallenroute von Auckland nach Rarotonga, über Fidschi, West-Samoa und Tonga fliegen konnten. Die Buben sprangen auf und ab vor Aufregung, als das Flugzeug landete und langsam zum Stehen kam. Ich war unruhig. *Wie würden die Jungen reagieren auf ein Baby im Hause? Wie komme ich zu Recht mit der Verantwortung für ein neues, kleines Baby?* Mama hatte so lang für Katherine gesorgt. Sie und Tante Ruby nahmen sie auf langen Spaziergängen am Strand mit. Mama hatte sie gefüttert und die Windeln gewechselt. Sie kannte ihre Launen und wusste, ob sie zufrieden oder unzufrieden war.

Ich schaute Hugh an. Sein Gesicht zeigte ein breites und albernes Grinsen. Er war ein grober und geschickter Papa für vier ausgelassene Jungen, der einen Scherz liebte. Jetzt würde er ein sanfter, liebender Papa für Katherine sein. Er hatte ganz klar keinen Zweifel. Er liebte verschwenderisch und ich konnte sehen, dass sein Herz offen und bereit war, und darauf wartete dieses kleine Mädchen in unser Leben und Familie willkommen zu heißen.

„Mama, Mama, kann ich mal sehen? Hat sie zehn Zehen und zehn Finger?" „Darf ich sie festhalten?" „Nein, ich habe genug Platz für sie." Alle schrien zu gleicher Zeit. Mama legte Katherine sanft in meine wartenden Arme. Ich schaute auf ihr winziges, herzförmiges Gesicht. Dunkle, fast schwarze Augen sahen mich an und mein Herz floss über vor Liebe.

Das erinnerte mich an einen Vers.

*Weder Fleisch von meinem Fleisch,
noch Bein von meinem Bein,
doch, oh Wunder, sie ist mein!
Vergiss nicht, du kamst ohne Schmerzen,
denn du wuchst nicht unter, sondern in
meinem Herzen!*

Autor unbekannt.

Es war eine wundervolle Zeit in unserem Leben. Unsere Familie war jetzt komplett. Katherine gab uns allen bedingungslose Liebe und Freude.

Katherine

Drei Generationen lebten und liebten unter einem Dach. Mutter war schon drei Monate auf Rarotonga. Leider war es jetzt an der Zeit Abschied zu nehmen. Mama würde ihre Enkelin schrecklich vermissen und ich meine Mutter. Aber wir waren beide stark. Es wird noch viel mehr Urlaub geben, wonach wir ausschauen dürfen.

„Aere Ra[1] , Omi, werden wir dich bald wiedersehen?", schrien die Buben, als Mama in das Flugzeug einstieg.

[1]) Auf Wiedersehen

Unsere Familie ist jetzt komplett

Kapitel 31

Papa ist zu Hause

1974

Fünf ausgelassene Stimmen schrien: "Papa ist zu Hause!" Man hörte das Getrampel der Füße, als die Kinder zur Haustür eilten, um Papa willkommen zu heißen nach seinem letzten Arbeitstag der Woche. Sogar als Babys erkannten sie, dass Papas Heimkunft der Anfang eines neuen Abenteuers bedeutete.

Hugh begrüßt Peter Snell der neuseeländische Olympionik

Sonntag war auf Rarotonga ein Tag der Ruhe. Samstagsabend wurde der Umu (Erdofen) vorbereitet. Das Fleisch wurde in Stücken gehackt und das Gemüse geputzt für das 'Familienfest' nach dem Kirchgang. Nachdem ich die Sonntagsschule besucht hatte, wo ich zehnjährige Kinder unterrichtete, kehrten wir nach Hause zurück, wo wir unruhig auf Papa warteten, bis er vom Gottesdienst in der Kirch von Avarua zurückkam. Er hatte es immer eilig und stürzte herein. "Worauf wartet ihr? Nimmt eure Badesachen und Riffschuhe! Wir gehen zum Strand und picknicken dort."

In den siebziger Jahren war ein Sonntagspicknick eine große Sache. Man missbilligte sogar das Treten eines Balles im Hinterhof am Sonntag, da es ein Tag der Kirche war. Kinder könnten zu viel Krach machen und die Nachbarn stören, die wahrscheinlich ihren Rausch von der Samstagabendparty ausschliefen. Die Kinder und ich stopften hastig unsere Sachen in Taschen, während Hugh die Esswaren für unser Picknick und die Getränke auf die Ladefläche unseres rostigen, grauen Kleinlasters lud. Hemde mit Kragen und Sandalen wurden schnell durch kurze Hosen, nackte Füße und falsch herumgetragene Mützen ersetzt. Was für eine Freiheit, nachdem man einige Stunden in der Kirche und der Sonntagsschule eingesperrt war! Wir waren in guter Stimmung, lachten und sangen, während wir den sandigen Weg - der Lagune entlang - mit Rütteln und Rumpeln befuhren. Wir winkten einigen Mamas[1] zu, die noch unterwegs nach Hause waren. Sie sahen sehr elegant aus, angezogen wie sie waren mit schwarzen oder weißen Kleider, mit Hüten geflochten aus gebleichten Fasern der Blätter der Kokospalmen, die sie auf ihren hochgesteckten Haare befestigt hatten. Fühlte ich mich schuldig? Nein, Hugh arbeitete die ganze Woche bei der Reisegesellschaft, trieb Sport, oder pfiff als Schiedsrichter Wettkämpfe am Samstag und hatte an diesem Morgen bereits einen Gottesdienst besucht. Ein entspannter Sonntagnachmittag war wohl verdient.

Als wir den Hafen von Avatiu verließen, schlängelte sich der Weg sanft durch Kokosplantagen. Ein paar kleine Häuschen breiteten sich landeinwärts des Weges aus, aber die Sicht auf die Lagune war vollkommen frei. Niemand baute direkt an der Küste der Insel. Der sandige Boden, fortwährender Wind und salzige Luft waren nicht förderlich für den Anbau und die Ernte von Nahrungsmittel. Über Generationen wurde den Cook Insulanern

---

[1]) Mamas nennt man die älteren Damen. Es ist ein Zeichen von Respekt

auch bewusst, wie erbarmungslos Mutter Natur sein konnte. Stürme und Meereswellen konnten leicht die Küstenebene überschwemmen. Es liegt auf der Hand, dass es vorsichtiger war, weiter entfernt von der Küste zu bauen.

Hübsch gepflanzte Gärten wurden eingegrenzt mit weggeworfenen Bierflaschen und Gerberas. Rosen wuchsen über weißgefärbte Reifen. Die Rasenflächen waren gemäht worden und sauber. An dem Weg im Inneren der Insel waren Schweine und Ziegen angebunden oder wurden in Verschlägen, die weiter weg von den Häusern waren, gehalten. Dies waren Regeln, die von jeher galten. Niemand brauchte sie zu erzwingen. Wir bewahrten die bekannten Bräuche und Traditionen. Der Tutaka (Inspektion) war jetzt vorbei, jedenfalls für die nächsten drei Monate. Wir schauten mit Stolz auf das Ergebnis, denn überall, wo wir fuhren, waren die Gärten, Häuser und Strände schön sauber.

Fünfzehn Minuten später verließen wir die Hauptstraße und folgten einem ausgefahrenen Pfad, der am Rande der Lagune endete. Das Land, das der Verwandtschaft gehörte, lag im Ort Arorangi. Das Land war in fünf Parzellen aufgeteilt worden. Hugh, sein Bruder und zwei Schwestern, bekamen je eine Parzelle. Meine Schwiegermutter und ihre Schwester teilten das fünfte Stück. Wir hofften, dass wir eines Tages ein Haus auf unserem Grundstück bauen konnten. Inzwischen verbrachten wir so viel Zeit wie nur möglich mit dem Wegräumen der Palmenblätter und anderer Abfälle, um einen Picknickplatz daraus zu machen.

Wir packten unseren Picknickkorb im Schatten zweier hoher Eisenholzbäume aus. Matten wurden ausgebreitet. Es war Zeit, sich auf den weichen Kiefernadeln zu entspannen. Die Kinder schrien und tobten, während sie sich gegenseitig zum Wasser jagten. Ich schaute zu, wie Hugh im Wasser paddelte. Er hob Paul auf die Schultern und warf ihn ins Wasser, wo er auf dem Bauch landete. Stuart kletterte an ihn hoch, damit er auch mal dran kam und Nicholas klammerte sich an seinen Knien. Michael hatte schon einen hohen Felsen gefunden, sodass er mit seinem gerade erworbenen Geschick im Tauchen angeben konnte. Katherine watschelte zu den Pfützen in den Felsen und schaute neidisch zu. Nur noch einige Jahre und sie wäre auch so weit.

Während ich im Schatten lag, dachte ich über die Veränderung in unserem Leben nach. Zu Hause würden unsere Freunde im dichten Verkehr fahren müssen, um Freunde oder Verwandten zum Mittagessen zu besuchen. Hier dauerte es tatsächlich nur vierzig Minuten, um die ganze Insel zu umrunden. Unsere neuen Freunde waren fröhlich und umgänglich. Gerade vor wenigen Tagen ging ein anderer Fußgänger an mir vorbei, als ich durch die Stadt schlenderte. Gewöhnlich überholte ich jeden, der in meine Richtung ging. Hatte ich gelernt, wie mich zu gedulden, zu entspannen und langsamer zu machen? Ich hoffte es.

Obwohl die Jungen die meiste Zeit ihrer Kindheit und Jugendjahre damit verbrachten alles anzuzweifeln, was ich verbot, argumentierten sie nie mit ihrem Vater. Die Drohung eines unsichtbaren Gürtels, der hinter einer unsichtbaren Tür hing, hielt sie bei der Stange. Natürlich hatten sie den ‚Gürtel' nie gesehen, geschweige denn gefühlt. Sie wuchsen aber mit den Bill Cosby Rundfunk und Fernsehgeschichten auf, die sie daran erinnerte, was sie erwarten könnten von dem ‚Gürtel', wenn sie sich zu schlecht benahmen.

Es war Zeit nach Hause zu gehen. Katherine schlief auf meinem Schoß und die Buben streckten sich zusammen auf der Ladefläche aus. „Was wollt ihr zum Tee?", rief Hugh ihnen zu. Mit einer Stimme schrien sie zurück, „wir möchten Kakao und Krapfen." Unsere Gesichter strahlten vor Freude, als Papa den Wagen vor Tante Ngaies Dorfsladen anhielt. Die Jungen rannten zur Theke, um ihre Bestellungen aufzugeben. Braune Papiertüten waren bald überfüllt mit heißen, fettigen, goldenen Krapfen.

Roter Pflaumenmus tropften von den Fingern, als unsere Familie den Sonntagabend Tee genossen. Was für ein Festschmaus!

Die Jahre vergehen…

Kapitel 32

Eskapaden

Michael und Paul hatten den Bus um 7.15 Uhr zur englischsprachigen Schule in Nikau genommen. Eine unserer Freundinnen hatte Stuart zur Vorschule abgeholt. Sie fuhr ein Motorrad und Stuart und ihr Sohn Charlie liebten es, im Beiwagen zu fahren. Während Nicholas sich fröhlich mit seinem Spielzeug beschäftigte, bekam Katherine ihr morgendliches Bad. Plötzlich klingelte schrill das Telefon. „Helen, ich habe gerade Nicholas auf seinem Dreirad gesehen, er fuhr im Kreisel mitten in der Stadt", lachte eine meiner Freundinnen. „Was sagst du da?" Schnell nahm ich Katherine aus dem Bad heraus und wickelte sie in ein rosafarbiges Handtuch und rief zu gleicher Zeit nach Nicholas. Niemand beantwortete mein gellendes Geschrei. *Oh mein Gott* dachte ich. *Der kleine Schelm ist ausgerissen.* Unsanft setzte ich Katherine in den Kindersitz des Autos und brachte den Mini Minor auf Touren und fuhr den Hang hinunter. Ich sauste an einigen Mamas vorbei. Sie lachten schallend und zeigten mit ihren Händen die Straße hinunter. Ich fuhr weiter und entdeckte Nicholas. Seine kurzen, molligen Beinchen traten heftig auf und ab, als er auf seinem roten Dreirad um den Kreisel fuhr. Ich konnte meinen Ohren kaum glauben, ich hörte, wie die Einheimischen ihn anfeuerten. „Geh, Nicky, geh!" Sie lachten und klatschen laut die Hände, als er auf die Hauptstraße jagte. Konnten sie nicht erkennen, wie gefährlich das war? Er war nur drei, um Himmelswillen. Was war mit dem Verkehr? Menschen winkten und zeigten mit dem Finger durchs Fenster, während sie ihre Autos oder Motorräder langsam zur Seite lenkten und ihn dann überholten. Endlich holte ich ihn ein, hielt den Wagen an, sprang raus und packte ihn beim Kragen. Nicholas warf einen Blick auf mein gerötetes, böses Gesicht und trat weiter heftig in die Pedale. Ich konnte Katherine nicht weinend im Auto lassen, also hüpfte ich wieder hinein, fuhr an ihn vorbei und blockierte den Weg. Mit einem Griff zog ich ihn vom seinem Dreirad, warf ihn hastig auf den Rücksitz und packte das Dreirad in den Kofferraum. Diese Handlung löste einen lauten Applaus bei den lachenden Cook Insulanern, die zuschauten, aus. Sie fanden Nicholas so clever. Sie hatten ihr Vergnügen für heute bekommen. Das einzige, woran ich denken konnte, war, dass es ein Segen war, dass die Straßen ziemlich sicher waren. Die Fahrer waren höflich und vorsichtig. Vor allen Dingen aber liebten unsere Verwandtschaft der Cook Inseln und neue Freunde das Leben. Es gab wirklich nie einen Moment der Langeweile, wenn man hier lebte. Es hatte den Anschein, als ob ich von einem Drama zum anderen lebte.

Nur wenige Monate später als ich mit Freunden zusammen beim Nachmittagstee saß, hörte ich einen gewaltigen Tumult. „Mama, Mama, Stuart ist vom Schulbus überfahren worden!", schrie Paul, als er durch die Hintertür herein rannte. *Was nun?,* dachte ich bei mir. *Wo ist Hugh, wenn ich ihn brauche?* In Panik rannte ich aus dem Haus und raste auf die Hauptstraße. Ich vergaß vollkommen, dass ich ein Auto in der Garage hatte. Zum Glück sorgte meine Freundin für Katherine und tröstete einen völlig aufgelösten Paul. Es war kein Bus zu sehen, geschweige denn ein Kind. Ich war in Panik, aber ein uraltes Auto hielt gerade in diesem Moment neben mir an. Schnell erklärte ich dem Fahrer die Situation, der alles tat, um mich sofort zur Ambulanz zu bringen. Armer Michael, saß da und wartete. Er umklammerte zwei Schultaschen und Tränen rannten ihm übers Gesicht. „Mama, wir waren alle aus dem Bus ausgestiegen, aber bevor ich Stuarts Hand greifen konnte, rannte er über die Straße", versuchte Michael mir zu erklären. „Er fiel unter einen Laster, aber der Fahrer überfuhr ihn nicht. Ich glaube, Stuart fiel zwischen die Räder". „Mache dir keine Sorgen. Es war nicht dein Fehler. Wo ist Stuart?" beruhigte ich ihn. Gerade da kam Hugh herein und nahm die Sache gleich in die Hand. „Lasst uns in die Klinik gehen und Stuart finden und nachsehen, wie es ihm geht." Seine Worte beruhigten uns beide. Und da war Stuart. Er saß aufrecht in einem schmalen Krankenhausbett, umgeben von zwei Krankenschwestern und einem Arzt. Er bat sie um einen Spiegel. „Ein Spiegel? Wie schlimm bist du verletzt worden, was ist passiert?" Hugh und ich sprachen beide zugleich. Der Arzt versuchte sein Gesicht nicht zu verziehen. Die Krankenschwester lächelte und wickelte dabei eine lange, weiße Binde um Stuarts Kopf. „Es ist nichts Ernstes. Stuart hat eine schlimme, klaffende Wunde auf der Stirn, aber es wird ihm bald wieder gut gehen. Er fragte nach einem Verband und dann nach einem Spiegel, um zu sehen, wie er aussieht", beruhigte der Arzt uns.

Gott sei Dank! Hugh und ich trösteten Michael, nahmen Stuart mit und wir fuhren zusammen nach Hause, um Paul zu erzählen, dass sein Bruder immer noch aus einem Stück bestand. Später am Abend kam der Fahrer des Lasters vorbei, um sich für den Unfall zu entschuldigen. Hugh und ich waren dankbar, dass er nicht schnell gefahren war und dass er angehalten und mitgeholfen hatte, Stuart in die Klinik zu bringen. Großzügig gab der Mann uns ein Büschel Bananen und Taro von seiner Plantage.

Zwei Tage später nahm ich Stuart mit zum Einkaufen. Die Nachricht des Unfalles hatte sich in Windeseile auf der Insel herumgesprochen. Als wir bei United Island Traders hinein gingen, nahm Mama Ruta Hosking, eine Verkäuferin, Stuart bei der Hand und sagte, dass er sich ein Spielzeug aussuchen durfte. Ich erinnere mich, dass er eine Wasserpistole griff, womit er Paul prompt bespritzte, als der am Nachmittag aus der Schule kam. Die Buben erhielten eine Lektion ‚Sicherheit im Straßenverkehr' nach diesem erschreckenden Zwischenfall. Leben auf Rarotonga war immer ein Abenteuer.

Die medizinischen Einrichtungen auf Rarotonga wurden mit der Zeit immer besser. Ein neues Krankenhaus war gerade auf der Stelle des alten Tuberkulosesanatoriums gebaut worden und lieferte mehr zeitgemäße Dienste. Man nannte es immer noch ‚das San'. Eine neue Entbindungsstation, eine modernisierte Kinder- und Chirurgieabteilung wurde hinzugefügt. Für die Bedürfnisse älterer Patienten war auch gesorgt worden. Im Freundeskreis wurde allerdings immer noch gelacht und gesagt, „man muss fit sein, um ins Krankenhaus gehen zu können". Michael war der erste in der Familie, der den medizinischen Stab wirklich auf die Probe stellte. Als er sein Motorrad ausprobieren wollte, klemmte das Gaspedal und er wurde gegen eine harte Betonmauer geschleudert. Wir rasten mit ihm zum Krankenhaus und er bekam eine Notoperation zur Entfernung der Milz. Von dieser Operation erholte er sich gut und es gab keine bleibenden Schäden.

Ungefähr ein Jahr später, als Paul spät am Abend auf dem Weg nach Hause war, fuhr er, nachdem er einen Freund abgesetzt hatte, über einen schlafenden Hund. Die Lenkstange des Motorrades durchbohrte seine Milz und zu unserem Schrecken wurde er ins Krankenhaus eingeliefert und unser zweiter Sohn bekam die Milz entfernt. Wir waren dankbar für die freundliche Aufmerksamkeit der Ärzte und die liebevolle Fürsorge der Krankenschwestern.

Ich war also nicht übermäßig besorgt, falls ich medizinische Hilfe brauchte. Seit einiger Zeit hatten meine Zähne mir dauernd Probleme gemacht. Schließlich nahm ich all meinen Mut zusammen und machte einen Termin mit der örtlichen Zahnklinik. Ich hatte gehört, dass die Betreuung nicht all zu schlecht war, aber für mich war der Besuch des ‚Mordhauses' eine Qual. Ich regelte, dass ein Freund mich begleitete und im Warteraum auf Katherine aufpasste. Ich gehe nur für eine Zahnfüllung hinein, jedenfalls dachte ich das. Ich hatte fürchterliche Schmerzen, während der Zahnarzt bohrte, stocherte und stach. Er machte zwar einige Röntgenaufnahmen, aber ich bezweifele, dass er die richtig interpretieren konnte. Er entschied zum Schluss, dass ein Backenzahn entfernt werden musste. *Nur noch wenige Minuten Tortur und ich werde sofort Erleichterung spüren,* dachte ich bei mir selbst. Für eine Stunde ertrug ich unglaubliche Schmerzen und Beschwerden. Schließlich gab der Zahnarzt einen extra starken Ruck und heraus war mein großer Weisheitszahn. In Tränen wankte ich aus dem Behandlungsraum, vollkommen fertig und erschöpft von der Tortur. Ich konnte nicht fahren. Mein Freund fuhr mich nach Hause, steckte mich ins Bett und da blieb ich eine Woche lang. Meine Schmerzen verschlimmerten sich. Schließlich flog ich nach Auckland und ging zu einem alten Freund, der eine Zahnklinik besaß. mit einem Blick, sah Geoff dass einige Knochensplitter im Zahnfleisch zurückgelassen worden waren. Es hatte sich entzündet und mein Mund sah schlimm aus. Zu meinem Schrecken erzählte Geoff, dass alle meine Zähne in sehr schlechtem Zustand waren. Er riet mir, sie alle ziehen zu lassen. Er würde mir ein falsches Gebiss anfertigen. Sogar in den Siebzigern wurde das als eine drastische Maßnahme betrachtet. Es war klar, dass es keine andere Lösung gab. Alle meine Zähne wurden gezogen und neue angepasst.

Nie wieder ging ich auf Rarotonga zur Zahnklinik.

Kapitel 33

Sich nach der Decke strecken

In den Siebzigern

„Was gibt es zum Abendessen, Mama", fragte Nicholas. Ich fragte mich gerade, was ich vorbereiten sollte. Es war Mittwochabend und das Ende von zwei Wochen. Hugh wurde alle vierzehn Tage bezahlt. Das nächste Gehalt war am nächsten Tag fällig. Wir hatten vier kräftige Buben und eine lebhafte, kleine Tochter, alle mit einem Loch im Magen und einem gesunden Appetit. Sie verschlangen jeden Tag vier Brote. Reden wir davon, sich nach der Decke zu strecken. Heute brauchten wir ein kleines Wunder, wie das von den fünf Broten und fünf Fischen. „Es gibt heute Abend Salat", antwortete ich. Schnell schnitt ich die Salatblätter, schälte und schnitt die Gurke in schmale Streifen, schnitt Tomaten so, dass sie wie Blumen aussahen und dekorierte die Schale mit Scheiben hartgekochter Eier. Ich tat einen Schritt zurück und betrachtete meine Arbeit, wissend, dass kein Mensch davon Notiz nehmen würde. „Du stampfst die Kartoffeln, Michael und Paul, du kannst die Streifen Wurst zusammenrollen." Sie schauten sich an und rollten mit den Augen, als ob sie sagen wollten, „beeile dich, morgen Abend, wenn Papa bezahlt worden ist, wird Mama Koteletts oder sogar Steaks braten". Ich konnte sie beinahe denken hören, dass ein wahrhaftiges Fest in Aussicht war, aber nicht heute Abend! Ich öffnete eine Dose Roter Beete. Das Abendessen war fertig. Hoffentlich würde es die Mägen vom Knurren abhalten.

Später am Abend bemerkte ich zu Hugh, dass eine Freundin und ich darüber nachdachten Tupperware – Behälter aus Kunststoff – zu importieren und an Freunden zu verkaufen. Während eines vorherigen Urlaubs in Auckland war ich bei einer Tupperware-Party im Haus eines Freundes. Ich staunte, wie viel Spaß das machte und auch darüber, wie viele Dinge Leute gekauft hatten. Es war schwer, Waren auf den Inseln frisch zu halten. Oft musste ich Mehl wiederholt sieben, um Getreidekäfer zu entfernen. Manchmal gab ich den Streit auf und hoffte, dass extra Proteine gut für uns wären. „Kunststoffbehälter würden ein Segen für die großen Familien sein. Es würde Spaß machen und hoffentlich auch etwas Geld einbringen", sagte ich. „Mach dich dran. Die Kinder und ich werden dir helfen", antwortete Hugh. Meine erste Party war ein großer Erfolg. Ich bekam Bestellungen, für all das, was ich ausgestellt hatte und sogar für die größeren Behälter, die im Katalog beschrieben worden waren. Jede Woche holte ich riesige Pappkartons gefüllt mit Tupperwaren von der Flugzeughalle von Air New Zealand ab. Die vier Jungen und Katherine packten die Kartons auf unserer geräumigen, luftigen Veranda aus und stapelten die Ware den Bestellungen gemäß. Hugh packte die in Plastik gewickelten Bestellungen in den Gepäckraum des Autos. Auf dem Weg zur nächsten Tupperwaren Party lieferte ich sie aus.

Die einheimischen Frauen waren in ihrem Element. Sie freuten sich über die Spiele und das Rätselraten, das wir machten und hörten nur halbherzig auf meine Beratung, wie man die einzelnen Teile der Tupperwaren nutzte. Das wichtigste Ereignis des Abends war, die Bestellung von den hochgeschätzten Behältern. Bald stürzten sie sich auf die schwer mit Essen beladenen Tische zum Abendessen und aßen mit dem größten Vergnügen. Es gab auf den Cook Inseln keine Schalen mit Keksen mit Käse und Tomaten darauf oder ähnliches. Nein, bei jeder Teegesellschaft am Morgen, bei jeder Eröffnung oder Schluss einer Feier oder eines Ereignisses waren die Tische überladen mit gegrillten Hähnchen, Teller mit Schweinefleisch, Taro und Kuchen. Es war ein aufregendes Wagnis. Jedermann war begeistert Tupperware zu besitzen und besuchte die Partys. Ich war mindestens dreimal die Woche unterwegs und verkaufte mehr und mehr. Das Geschäft nahm im Umfang immer mehr zu. Das Beste von allem war, dass ich tatsächlich einige Dollar für die gemeinsame Kasse verdiente.

Es war das Jahr 1976. Hugh arbeitete für die Regierung als Sekretär für ‚Unterstützende Dienste' gewöhnlich als das ‚Amt für Öffentliche Arbeiten' bezeichnet. Seit einiger Zeit hatte ich über andere Geldeinbringende Ideen nachgedacht, die es mir ermöglichten zu Hause bei den Kindern zu bleiben, Zeit für meine Freunde zu haben und das Gesellschaftsleben zu genießen. Ich schätze, ich möchte alles Gute, das der Welt zu bieten hatte, haben. Ich telefonierte mit meiner Freundin Tere Yala. „Tere, ich weiß, dass Pat regelmäßig Golf mit Hugh spielt und du und ich sind oft im Clubhaus, besonders am Samstag." Ich schilderte ihr zuerst ein einfacheres Bild. „Was hältst du davon, wenn wir Sandwichs und andere Häppchen vor und nach den Mittagsrunden servieren?" „Ich glaube, das ist eine ziemlich gute Idee. OK, lasst uns beim Kaffee darüber weiter diskutieren", entgegnete sie.

Und so entstand ‚Ata Wai Wolo Lieferant'. Ja, ein ulkiger Namen ist es. Tere und ihr Mann Pat kamen von der nördlichen Insel Pukapuka. Ata Wai Molo bedeutet in ihrem Dialekt ‚Danke schön'. Wir begannen langsam. Wir verkauften geröstete Weißbrotschnitten mit gekochten Eiern, aber langsam wurde die Speisekarte länger. Einige Monate später kam Hugh nach Hause und sagte, „die jährliche Preisvergabe des Golfklubs findet nächsten Monat statt. Ich habe vorgeschlagen, dass wir zur Abwechslung ein dreigängiges Abendessen haben werden. Glaubst du, dass du dafür die Lebensmittel liefern kannst?" „Was", rief ich. „Glaubst du wirklich, dass ich, nachdem ich für unsere siebenköpfige Familie gekocht habe, ein Menü zusammenstellen kann, kochen und danach ungefähr hundert Leute bedienen werde?" „Ich werde helfen", sagte er mit einem Lächeln, oder sollte ich sagen, mit einem Grinsen. *Er fordert mich heraus* dachte ich bei mir selbst. „OK, du hast es jetzt am Hals".

Wieder wurden unsere langmütigen Söhne und Tochter zur Arbeit angehalten. Sie schälten Berge von Kartoffeln, schälten und zerkleinerten Eimer voller tränentreibenden Zwiebeln, schleppten Kartons mit Tellern, Gläsern und Essbestecken die Treppen herauf und herunter ins Esszimmer. Nach diesem kleinen Anfang fragte man uns für die Preisvergabe der Segel- und Bowlingklubs das Essen zu besorgen. Jeden Samstag bereiteten wir das Mittagessen und ein leichtes Abendessen für die Golfer zu.

Es gab nur ein kleines Hotel und einige Cafés auf der Insel, wir hatten also nicht wirklich einen Konkurrenten. Als sich das Geschäft entwickelte, nahmen wir die Dienste von Freunden in Anspruch, um die Tische zu bedienen, sauber zu machen und abzuwaschen. Bald waren wir Eigentümer eines kleinen, aber blühenden Geschäfts. Meine Geschäftspartnerin Tere Yala und ich staunten nur. Wir zählten das Bargeld, zogen die Einkaufskosten ab und teilten den Rest. Wir hatten es geschafft!

Michael, unser ältester, war der erste, der ins Internat in Neuseeland ging. Finanziert aus den Einnahmen der Tupperware besuchte er die St.

Stephens Schule in Süd-Auckland. Paul war der nächste und besuchte das Pompallier College in Whangarei, bezahlt durch das Gastronomiegeschäft.

Die ganze Familie arbeitete zusammen. Wir waren ein fröhliches Team, es gab viel Gelächter und Spaß. Natürlich waren die Kinder bald enttäuscht und gelangweilt, aber das Geschäft hätte ohne ihre Hilfe nicht überlebt. Für uns zu Hause ‚Tiopu Wai Wai' (wässriger Eintopf) und Fleischwürstchen waren Mahlzeiten der Vergangenheit. Wir liebten aber unsere Sonntagsnachmittagsfahrt zu Tante Ngaie Tupas Laden an der Straße im Innern der Insel. Für den Sonntagnachmittagstee gab es noch immer nichts Besseres als diese riesigen, heißen Krapfen, triefend vor Fett, beschmiert mit Butter und roter Pflaumenmarmelade und in heiße Becher Kakao getaucht.

Noch immer schlank
trotz viele Berliner

Kapitel 34

Unterhaltung nach Art der Insel

„Wie beschäftigt man sich auf Rarotonga?", informierten sich Verwandte und Freunde in ihren Briefen. „Der Tag hat nie genug Stunden", antwortete ich. Jeder Zeit konnte ich Freunde oder Verwandte anrufen und zum Essen einladen. Niemand lebte weiter als eine zwanzigminütige Autofahrt von unserem Haus entfernt. Ich plante einfache Menüs, ich wünschte mit meinen Freunden zu plaudern und Zeit mit ihnen zu verbringen. Ich wünschte nicht, mich stundenlang an einem heißen Herd abzurackern. Howard Morrison OBE (Order of the British Empire) war mit seiner Frau Kuia und deren Quartett angekommen. Später in diesem Jahr reisten unsere Rugby und Volleyball Mannschaften nach Neuseeland für Turniere. Hugh und Howard waren seit langem Freunde, und er hatte versprochen, mit dem Einsammeln von Geld zu helfen. Wir hatten das Vorrecht, dass er, bei seinem vollen Terminkalender, sich Zeit genommen hatte, die Cook Inseln zu unterstützen. Nach dem ausverkauften Konzert war es Zeit sich mit der Familie zu entspannen.

Wir brachten unsere Gläser mit ‚El Toro' (Stierenblut) über den Rasen zum Ufer der Lagune und rekelten uns im ruhigen, durchsichtigen, aquamarinblauen Wasser, die sanften Wellen plätscherten über den Sand und unsere Gläser trieben um uns herum. Als die Sonne unterging, loderte der Himmel vor goldenen Flammen und danach in dunklen, roten Farbtönen. Sogar die Lagune wurde blass rot und flockige, weiße Kumuluswolken hatten einen fuchsiefarbenen Umriss. „Was für einen beschaulichen Lebensstil genießt ihr hier", bemerkte Howard, während er auf dem Rücken trieb und zu den verblassenden Sonnenstrahlen aufschaute. Innerhalb von Minuten wurde es um uns dunkel, denn in diesen niedrigen Breiten ist die Dämmerung nur sehr kurz. Wir sammelten die Reste unserer Getränke und die Plastikstühle ein und schlenderten zum Haus zurück. Unsere Buben hatten den Strand bereits abgesucht und einen Haufen Treibholz aufgelesen. Hugh machte auf dem einzementierten Gartengrill ein Feuer. Endlich wurde aus dem lodernden Feuer eine heiße Glut und wir grillten Scheiben frisch gefangenen Gelbflossenthunfisch auf den glühenden Kohlen.

Michael nahm ein paar silberner Löffel, ließ sie über seine Finger gleiten, um einen klickenden Ton zu erzeugen, während Paul und Stuart mit Holzstöcken auf ausgehöhlte Trommel mit Schlitz schlugen. Der einheimische Name ist Pate und, abhängig von der Größe des Schlitzes, variierten die Töne. Bald schon spielte unsere spontan gebildete Band die beliebtesten Inselmelodien. Die Damen zogen die Röcke etwas höher, gingen leicht in die Knie und wiegten sich in Übereinstimmung mit dem Takt. Als der Rhythmus schneller wurde, drehten und wanden sich unsere Hüfte auch schneller. Mit stampfenden und trampelnden Füßen, mit gebogenen Knien, die aneinander schlugen, nahmen unsere Ehemänner, Söhne und Freunde, an einem beschwingten, fröhlichen ‚ura piani' (Tanz, urspr. zur Mundharmonika) teil. Nach so viel Anstrengung und ausgelassenem Gelächter ließen wir uns aufgelöst in unsere Liegestühle fallen.

Die Gesichter der Kinder erhellten sich vor Aufregung, wenn sie ein paar Minuten länger mit den Erwachsenen aufbleiben durften. Hugh war der geborene Erzähler. Er hatte anscheinend einen endlosen Vorrat an Geschichten. Alle lachten über seine Witze. Howard, der auch über ein erstaunliches Repertoire verfügte, stachelte ihn an. Wir staunten über eine Myriade von Sternen, die an einem klaren Himmel blinkten. Wir wiesen auf die Milchstraße und das Kreuz des Südens und betrachteten die Feuerfliegen, die im Schatten glühten. Wir erzählten uns weiterhin Geheimnisse und Lügen. Howard und Kuia erfreuten uns mit ihrer Wiedergabe in Maori von Po Kare Kare Ana, einem ergreifenden Abschiedslied. Als unsere Gäste gingen, dankte ich wieder für einen schönen Tag.

Ein paar Jahre später wurde Sir Howard für seine Dienste in der Unterhaltungsindustrie in Neuseeland zum Ritter geschlagen.

Unsere zwei Familien blieben eng befreundet und sie besuchten auch in den darauf folgenden Jahren Rarotonga. Nur eine Woche vor seinem Tod in Rotorua machten sie Urlaub bei uns.

Wir wurden immerfort zu Barbecues, Geburtstage oder Geselligkeiten eingeladen. Regierungsabteilungen gaben Cocktailpartys für Berater und Würdenträger, die zur Gast waren. Wir waren anscheinend oben auf einer Liste, wenn zur offiziellen Gelegenheiten eingeladen wurde. Es gab keine Zeit sich zu langweilen.

Ein modernes, geräumiges Haus war gerade fertiggestellt worden auf den ausgestreckten, kunstvoll angelegten Gartenanlage in ‚Ngatipa'. Es dient als offizielle Residenz des neuseeländischen Vertreters. „Einhundert Schlüssel um einhundert Türen zu öffnen", nörgelten Herr und Frau Brocklehurst, der kürzlich ernannte Vertreter. Zwei sehr alte und hohe Flammenbäume flankierten die Vorderseite des Hauses und beschatteten die ausgestreckten Rasenflächen. Das Haus stand oben auf einem Hügel mit Sicht auf das Zentrum von Avarua und mit spektakulärer Aussicht auf den Pazifischen Ozean. Heute Abend wehte eine kühle, feuchte Brise die weiße Tischdecke hoch, welche den langen Tisch bedeckte, der als Bar fungierte. Zahllose Personen standen vor uns und so dauerte es etwas, bis wir unsere Getränke hatten. Es standen wenigstens hundert Personen auf dem Rasen.

Sie machten einen ohrenbetäubenden Lärm, indem alle über die Tagespolitik redeten und lachten. Politiker und ausländische Vertragsberater mischten sich unter ‚einfache' Geschäftsleute. Die Kleider einiger altmodischer Leute waren alt und schäbig, aber im Allgemeinen waren die meisten nach der letzten Mode gekleidet. Männer trugen eine Safari-Jacke aus Polyester, einen khakifarbenen Anzug, oder einen Anzug in verblasstem blau. Die Damen fügten mit ihren Muumuus fröhliche Farbtöne hinzu. 'Mutter Hubbard Kleider' wurden die Muumuus genannt und stammten aus den Tagen der Missionare, als den Frauen erzählt wurde, dass sie ihren Körper bedecken sollten. Sie waren tatsächlich sehr hübsch, mit vielen Rüschen und weißen Stickereien - der englische Akzent! Diese Gelegenheiten waren gute Treffpunkte, um Kontakte zu knüpfen und Verbindungen aufzubauen. Die schnellste und beliebteste Art, um Geld für das Krankenhaus Komfort Kommission zu sammeln, war einen Galaabend zu organisieren. Irgendwie war ich zur Vorsitzenden dieser Organisation gewählt worden und wir waren permanent damit beschäftigt, die Qualität und Standard der Krankenhausstationen zu verbessern. Ich nahm sogar die Dienste meiner Mutter, als sie mich besuchte, in Anspruch, um zu helfen die Gardinen für die chirurgische Abteilung zu nähen. Das Krankenhausmanagement verschaffte uns leuchtend orangefarbiges Material und die Mitglieder formten einen Arbeitskreis, um die Vorhänge rechtzeitig zur Eröffnung anlässlich der Neuausstattung fertig zu haben. Was immer die Regierung nicht herbeibringen konnte, versuchten wir zum Wohle der Patienten zu bekommen und anzuschaffen.

Ich erinnere mir noch gut an den Wild-Weste-Abend, als Pferde durch die Gesellschaftshalle ritten. Einen bombastischen männlichen Cancan Tänzer wurde über einen Sattel geworfen und einen Preis auf eine schnelle Rückkehr ausgesetzt. Viel Erfolg hatte auch eine andere Gelegenheit, der spanische Abend, wofür unsere Kommissionsmitglieder exotische spanische Tänze gelernt hatten. Mit seinem auffallenden Federhut, den er zur Schau trug, mit den Beinen in weißen Strümpfen gehüllt und mit einer schwarzen Satinpumphose, sah Hugh von Kopf bis Fuß aus wie ein Edelmann. ‚D'Artagnan' machte einen exzellenten Zeremonienmeister!

Diese Ereignisse wurden gut besucht und es gelang uns sogar einen kleinen Profit zu machen. Zwanglose Abende nach Turnieren in den Segel- und Golfvereinen wurden immer gut besucht und freundlich unterstützt. Während vieler langen Abende wurden wir mit einem Ständchen der ‚Oompah' bedacht. Dieses einheimische, fantastische Instrument besteht aus einem langen, hölzernen Pfahl mit einer Saite, die von der Spitze aus über einen großen, leeren Teebehälter gespannt wurde. Die tiefen Grundtöne, die von dem Spieler hervorgebracht wurden, indem er an der Saite zupfte, kribbelten in unseren Füßen und ließen uns aufstehen und die ganze Nacht durchtanzen.

Die Freitagabende im Trailway Hotel waren immer lebhaft. Wir warteten ungeduldig auf die Musik und das Singen von Jake Numanga und die Pearly Stars Band.

Hugh und ich beschlossen für ein Bowlingteam, das zur Besuch war, eine der vielen Grillpartys zu veranstalten. Farbige Lichterketten glühten warm in den Palmen und beleuchteten sechs große, runde Tische, die im tropischen Garten standen. Wir steckten lange Strohhalme in frisch geerntete und geschälte, junge Kokosnüsse, ‚Nu' genannt zum trinken. Die kühle, erfrischende Flüssigkeit war köstlich. Manche Gäste fügten Rum und Wodka hinzu, um es etwas mehr ‚Pfiff' zu verleihen. Unseren sechzig Gästen wurden lange, gezackte Gabeln gegeben, um Ananasstücke in Rum zu tunken, jedes Stück in braunen Zucker zu rollen und das Stück dann über einer Flamme zu karamellisieren, bevor jede Scheibe in eine riesige Schale voller Schlagsahne eingetaucht wurde. Flambierte Ananas war sofort ein Volltreffer und wurde von da an zum Party Hit.

Wir wussten immer, wie wir uns unterhalten oder erfreuen konnten, vor allem zu Hause. Mehr und mehr ausländische Fachkräfte kamen, um auf Rarotonga zu leben und durch den schnellen Fortschritt auf dem Flughafen wussten wir, dass Veränderungen allmählich unsere einfache und gemächliche Lebensweise beeinflussen würden.

Der internationale Flughafen wurde gebaut; es schien richtig, mehr Möglichkeiten zur Unterbringung zu entwickeln. Ein ausgedehntes Areal an der Südwestseite der Insel wurde für das vorgeschlagene, internationale Hotel als geeignet betrachtet. Um dieses erstklassige Land zu erwerben, war es jedoch erforderlich, dass die Regierung mit der Familie oder Stamm, der die Besitzrechte besaß, verhandelte. Das Land war von Generation zu Generation weiter gegeben worden. Viele Diskussionen und Versammlungen fanden in den folgenden Monaten statt; nahe und ferne Familienmitglieder waren betroffen. Jedes Mitglied musste Papiere unterschreiben und ganz einverstanden sein, das Stück Land zu verpachten. Regierungsangestellte waren hoch erfreut über das Ergebnis, da sie hofften, dass das vorgeschlagene Hotel ein Katalysator sein würde für zukünftige Möglichkeiten im Fremdenverkehr. Obwohl zu der Zeit die Landwirtschaft als das Rückgrat der Volkswirtschaft galt, wurde der Export von Apfelsinen, Bananen, Ananas und Tomaten aufgrund des unzuverlässigen Transports immer schwieriger.

Die einzigen Immobilien, die in den frühen siebziger Jahren Zimmer anboten, war das Ace Motel, das in der Hauptstadt Avarua war. The Little Polynesian Motel bestand aus zehn einzelnen Bungalows und lag an einem langen, windigen Strand im Dorf Titikaveka und das Edgewater Hotel bestand aus vier kleinen Bungalows am Rande der Arorangi Lagune. Das Trailways Hotel am Stadtrand bediente hauptsächlich Geschäftsleute. Nur wenige Touristen hatten Rarotonga entdeckt.

Hugh, ich und die Kinder verbrachten das Wochenende oft zur Entspannung an dem Strand des vorgeschlagenen Hotelgeländes. Schließlich erzählten unsere Freunde, die Eigentümer des Grundstücks waren, dass die letzten Dokumente unterzeichnet und versiegelt worden waren; unser beliebter Ort der Erholung war der Regierung für ein neues Hotel verpachtet worden. Bevor die Entwickler damit begannen das Gelände zu säubern und zu planieren, packten wir unsere Badesachen und Schnorchelausrüstung, Essen und extra Kleidung für die ganze Familie ein und machten den Trip zur anderen Seite der Insel, um den Ort ein letztes Mal zu genießen.

Hugh und ich fanden die beiden traditionellen Häuser, die zwischen mehreren Kokospalmen standen, außerordentlich schön in ihrer Schlichtheit. Allerdings war ich mir nicht sicher, ob ich in einem von beiden wohnen möchte. Blätter des Pandanus (Schraubenbaums) bedeckten die Dächer, welche mit geflochtenen Fasern der Kokospalme an die Dachsparren aus Eisenholz befestigt worden waren. Das größere Haus wurde zum Schlafen und Essen benutzt. Bambus fasste die Wände ein und gewebte Matten bedeckten den Fußboden. Weiße Korallen ‚Kirirkiri' genannt, waren im Inneren des kleineren Hauses, das zur Zubereitung der Mahlzeiten und zum Kochen diente, verstreut worden. Der Wasserhahn im Freien tropfte ununterbrochen Wasser in ein 200 Liter Fass, das zum Trinken und für die Wäsche benutzt wurde. Unsere Freunde kochten auf einem kleinen Kerosinherd, aber am Wochenende wurde ein Umu (Erdofen) gegraben und mit Schweinefleisch oder Huhn, den beliebtesten Speisen, bestückt. Das war nicht meine Vorstellung von Komfort, aber dort ein paar Stunden, oder gar ein Wochenende zu verbringen, machte Spaß. Von den üppig wachsenden Brotfrucht-, Apfelsinen- und Zitronenbäumen und Bananenstauden war es nur ein paar Schritten zum langen Streifen weißer Sand. Die Kinder rannten sofort weg, um die Felspfützen zu untersuchen, während wir über die bevorstehenden Veränderungen diskutierten.

Wir waren bestürzt, dass wir nicht länger in der Lage sein würden, an diesem idyllischen Ort zu picknicken und machten das Beste aus unserem letzten Wochenende. Mit dem Bau des Rarotongan Hotels mit 150 Zimmern, hofften wir, dass unsere Insel bald als wichtiges Touristenziel anerkannt werden würde. Robert Muldoon, der Premierminister Neuseelands, eröffnete 1974 das neue Hotel. Die lokale Betela Dorftanzgruppe wurde eingeladen, an der ersten ‚Inselnacht Extravaganz' eine Vorstellung zu geben. Es war ihre erste öffentliche Vorstellung für Besucher aus Übersee. Daniel Apii, der Leiter der Gruppe, war auch der wichtigste Drummer. Es war klar, dass er zu sehr mit dem Team beschäftigt war, um auch noch Ankündigungen machen zu können, oder zu erklären was die Tanzschritte bedeuteten, also fragte er Hugh, das zu übernehmen. Ab diese Eröffnungsvorstellung war Hugh in seinem Element. Er war noch weitere zehn Jahre ein außergewöhnlicher Zeremonienmeister für alle und jede Veranstaltung, die im Hotel durchgeführt wurde. Ich glaube, viele Gäste dachten, dass er der Manager wäre, weil er Tische organisierte, das Personal Anweisungen gab und die Gäste willkommen hieß.

Am Anfang waren die Regierung der Cook Inseln, Air New Zealand und die neuseeländische Gesellschaft für Tourismus zu gleichen Teilen Eigentümer. Es stellte sich heraus, dass dies eine erfolgreiche Partnerschaft war. Vom Anfang an wurden Einheimische in allen Facetten des Hotelbetriebes einbezogen. Wenige, wenn überhaupt waren für Zimmermädchen, Kellner, Gärtner und sicherlich auch nicht für Manager einer solchen ansehnlichen Niederlassung ausgebildet worden. Training wurde vor Ort gegeben; was ihnen an Fertigkeiten fehlte, wurde durch Begeisterung, Freundlichkeit und Initiativen ausgeglichen.

Nicht lange nach der Eröffnung des Hotels organisierte Hugh für mich, als auch für seinen Mitarbeiterstab des Reisebüros ‚Union CITCO', dort für ein Wochenende zu Gast zu sein. Keiner hatte jemals die Gelegenheit gehabt in einem Hotel zu übernachten, geschweige denn nach Übersee zu reisen. Von der Zusammenkunft zur Orientierung am Freitagabend im Te Marae Saal bis zum üppigen Festessen am Sonntagabend erlebte der Stab all das, womit ein Gast rechnete. Es war schön, aber auch eine gute Gelegenheit zum Lernen für uns alle.

Das Rarotongan Hotel wurde das Flaggschiff der Cook Inseln. Geburtstage, Hochzeiten und jede Art von Feierlichkeit fanden im Weißen Sand Restaurant oder im Te Marae Saal statt. Ein etwas besseres Restaurant ‚Brandis' öffnete im oberen Stock. Es hatte eine strikte Bekleidungskodex – Jeans, Sandalen oder kurze Hosen waren absolut nicht erlaubt. Der originelle, örtliche Pianist, Les Priest, unterhielt die Gäste mit gefühlvollen Interpretationen auf einem auf Hochglanz geputzter Flügel. Ostersonntag Lunches waren immer völlig ausgebucht. Tische und Stühle waren im Restaurant eng zusammengestellt worden und reichten bis an das Schwimmbecken. Es kostete oft eine halbe Stunde, um uns den Weg zu unserem Tisch zu bahnen. Wir redeten mit zahllosen Freunden und Verwandten, bevor wir unsere Plätze erreichten. Lokale Modegeschäfte, Manu Manea und Junes Boutique, veranstalteten Modeschauen, um ihre neuen Kollektionen vorzustellen. Erstaunlich schöne Cook Insulanerinnen ernteten Anerkennung, indem sie den Laufsteg graziös auf und ab schritten und die Inselkreationen vorstellten. Sonya und Maurine waren fähige und schöne Gastgeberinnen und fügten Glanz und Witz zu vielen wichtigen Ereignissen hinzu.

Die tausendste Feier im Rarotonga Hotel

Mit der Zunahme des Tourismus nahmen auch die ‚Inselnächtefeier' und ähnliche Unterhaltungen im Hotel zu. Großartige Büffets mit sowohl einheimischen Delikatessen, als auch europäischen Salaten waren auf knarrenden Tischen hergerichtet worden. Eine polynesische Mama war für die Beschreibung der verschiedenen, exotischen Gerichte für die Gäste verantwortlich. Über viele Jahre unterhielten wir Freunde und Verwandte in dem Hotel und genossen das freundliche Ambiente. Hugh sang mit der örtlichen Musikkapelle, stellte die Tanzteams und Programmnummern vor und wirkte auf das Publikum ein. In 1984 arrangierte das Hotelmanagement eine wunderbare Veranstaltung anlässlich Hughs tausendster Vorstellung. ‚Herr Cook Insel', wie er zum Spaß genannt wurde, lud alle lokale Entertainer ein, die mit ihm in den letzten zehn Jahren zusammengearbeitet hatten, um mit ihm an den Festivitäten teilzunehmen. Es war ein spektakulärer Abend, der seinen Höhepunkt erreichte, als Miss Cook Islands, Lorna Sawtell, aus einer gewaltigen, aus drei Lagen bestehenden Geburtstagstorte aus Pappkarton sprang und Sekt über die Reihe der ‚Stars' spritzte.

Das erinnert mich an eine aufregende Sylvesterparty. Jedermann war piekfein angezogen, mit Helium gefüllte Ballons waren an Stühle gebunden, Pfeifen und Papierschlangen an die Gäste verteilt worden und wir hatten Spaß. Hinter unserem Tisch saß eine Gruppe Freunde, die laut lachten und es sich gut gehen ließen, aber bald auf unsere Kosten. Die Anstifter, Jolene und Peter, hatten ihre Freunde mit Wasserpistolen, jeder Form und Größe, ausgestattet. Die Rückseite unserer schönen Kleider waren bald klitschnass, da sie all und jeder bespritzten. Schließlich stand ein Herr an unserem Tisch auf, ein sehr angesehener Arzt, der entschied, dass er genug gelitten hatte. Er stand von seinem Sitz auf, mit jeder Hand eine Flasche Schampus schwenkend. Er schüttelte sie kräftig auf und ab und bespritzte dann seinerseits die Schuldigen. Während wir nass waren, beendeten sie den Abend in klebrigen, durchtränkten Kleidern. Ziemlich blöde endete so ihr Übermut.

Das Rarotongan Hotel war auf jeden Fall den Platz, um gesehen zu werden und sich zu amüsieren. Nachdem Garth Young, der angestellte Pianist seine Schicht beendet hatte, übernahm einer unserer zum Spaß aufgelegten Freunde oft das Klavier und hämmerte ungestüm drauf los. Bei diesen Gelegenheiten dauerte der Abend gut bis nach Mitternacht und später wurde den Partygängern ein Frühstück mit Eiern und Speck serviert, bevor sie zum Schlafen nach Hause spazierten.

Sogar nach dreißig Jahren Betrieb, verschiedenen Eigentümern und Verbesserungen ruft das Rarotongan Hotel immer wieder Erinnerungen wach.

Hugh im Rarotonga Hotel amüsiert sich
mit den Tänzern

Kapitel 35

Amtseinsetzung und eine offizielle Eröffnung

1974

Der Sommer war drückend warm, obwohl es heute etwas Erleichterung gab. Wir waren aber so aufgeregt, dass wir die Hitze kaum wahrnahmen. Unsere beiden älteren Söhne, Michael und Paul, trugen makellos weiße, langärmliche Hemde, schicke, kurze Hosen und Sandalen. Ihre welligen Locken waren mit reichlich Haarschaum glattgestrichen. Sie sahen wirklich adrett aus und waren gewarnt worden, sich so gut wie möglich zu benehmen. Wir gingen frühzeitig zum Flughafen, um uns einen vorteilhaften Platz unter Tausenden anderen Cook Insulanern zu sichern. Weit entfernt am Horizont konnten wir sehen, wie die Sonne von den Flügeln eines Flugzeuges reflektiert wurde. Wir hörten das Heulen von Motoren. Lange bevor das Flugzeug von British Airways aus dem brillant blauen Himmel herab und dröhnend vor dem neuen Internationalen Flughafen Rarotongas zum Stehen kam, fing die Menge an zu jubeln. Die Luft war geladen vor Erwartungen. Die Trommelschläge hörten langsam auf. Man hörte „Sssh", als wir ungeduldig auf das Öffnen der Türen warteten. Würde sie leibhaftig anders aussehen?

Da war sie! Alle drängten vorwärts – sowohl Krieger, Tanzgruppen und Schulkinder, die ihre besten Uniformen trugen und die Flagge der Cook Inseln schwangen, als auch Würdenträger aus vielen südpazifischen Ländern. Wir verrenkten uns die Hälse und erhaschten schließlich einen flüchtigen Blick einer kleinen, weiblichen Gestalt die sich im Türrahmen des Flugzeugs abzeichnete. Sie trug ein pastellfarbiges Kleid mit Blumenmuster. Ein passender Hut mit breiter Krempe umrahmte ihr Gesicht.

Ihre Majestät, Königin Elisabeth II, winkte der Menge zu und kam langsam die Treppe herunter. Sie wurde von ihrer Tochter, Prinzessin Ann, und Kapitän Mark Phillips begleitet. Sie kamen, um den neuen Flughafen von Rarotonga offiziell zu eröffnen. Wichtiger für unsere Familie war, dass die Königin da war, um den Premier, Albert Henry, in den Ritterstand einzusetzen. „Wo ist ihre Krone? Wo sind das Zepter und der Reichsapfel? Warum trägt sie ihre Roben nicht?", fragten meine Buben. „Die Königin hat Urlaub", antwortete ich. „Sie ist hier, um eine Rede zu halten und den Flughafen zu eröffnen, die Tanzgruppen zu sehen und unsere schöne Insel zu genießen. Dann wird sie zu ihrem Haus in England zurückkehren und allen erzählen, wie schön Rarotonga ist und wie höflich und glücklich die Menschen dort sind."

Krieger bildeten ab der Flugzeugtreppe über dem Rollfeld bis zu dem Eingang des Terminals eine Ehrenwache. Der Königin wurde auf einen Sessel geholfen, der oben auf einer starken Holzplattform stand – ein ‚Pa'ata' - bedeckt mit fein gewebten Matten und Tuch aus Tapa.

Ihre Majestät Königin Elisabeth II. kommt
in Rarotonga an

Diese riesigen Sessel wurden für wichtige, kulturelle Angelegenheiten, wie Amtseinsetzungen oder das Willkommen heißen - wie heute - von fürstlichen Persönlichkeiten. Das Tragen einer Person auf eine Pa'ata' war eine Ehre von enormer Bedeutung; es beinhaltete Respekt, Liebe und oft auch Loyalität, die nur eine Gemeinschaft oder ein Stamm zeigen konnten. Als fünfzig stämmige Krieger die Pa'ata' auf die Schultern hoben, begannen die Trommler zu schlagen, die Tänzer wiegten sich in Übereinstimmung mit dem Rhythmus und großartige Stimmen schwollen an und stiegen zum Himmel auf. Ihre Majestät schien von der Hitze und dem Lärm der Menge nicht beeindruckt. Sie lächelte königlich und winkte jedermann zu. Die Menge jubelte nicht mehr, aber starrte ehrfürchtig und staunend auf dieses phantastische Spektakel. Es war das erste Mal, dass ein regierender Monarch die Cook Inseln besuchte. Es war ein passendes Willkommen der Cook Inseln für die königliche Hofhaltung und eine wahrhaftige, grandiose Gelegenheit.

Während ich die Festivitäten beobachtete, erinnerte ich mich daran, dass es erst fünf Jahre her war, dass wir mit einem Herkules der Königlichen Neuseeländischen Luftwaffe angekommen waren, nebst Fracht, Post und ungefähr vierzig weiteren Passagieren. Man brauchte sieben Stunden um Rarotonga zu erreichen. Wir setzten auf eine Landebahn auf, die aus Korallen bestand und die in den frühen Jahren des zweiten Weltkrieges von der neuseeländischen Regierung angelegt worden war. Ehe diese monatliche Flugverbindung bestand, war Rarotonga isoliert und schwer erreichbar. Ein Solent Flying Boat, (Wasserflugzeug) betrieben von Tasman Empire Airways, beflog die Korallenroute von Fidschi bis Tahiti, das schloss eine Zwischenlandung auf die, sogar noch weiter abgelegenen, Lagune von Aitutaki mit ein. Häufig hörten wir Geschichten über Besucher, die dort für ein paar Tage gestrandet waren und die mit dem Kanu vom winzigen Inselchen Akaiami auf die Hauptinsel von Aitutaki gebracht worden waren. Nicht dass es irgendjemand interessierte, natürlich! Sie sangen, tanzten, feierten und schwammen im kristallklaren Wasser, um die Zeit auszufüllen. Es war wirklich eine romantische Zeit.

Vor fünf Jahren wohnte ich der Zeremonie bei, um den offiziellen Anfang der Arbeit zu kennzeichnen, nämlich, den ersten internationalen Flughafen der Cook Inseln zu schaffen. Dieser sollte in der Lage sein, Flugzeuge mit Düsenantrieb unterzubringen. Ich sah, wie der Premier mit einem zeremoniellen, silbernen Spaten, den ersten Stich machte. Wenn ich dieses beeindruckende Gebäude betrachte, das sowohl traditionelles, als auch modernes Design verbindet, erinnert es mich, an den winzigen, erstickend heißen Schuppen, der uns begrüßte. Meine Gedanken verweilten auch bei der Besorgnis der neunundzwanzig Familien, die von dem Flughafengelände zu einem sehr kleinen, im Innern gelegenen Ort, mit Namen Te Puka, umgesiedelt wurden. Die aus Korallenkalkstein bestehende Christliche Kirche der Cook Inseln und Hunderte von Kokospalmen wurden auch entfernt, um die existierende 1,5 Km lange Landebahn zu verlängern. Aber ich spüre, dass es sich gelohnt hat. Für das Land brach eine neue Zeit an. Nach der Unabhängigkeit hofften wir Cook Insulaner, die im Ausland wohnten, zu ermutigen zurückzukehren und mitzuhelfen, unsere kleine Nation aufzubauen. Gesteigerte Touristenzahlen würden auch helfen, die Wirtschaft aufzubauen, die bis jetzt abhängig war von Hilfe aus Ländern wie Neuseeland und Australien und vom unzuverlässigen Export von Obst und Gemüse nach Neuseeland. Die Ansprachen zur Begrüßung waren vorbei. Die Königin und ihre Begleitung wurden schnellstens nach ‚Ngatipa', der offizielle Residenz des neuseeländischen Regierungsvertreters, gebracht. Die Bewirtung ihres besonderen Gastes machte Herrn und Frau Brocklehurst sehr nervös. Sie mussten sogar die Gästezimmer anpassen und ein Bad einbauen. Als die Königin aber ihre Schuhe auszog und einen Gin mit Tonic vor dem Essen verlangte, waren sie in der Lage, sich zu entspannen und sich an ihre Gesellschaft zu erfreuen. Eric Bateman, Manager des Trailways Hotels wurde aufgetragen, eine besondere Mahlzeit zuzubereiten. Was für ein Privileg und Höhepunkt seiner Karriere! Jim und Greta Little und einige wenige Würdenträger wurden zu diesem Abend eingeladen. In einer besonderen Zeremonie bekamen einige den Verdienstorden der Königin. Später erzählten sie mir, wie überwältigt und geehrt sie sich fühlten.

Am 29.Januar 1974 brach der Tag klar und strahlend an. Lange vor den offiziellen Festivitäten kamen wir und enge Verwandte zu einem der originellen, kleinen, engen Zimmer im Flughafen. Es war vollkommen umgestaltet worden. Blätter der Kokospalme bekleideten die Wände, Matten lagen auf dem Betonfußboden, Blumen und Pflanzenkübel dekorierten den Raum. In der Mitte des Zimmers war ein niedriger, mit Tapa bedeckter Hocker im Zentrum einer fein gewobenen kreisrunden Matte platziert worden. Hugh, Michael, Paul und ich schlossen uns weitere Familienmitglieder an und stellten uns an beiden Wänden in einer Reihe auf. Wir waren hier, um Zeuge der Einsetzung in den Ritterstand meines Schwiegervaters, Albert

Henry, für seine Verdienste um die Cook Inseln, eingeschlossen das Führen des Landes, während der ersten Jahre ihrer Unabhängigkeit.

Ich fragte mich, was er wohl denken mochte. Obwohl ich nur Zuschauer war, war ich nervös. Schließlich traten die Königin, Prinzessin Anne und Kapitän Phillips, begleitet von ihren Adjutanten, ein. Nach einem Dankgebet und einigen Worten des ortsässigen Pastors, tat die Königin einige Schritten vorwärts und klopfte mit einem zeremoniellen Schwert leicht auf beide Schultern des knienden Alberts. „Steh' auf, Sir Albert". Durch einen Schleier von Tränen beobachtete ich, wie mein Schwiegervater aufstand, eine tiefe Verbeugung machte und seine Insignien empfing. Wieder wurde mir bewusst, wie klein und schön Königin Elisabeth in Wirklichkeit war. Auf Bildern kommt sie nicht zu ihrem Recht. Ihre Haut war wie feines Porzellan und ihr Lächeln war aufrichtig und fröhlich.

Die Königin und Sir Albert

Ein bedeutsames Ereignis war im Nu vorbei. Was für Privileg war es aber, an dieser historischen und bewegenden Zeremonie teilnehmen zu dürfen! Nach dieser privaten und aufregenden Einsetzung gingen wir hinter der Gesellschaft her, um uns zu den Würdenträgern zu gesellen zu der offiziellen Eröffnung des Rarotonga Flughafens.

In seiner Begrüßungsrede erwähnte Sir Albert, der Premier und selber ein beachtlicher Redner, die Bestrebungen und Sorgen der Cook Insulanern.

„Ihre gnädige Majestät, es war kein einfaches Unternehmen für mich und meine Regierung ihre Majestät zu fragen, nach Rarotonga zur Eröffnung unseres Flughafens zu kommen, geschweige denn Ihre Majestät zu bitten, diese selber vorzunehmen. Wir wissen, dass wir sehr klein und isoliert sind. Wir wissen auch, dass wir nur ein winziger Teil des großen Commonwealth sind. Zurückblickend auf das, was ich jetzt, ja sogar noch vor zwei Tagen, ein großes Abenteuer nennen möchte, scheint es mir immer noch wie ein Traum. Nun, da Sie tatsächlich hier sind, Ihre Majestät, ist es ein wunderbarer Traum, der wahr geworden ist. Bis 1901, als die Cook Inseln formal durch Neuseeland annektiert wurde, waren wir in den Augen der Welt nicht-existent. Seit dieser Zeit bis 1965 als wir Autonomie erlangten, waren wir immer noch wenig mehr als ein Punkt auf der Landkarte. Das Jahr 1965 aber erwies sich als der Wendepunkt in unserer Geschichte und wir haben seitdem größere Anerkennung in der pazifischen Region erreicht.

Gestern hießen wir Sie willkommen und bejubelten Sie. Diesen Morgen haben viele andere Nationen des Südpazifiks sich uns angeschlossen. Sie können an die Flaggen, die an den Masten flattern, erkennen, dass wir Vertreter der Regierungen von Neuseeland, Australien, Fidschi, vom Königreich Tonga, Western Samoa, Papua Neuguinea und Niue hier haben. Ich bin stolz darauf, sagen zu können, dass, dem französischen Territorium ausgenommen, fast jedes Territorium im Pazifik hier vertreten ist, um Sie zu ehren.

Zurückkommend auf den Flughafen, dachte ich, *wofür steht es eigentlich? Wovon ist es ein Symbol?* Ich werde versuchen zu erklären, was es für uns Cook Insulaner wirklich bedeutet. Dieser Flughafen, durch die neuseeländische Regierung auf dem Boden der Cook Inseln gebaut, ist eine Art Gelegenheitszusammenarbeit, die darauf gerichtet, ist beiden

Ländern zum Vorteil zu gereichen. Es war unwichtig, wer am meisten davon profitieren würde. Worauf es ankam, war, dass es Übereinstimmung gab, dass es Gelegenheiten geben wird, durch welche für beide Nationen Türen geöffnet werden und ein besseres, gegenseitiges Verständnis sich entwickeln werde. Das ist, wofür der Flughafen wirklich steht. Es ist ein Symbol für Vertrauen und Verständnis zwischen zwei Regierungen, zwei Nationen. Obwohl ein geschriebenes Dokument Aspekte der Konstruktion und Funktion des Flughafens festhält, kann dieses Dokument nicht alle Aspekte, die bekannt sind, festlegen und tut das auch nicht. Unser Einvernehmen ist etwas breiter, als ein geschriebenes Dokument und gründet sich nicht nur auf dem Gesetz, sondern auf die Beziehung von Vertrauen und Verständnis, die seit 1901zwischen uns gewachsen ist. Es ist ein Beispiel von einer **sehr besonderen Beziehung, die, glaube ich, der größte Teil der Welt nur schwer verstehen kann.**

Für uns Cook Insulaner, verspricht dieser Flughafen ein Meilenstein auf unserer Reise zu wirtschaftlicher Unabhängigkeit zu sein, aber wir realisieren uns, dass wir, um unsere Lebensweise zu ändern, neuem Druck und neuen Herausforderungen begegnen werden. Sie können erkennen, Ihre Majestät, dass wir wissen, was wir behalten wollen und wissen, was wir nicht haben wollen. Wir vertrauen darauf, dass das Wohlwollen und Vertrauen, das der Flughafen symbolisiert uns die Kraft geben wird, damit fertig zu werden. Es ist das, was die Cook Insulaner so glücklich macht, denn wir wissen, dass wir auch weiterhin eine glückliche und friedfertige Nation sein können, denn wir wissen, was wir nicht wollen.

Ihre Majestät, Ihre Anwesenheit hier an diesem Tag, zur offiziellen Eröffnung dieses besonderen Flughafens, kombiniert zwei Meilensteine in unserer Geschichte.

Erstens; wenn ich zurückschaue auf das, was auf den Cook Inseln gestern geschah, bin ich mir bewusst, dass für mich persönlich dies der krönende Moment in meinem Amt als Führer meines Volkes ist.

Zweitens; was jetzt stattfindet ist ein Moment großer Freude für diese kleine Nation und seine Bürger, deren beliebten Monarchin Sie sind.

Heute haben sie den Cook Inseln sowohl einen Platz auf der Landkarte gegeben, als auch im ganzen Pazifik. Ich finde keine Worte, um die Dankbarkeit, welche die Bürger meines Landes empfinden, auszudrücken. Während meine Gedanken umherstreifen, denke ich an das Bibelzitat, das unser Gebet sein könnte. Es lautet ungefähr so: Möge der Herr deinen Eingang und Ausgang segnen, jetzt und immerdar. Amen."

Die formelle Eröffnungsrede von Königin Elisabeth II wurde herzlich applaudiert und wurde wie folgt festgehalten:

Herrn Premierminister und Bürger der Cook Inseln Kia Orana.

Ihre Vorfahren machten eine gefährliche Reise in zerbrechlichen Kanus von anderen pazifischen Inseln hierher. Von damals bis zum Kommen großer Flugzeuge, die Tausende Kilometer pro Tag zurücklegen, ist ein enormer Abstand. Wir werden uns immer daran erinnern und den Mut und die Kraft dieser Seeleute aus längst vergangenen Zeiten bewundern. Aber die Zeiten haben sich geändert und überall haben die Menschen es eilig. Ich zweifele nicht daran, dass Ihre Kinder und Enkel, wenn sie verreisen wollen, dies lieber von diesem Flughafen aus tun, als von der korallenbesetzten Küste.

Dieser internationale Flughafen wird den Cook Inseln Veränderungen bringen, manche gute, manche schlechte. Sie werden mit der Außenwelt bessere Kommunikationsmöglichkeiten haben und viele Menschen aus anderen Ländern werden hierher kommen und dieses wird sie näher zusammenbringen. Ich bin froh darüber, denn so war es für mich selbst möglich hier her zu kommen. Aber es wird auch Einfluss auf eine vorhersagbare Lebensweise geben, mit dem man behutsam umgehen muss. Ich weiß, dass Ihre Lebensweise etwas sehr wertvolles für Sie alle ist und ich bin zuversichtlich, dass Sie in der Lage sein werden, die Früchte zu pflücken und die Fallgruben moderner, weltweiter Kommunikation zu meiden.

Ich freue mich, Herrn Premierminister, über die ausgezeichnete Beziehung zwischen den Cook Inseln und Neuseeland zu hören und über die Zusammenarbeit, die diesen Flughafen hervorgebracht hat. Ich bin mir sicher, dass dessen Existenz viel dazu beitragen wird, diese Beziehung zu stärken und instand zu halten.

Vor kurzem eröffnete ich das großartige Opernhaus in Sydney und nachdem ich das gemacht hatte, betraten zunächst neuseeländische Maori die Bühne und danach die Maori dieser Inseln. Es freut mich sehr heute in der Heimat dieses Maorivolkes zu sein, um erneut eine wichtige Zeremonie auszuführen.

Es ist mir ein Vergnügen, den Rarotonga Flughafen als eröffnet zu erklären.

Kia Orana."

Die offizielle Zeremonie war vorbei. Die Königin, Prinzessin Anne und Kapitän Phillips mischten sich unter die Würdenträger. Die Königin sprach freundlich mit den Mitgliedern der Returned Service Association, während Prinzessin Anne animiert mit Zuschauern, besonders mit den jüngeren in der Menge, plauderte. Schulkinder gaben Tanzvorstellungen und die Zuschauer klatschten, tanzten und sangen. Es war ein perfekter Tag und eine unglaubliche Feier. All zu schnell aber nahmen die Feierlichkeiten ein Ende und die königliche Gesellschaft mit den Würdenträgern der Cook Inseln flogen mit einem Flugzeug der neuseeländischen Fluggesellschaft ab.

Der Flughafen aber und unsere Erinnerungen bleiben.

Kapitel 36

Der Vollmond

In weiter Entfernung konnte ich ein eigenartiges, unheimliches, gedämpftes Geräusch hören. Es war das Schaben von Kreide auf einer Tafel nicht unähnlich. Ich fühlte, dass meine Zähne und die Haare auf den Unterarmen und im Nacken standen zu Berge. Dankbar realisierte ich schließlich, dass es nur ein trauriger, alter, einsamer Hund war, der Gesellschaft suchte und nach einem Kameraden heulte. Allmählich wurde das, zuerst weit entfernte, Bellen lauter, als immer mehr von diesen freundlichen Haustieren mitmachten. Bald war das ganze Dorf eine Kakophonie bellender und heulender Hunde. Ich war erstaunt. Im ganzen Dorf rührte sich keiner. Offenbar an diese regelmäßigen Störungen gewöhnt, drehten die Dorfbewohner sich einmal um und schliefen wieder ein. Ruhelos drehte und wälzte ich mich. Ich drehte den Kopf von einer Seite zur anderen, wendete mein Kissen und versuchte wieder einzuschlafen, aber alles war umsonst. Ich war hell wach.

Ich ging heraus und schrie gellend und ließ meine Wut an diesen lästigen Hunden aus, die eine gute Nachtruhe ruinierten. Während ich den Schlaf aus den Augen rieb, schaute ich auf meine Uhr. Es war Mitternacht, die Stunde der Hexen. Das Drahtgitter knirschte, als ich auf die breite Veranda trat. Ich streckte mich träge aus und fühlte die Steifheit in meinem Nacken und Rücken langsam verschwinden. Das berauschende und prickelnde Parfüm der Gardenien durchdrang die Luft. Die milde, kühle Brise streichelte meine Backen und ich hörte, wie die Wellen auf den Strand schlugen. Im starken Wind schabten Palmenblätter an die Hauswände und ich hörte, wie gelegentlich eine Kokosnuss mit einem dumpfen Aufschlag auf den Boden fiel. Als das Pfeifen des Windes abnahm, wurde mein Geist auch ruhiger. Ich realisierte, dass der Hundechor offenbar nachließ. Meine Zehen waren nass vor Tau – oder war es Regen – barfuß ging ich durch das nasse Gras zum Strand. *Vielleicht hätte ich Schuhe anziehen sollen,* dachte ich, als der weiche Rasen schroffen, groben Kieselsteinen wich, die in die weichen, schwammartigen Sohlen meiner delikaten, weißen Füssen schnitten. Ich fühlte im ganzen Körper Vibrationen, von den zappelnden Zehen, die vom weichen Sand ganz bedeckt wurden, bis in die Haarspitzen. Der Beat der Dorftrommeln wurde allmählich hörbar. Meine Augen passten sich dem tiefen Schwarz der Nacht an, während ich beobachtete, wie flockige Wolken sich dahinzogen. Siehe da, ein großer, runder, silbriger Mond wurde im vollen Umfang sichtbar.

Ich streckte meine Arme aus und berührte die glatten Seiten. Meine Finger fuhren über die gewellte, grobe, steinige Oberfläche. dann hielt ich meine Finger vor dem Gesicht und hielt den Mond in meinen Händen. Da öffnete Ich meine Finger und hatte das Gefühl, dass der wachsähnliche Kreis durch sie hindurch rutschte und auf dem Wasser tanzte. Das Tempo der Trommel nahm zu und meine Füße fingen an, sich wie von selber zu bewegen. Ich wiegte mich von Seite zu Seite. Meine Arme waren weich und biegsam und ich streckte sie immer wieder aus. Das Gebell war jetzt vorbei, gedämpft klangen die Trommel und ich konnte nur noch den schwachen, aber klaren Ruf des ‚Te Marama' hören. Sie winkte mich herbei; ihre Kühle lockte mich weiter in die Tiefe der Lagune. Während ich mich in die Stille hinein treiben ließ, plätscherten sanfte Wellen mir gegen die Brust und eine sanfte Treppe hob mich gleichsam in den Himmel hinein.

‚Te Marama' – der Mond.

Kapitel 37

Noch ein königlicher Besuch

1979

„Das errätst du nie! Wir sind eingeladen worden mit seiner Königlichen Hoheit Prinz Philip zu lunchen." Hugh war wie üblich in Eile. Er warf seine Aktentasche auf den Tisch und umarmte mich. „Du machst Witze", antwortete ich.

Wir wussten seit Wochen über die bevorstehende Ankunft der königlichen Gesellschaft. HMS Britannia müsste bald da sein und in einiger Entfernung von der Küste und dem Avarua Hafen liegen bleiben. Und das nicht nur mit Prinz Philip, auch sein Onkel, Lord Louis Mountbatten, Lord Louis' Tochter, Lady Brabourne und ihr Ehemann, Lord Brabourne, begleiteten ihn.

Regierungsbeamte, die Handelskammer und Nicht-Regierungsorganisationen waren beauftragt worden ein Programm vorzubereiten. Das Verschönerungs-Komitee arbeitete mit den Dorfkomitees zusammen, um sicherzustellen, dass die Insel ihre natürliche Schönheit zeigte. Es gab sogar einen Schönheitswettbewerb – bemale deinen Mülleimer! Auf einige Eimer waren Dinosaurier oder Walt Disney Figuren gemalt worden. Es gab sogar gefleckte oder gestreifte 200 l. Fässer. Die allgemeine Tutaka, oder Säuberungsteams waren auch unterwegs. Teams, bestehend aus Angestellten des Gesundheits- und Umweltamtes wurden ausgesandt, private Haushalte und Vorgärten zu untersuchen, um sicher zu machen, dass sie sauber wären. Auf der ganzen Insel fanden aufgeregte Aktivitäten statt. Da Abfall zusammengeharkt und verbrannt wurde, war der Geruch von brennendem Holz abends überwältigend. Die historische ‚Marae von Taputapuatea' - gelegen auf dem Küstenstreifen der Hauptstadt Avarua - war liebevoll restauriert worden. Die Rasenflächen waren gemäht, Sträucher beschnitten und Gärten von Unkraut freigemacht worden. Mitglieder des Hauses der Ariki, der traditionellen Oberhäupter, und der Koutu Nui, der Subhäupter, ermutigten junge Krieger und Mädchen, an den kulturellen Darbietungen teilzunehmen. Schweine, Hühner und Ziegen waren geschlachtet und für das große Fest, die Ankunft dieser wichtigen Würdenträger zu feiern, vorbereitet worden. Das Umu oder der Untergrundofen war auch vorbereitet worden, so war alles bereit für den königlichen Besuch.

Diese Einladung kam als eine freudige Überraschung. „Wer macht den Lunch. Wo wird es stattfinden? Was müssen wir dafür tun?" Ich war bestürzt. „Man fragte Papa und Mama, Prinz Philip und seine Gesellschaft in ihrem Strandhaus in Titikaveka zu empfangen. Nur Familienmitglieder und der neuseeländische Regierungsvertreter Herr Brocklehurst und seine Frau sind eingeladen worden", informierte Hugh mich.

Wie erstaunlich! Wir lebten auf dieser winzigen Insel, einem Punkt in diesem riesengroßen pazifischen Ozean, und da waren wir und würden einem der bekanntesten und wichtigsten Personen begegnen! Meine Freunde in Neuseeland würden dies wahrhaftig unglaublich finden. Das Strandhaus war wirklich nur ein malerisches, kleines Sommerhaus am Rande der fabelhaften Lagune. Es hatte einige Zimmer, wie durcheinander gewürfelt, die alle eine Tür zu einer breiten Veranda mit Tischen und Stühlen aus Bambus hatten. Das Haus war sicherlich nicht sehr beeindruckend und würde unseren vornehmen Gästen definitiv nicht imponieren! Andererseits bildeten die natürliche Schönheit des langen Streifens weißer Sandstrand und das klare, türkisfarbene Wasser der Lagune einen phantastischen Hintergrund zum Empfang solcher bedeutenden Leute. Das Strandhaus diente meinen Schwiegereltern als Zufluchtsort. Sie waren liebenswürdige, bescheidene, aber offene und freundliche Gastgeber. Den königlichen Gästen würde diese ungewöhnliche Ruhepause während offizieller Pflichten und öffentlicher Zeremonien sicher angenehm sein.

Die Tage flogen nur so vorbei, während jeder sich auf diese wichtige Angelegenheit vorbereitete. Vor einigen Jahren machten der Herzog und Herzogin von Kent einen kurzen Besuch und vor kurzem kam ja Königin Elisabeth, um den Internationalen Flughafen zu eröffnen. Dieser aber war der erste Besuch der königlichen Jacht Britannia. Obwohl wir alle aufgeregt waren und begeistert mit den Vorbereitungen halfen, war ich innerlich besorgt. *Was werde ich sagen? Was werde ich anziehen?* Während die Tage vorübergingen, wurde ich immer nervöser.

Es war ein klarer, wolkenloser Himmel. Von unserer Veranda aus hatten wir einen fantastischen Blick auf ein kleines Schiff, das immer näher kam und dann langsam zum Hafeneinfahrt fuhr. Das Schiff war zu groß, um in die Fahrrinne zu kreuzen und so in den kleinen Hafen zu fahren. Es konnte auch kein Anker werfen, da das Riff etwa 500 m. vertikal abfällt. Der Kapitän realisierte anscheinend, dass es zwecklos war, den Anker zu werfen; die Britannia musste in der Nähe der Küste für die Dauer des Besuches Position beziehen.

Die Kinder und Hugh rannten zum Flaggenmast am Ende unseres Gartens und hissten aufgeregt die Flagge der Cook Inseln. Leuchtend grün mit einem Kreis von fünfzehn goldenen Sternen, welche die fünfzehn Inseln der Cooks symbolisierten. Sie flatterte kaum in der leichten Brise, die vom Meer herkam. Durch das Fernglas konnten wir einige Offiziere ausmachen, die sich in ihren weißen Uniformen an Deck aufstellten. Es gab kein Zeichen von Personen, die eine Krone oder andere auffallende Insignien trugen, aber die Kinder waren überzeugt, dass der Prinz bald an Land gehen würde. Die Festivitäten müssten jetzt bald anfangen.

Wir fuhren zum Dorf, zu unserer ersten Gelegenheit uns unter diese königliche Gesellschaft zu mischen. Langsam gingen die Gäste in Reihen an die Sicherheitsbeamten vorbei. Rarotonga war ein sicherer Ort. Gott sei Dank waren Gewehre und Explosiven etwas Unerhörtes. Einige uniformierte Polizisten lächelten und erkannten uns als Freunde und winkten uns lässig durch das Eingangstor zur Palastanlage. Zwar sieht der Palast nicht so aus, wie man sich das vorstellen würde. Bald nach 1900 aus weißem Korallenkalkstein gebaut, mit Bambus verstärkt und mit einem neuen Schindeldach versehen, sah es eher aus, wie eine zweistöckige koloniale Residenz. Es war das Haus des traditionellen Oberhauptes, Teremoana Nui Makea Ariki. Sie war eine respektierte, ja, sogar verehrte Dame, die ihren ererbten Titel mit Würde und Mana (Charisma) trug.

Lange, imponierende Krieger mit brauner Hautfarbe stellten sich dem Weg, der zum Palast führte, entlang auf. Junge, geschmeidige Mädchen traten nervös von einem Fuß auf den anderen, während sie geduldig warteten, bis die Zeremonie ihren Anfang nahm. Regierungsangestellte und eingeladene Gäste stellten sich in Reihen auf, um auf weiße Plastikstühle, die vor dem Podium aufgereiht waren, einen Sitzplatz zugewiesen zu bekommen. Formal bekleidet wischten sich die Herren ihre roten, schweißnassen

Augenbrauen mit großen, weißen Taschentüchern. Ihre weißen tropischen Anzüge schlotterten um ihre Körper, während sie in der Reihe vorwärts schlurften. Die männlichen, ausländischen Ratgeber sahen mit ihren geblümten Hemden, knotigen Knien, die aus zerknitterten kurzen Hosen hervor lugten und sportlichen, staubigen Sandalen mit langen weißen Socken alles andere als wichtig aus. Dieses Aussehen hasste ich! Diese Männer sahen dadurch außergewöhnlich einfältig und tölpelhaft aus. Ihre Frauen sahen in ihren langen, leuchtenden, geblümten Mother Hubbard Muumuus elegant aus. Die meisten trugen dreifache – oft vierfach gebundene Blumenkränze auf dem Kopf, Blumen hinter den Ohren oder fein gewobene Hüte aus Pandanus. Sie würden auf den königlichen Plätzen bei den Rennen in Ascot nicht auffallen. Hugh und ich mischten uns unter die Menge, drückten und drängelten, grüßten fröhlich unsere Freunde und Nachbarn.

Plötzlich wurde es still. Wir hörten die schwachen, leicht falschen, Töne der heimischen Blaskapelle der Pfadfinder. Plötzlich kündigte der gedämpfte, geheimnisvolle Schall einer geblasenen Schneckenmuschel die Ankunft des ersten Autos vom Hafen an. Als ich an denen vorbei spähte die vor mir standen, erhaschte ich einen flüchtigen Blick von einer Person, die aus dem Wagen stieg. Die erste Reihe der Krieger beugten sich und hoben den großen, langen Pa'ata. Hoch oben saß ein Mann. Ich dachte, dass es der Prinz war, aber ich war mir nicht sicher, da er wie einer der ‚gewöhnlichen' Gäste gekleidet war. *Ja, er muss es sein.* Jedermann klatschte und jauchzte, die Krieger fingen an zu tanzen, die Mädchen bewegten verführerisch ihre Hüften und die Trommel wurden lauter und lauter, während der Pa'ata immer näher zum Podium getragen wurde.

Prinz Philip war angekommen – er stieg mühelos ab und ging auf das Podium zu. Die Übrigen der Gesellschaft nahmen ihre Sitze ein. Die Ansprachen fingen an. Meine Erfahrung sagte mir, dass dies eine Ewigkeit dauern würde. Je wichtiger die Person, je hochtrabender und langatmiger die Ansprache wurde. Cook Insulaner haben mit Sicherheit eine oratorische Begabung und dies war die Gelegenheit, ihr Talent nach Kräften auszunutzen. Das letzte Wort war gesprochen worden, ein letztes Wiegen der Hüften und ein letztes Mal winkten Hände. Hühnerbeine, Schweineknochen und Ziegencurry waren gegessen worden; Longdrinks bestehend aus der kühlen Milch der Kokosnuss erfrischten alle. Wir waren bereit, wieder nach Hause zu gehen. „Mama, wo war seine Krone? Wo waren die Medaillen und das

Schwert?", fragte einer der Kinder". Ich glaube, dass es für all diese Insignien zu warm war. Vielleicht, wenn wir Prinz Philip ein nächstes Mal sehen, wird er sie tragen", antwortete ich.

Diese erste Veranstaltung war ein Erfolg. Jedermann seufzte vor Erleichterung, ehe man sich auf das nächste Ereignis vorbereitete – Cocktails an Bord der Jacht Britannia. Die Sterne schienen so klar, dass man fast kein künstliches Licht brauchte, als wir einen Tender zur Britannia nahmen.

Märchenhafte Lichter und Fahnen dekorierten das Schiff und das Schiffsorchester brachte uns ein Ständchen und spielte leise Musik. Marineoffiziere begleiteten uns zum Vorderdeck. Die Britannia war das Zuhause weit weg von Zuhause, für die Königin und ihre Familie. Wir hatten das Glück, dass uns dieses kleine Boot gezeigt wurde. Ich schaute durch die großen Fenster des Staatszimmers in die privaten Gemächer und war angenehm überrascht behagliche weiche Sofas zu sehen, bedeckt von einer Baumwolldecke mit verblasstem Blumenmuster. Bücher und Zeitschriften lagen wahllos auf den Sofatischen herum. Dieses Zimmer könnte jedem gehören. Augenscheinlich war es ein beliebter Ort der Entspannung für die königlichen Familienmitglieder. Es war uns nicht erlaubt, diese Zimmer zu betreten, aber es reichte, um einen Blick von ihrer privaten Lebensweise zu erhaschen. Ich realisierte, dass sie sich gar nicht viel von uns Bürgern unterschieden.

Die Offiziere sahen gut aus und waren charmant und sorgten dafür, dass es den Gästen an nichts fehlte. Dies war tatsächlich eine denkwürdige Angelegenheit. Aber noch war ich keinem der königlichen Familie begegnet. *Vielleicht würden wir morgen beim speziellen Lunch vorgestellt werden.*

Aerenga, das Hausmädchen, hatte die Kinder in ihrer Obhut und beschäftigte sie tagsüber, sodass Hugh und ich entlastet waren. Ich hatte bereits einige Salate vorbereitet und abgegeben als unser Beitrag zur Mahlzeit. Ich trug ein einfaches, baumwollenes Sommerkleid, leichte Sandalen und Muschelschmuck. Hugh war lässig in einem Hemd mit offenem Kragen in Inselstil bekleidet, dazu trug er die obligatorische kurze Hose und Ledersandalen. Aber keine Socken! Wir sahen ungezwungen aus, perfekt für eine familiäre Angelegenheit. Wir kamen sehr früh; Albert und Elisabeth flitzten hin und her, schauten nach dem Essen, schüttelten die Kissen auf, riefen dem Gärtner zu, das Rechen am Strand einzustellen und machten sich im allgemeinen Sorgen. Nervös standen wir herum und unterhielten uns ziellos. „Glaubst du, dass der Tisch schön gedeckt und die Tischdekoration in Ordnung ist?", fragte mich meine Schwiegermutter. Schnell versicherte ich sie, „ja, es sieht schön aus und die riesigen Töpfe mit roten und rosafarbigen Ingwerblumen sehen fantastisch aus."

Bevor ich es genauer erklären konnte, hörten wir, dass draußen Autos anhielten. Man hörte Lachen und Scherzen, während Wagentüren geöffnet und zugeschlagen wurden. Die Gäste erschienen alle gleichzeitig in der Türöffnung. Allmählich wurde es ruhiger und man wurde einander vorgestellt. Ich plauderte mit einem der Adjutanten. Er wünschte das Essen in der Küche zu inspizieren. Ich frage mich, was er dort erwartete zu finden. Er stellte aber einige Fragen. „Wie wurde dieses Huhn gekocht und was ist das?", fragte er, während er auf eine Schüssel auf den Tisch zeigte. „Das ist eine einheimische Delikatesse. Wir nennen dieses besondere Gericht ‚Ike Mata', mmmmm marinierter Fisch", stotterte ich schwach. *Was sollte er von mir denken? Ich kriegte nicht mal einen Satz zustande.* Er überprüfte die Toilette und die Duschgelegenheit, bevor ich ihn wieder ins Haus brachte. Vielleicht erwartete er riesige Spinnen, die sich in den Blättern der Farnen und Palmen versteckten.

Inzwischen hatte meine Schwiegermutter den Herren gezeigt, wo sie sich zum Schwimmen umziehen konnten. Ich begab mich wieder zur Veranda und wurde plötzlich von Furcht und Sorgen überwältigt, als ich seiner königlichen Hoheit, Prinz Philip vorgestellt wurde. Er war gebräunt, fit und geschmeidig. Glatte blonde Haare waren aus seiner hohen Stirn nach hinten gekämmt. Unter seinen buschigen hellen Augenbrauen waren die strahlenden, ozeanblauen Augen. Sie waren von durchdringender Klarheit. Und rate mal was er trug. Sein Oberkörper war entblößt! Ein weiches, weißes Handtuch hing über eine Schulter und eine leuchtend indigoblaue kurze Hose trug zu seinem unerwartet ungezwungenen Auftreten das ihre dazu bei. Ich betrachtete ihn mit Bewunderung und kann mich nicht erinnern, was ich ihm sagte, aber ich erinnere mich klar, wie er aussah. Ein Freund hatte mir gesagt, dass er nicht lang war. Nun, an dem besonderen Tag war er ganz sicher lang, mindestens 1,87 cm! Es gelang mir, einen einigermaßen gelungenen Versuch eines Knickses zu machen und ließ mich anschließend in den nächsten Stuhl fallen, während er weiterging und die Stufen zur Lagune hinabstieg. Ich glaube, dass war seine Art zu „verduften!" Prinz Philip, seine Leibwache, mein Mann Hugh und sein Bruder Tupui planschten mit ihnen in der Lagune, wie eine ganz normale Familie! „Beeile dich", rief Prinz Philip seinem Onkel zu. „Wo hast du die weiße kurze Hose aufgetrieben? Sie sieht aus wie ein Sack! Was um alles in der Welt sind das für riesige, schleimige Würmer?", scherzte er, während er seinem Onkel eine Seegurke zuwarf. Schließlich beendeten sie ihr Bad und kamen zurück, um sich zum Lunch umzuziehen.

Elisabeth, meine Schwiegermutter, hatte sowohl eine Auswahl an farbenfrohen Inselhemden bereit gelegt, für jeden Mann der zur Gesellschaft gehörte eins, als auch ein Pareo oder Sarong für Lady Brabourne und ihre Hofdamen. Wir konnten hören, wie sie sich begeistert über die Farben äußerten und sich fast um das, was ihnen am besten passen würde, stritten. Lord Louis wählte tatsächlich mehr als eins und stopfte sie als Andenken in seine Reisetasche. Endlich machte Prinz Philip es sich in seinem geschenkten Hemd auf der Terrasse bequem. Er lag im Liegestuhl und streckte seine langen Beine aus und nahm eine winzige Instamatic Kamera aus der Tasche. Er machte an dem Tag viele Aufnahmen. Unglücklicherweise gestattete das Protokoll niemandem unserer Familie eine Kamera zu benutzen. Dies war eine rein inoffizielle Gelegenheit und deshalb behandelten wir unsere Gäste mit Respekt und wahrten ihre Intimsphäre.

Ich habe eine fantastische, gute Erinnerung an eine entspannte, lebhafte Familie. Es war ein königlicher Besuch und ein königliches Ereignis.

Nur kurze Zeit später wurde Lord Louis Mountbatten und Mitglieder seiner Familie leider ermordet, als die IRA ihre Jacht in die Luft sprengte.

Kapitel 38

Ein Quacksalber oder ein Arzt?

1977-1979

Katherine spähte durch die Hecke, um einen Blick unserer neuen Nachbarn zu erhaschen. „Ich glaube, sie haben Kinder", rief sie ihren Brüdern zu. „Woher weißt du das?", fragte Nicholas. „Sie laden zwei Räder aus, eins ist rot. Oh, jetzt kann ich einen langen Jungen sehen, er schiebt ein schwarzes Rad den Weg hoch", antwortete sie.

Über Monate lief die ‚Kokosnuss Drahtlose' heiß vor Gerüchten, dass ein umstrittener Arzt aus Neuseeland als Krebsspezialist und Krebsforscher auf die Cook Inseln ziehen wollte. Wir hatten in den lokalen Zeitungen gelesen, dass dieser Arzt, während der Revolution in 1967, aus der Tschechoslowakei geflohen war. Andere sagten, dass er in Australien praktiziert hatte, nachdem er Neuseeland verlassen musste. Wir wussten nicht, was wir glauben oder erwarten sollten.

Aber wir wussten, dass das Haus nebenan Dr. Milan Brych und seiner Familie zugewiesen wurde. Hugh und ich beschlossen zu warten, bis wir ihm begegnet wären, ehe wir voreilige Schlüsse zogen. Wir hörten lautes Gelächter und dann dumpfe Fußstapfen, die durch das Unterholz zum Strand eilten. Katherine hatte Recht. Ich konnte einige blonde Köpfe sehen, die im Garten auf- und abgingen. Unsere Kinder machten leicht Freunde. *Diese Neuankömmlinge würden sich bald wie zu Hause fühlen!*

Am nächsten Tag beschloss ich kurz vorbeizuschauen und mich vorzustellen. Ich traf eine junge, gertenschlanke, modische, blonde Frau. „Mein Name ist Marilyn Gardiner und dieser ist mein Partner, Milan Brych", sagte sie mir. Ich betrachtete ihn neugierig. Er war schlank und vielleicht 1,83 groß. Ich würde sagen, dass er Mitte vierzig war. Er hatte die Finger eines Pianisten und eine geschmeidige Figur. Ich bekam den widersprüchlichen Eindruck eines Mannes von physischer Kraft und grenzenlosem Selbstvertrauen, der gleichzeitig Fürsorge und Empfindsamkeit ausstrahlte. Eine nähere Betrachtung enthüllte durchdringende, fast hypnotische, blaue Augen hinter einer Brille mit dunklem Schildpattrahmen und scharfe Züge. Er sprach ruhig und, wie es schien, etwas zurückhaltend. Ich war mir sicher, dass sie gute Nachbarn sein, aber sich distanziert verhalten würden. Marilyn sah nicht viel älter aus als ihr ältester Sohn. Sie war freundlicher, aber ich glaubte immer noch, dass sie ihre Intimsphäre schützen wollten. Ich bezweifle, dass mehr Kommen und Gehen zwischen uns Nachbarn stattfinden würde. Ich hoffte aber, dass ich mich irrte.

Wenige Tage später war ich, nach dem Dienstplan des Krankenhaus Komfort Komitees dran, die Patienten zu besuchen. Als ich zum Krankenhaus kam, hörte ich das Aufheulen eines Automotors; ich drehte mich um und sah einen sportlichen blauen Datsun auf den Parkplatz rasen. Dr. Brych stieg aus. Er trug ein fröhlich geblümtes Hemd, einen handgeschneiderten bequemen Anzug und teure italienische Schuhe. Er hätte Klienten in einer Weltstadt so besuchen können, aber nicht ein Krankenhaus in der abgelegenen Südsee. Station Eins war angestrichen und renoviert worden und achtzig Betten dem Krebsklinik zugewiesen worden. Hier begegneten sich die Mitglieder des Krankenhaus Komfort Komitees und unterhielten sich mit Patienten, die für Behandlung durch Dr. Brych aus Australien und Neuseeland gekommen waren. Der Hauptanteil der Überseepatienten war mit unheilbarem Krebs diagnostiziert worden. Viele sahen so zerbrechlich aus, dass man staunte, dass sie diese Reise überhaupt hatten machen können. In den Wochen jedoch, in denen sie hier waren, bekamen sowohl Patienten, als auch ihre unterstützenden Familien immer mehr Kontakt mit der Gemeinschaft vor Ort. In den Behandlungspausen kauften sie in den lokalen Geschäften ein. Sie schwammen und nahmen ein Sonnenbad an den Stränden. Dr. Brych hatte im Hauptort ein Büro eingerichtet und sein Privatsekretär arbeitete dort für ihn.

Leider erlagen manche ihrer Krankheit und wurden auf einem kleinen Friedhof an der Küste, gegenüber vom internationalen Flughafen, beerdigt. Zyniker nannten den Friedhof ‚Brychs Friedhof'. Viele andere kehrten nach Hause und zu ihren Familien zurück - in besserer Gemütsverfassung, körperlich robust und mit genug Energie ihr Leben fortzusetzen. Ob dies für eine längere Periode war, oder nur Aufschub für ein paar Monate, das wussten wir nicht. Allerdings hatte das Pflegepersonal und die Mitglieder des Krankenhauskomitees die Freude eine Besserung in ihrem Gesundheitszustand und Wohlergehen zu sehen, während sie auf Rarotonga waren. Später im Jahr 1977 bildeten die Familien dieser Krebspatienten die ‚Freunde von Rarotonga'. Sie unterstützten sich gegenseitig sehr. Die Fülle der Emotionen die diese Menschen erfuhren, während sie mit ihren Lieben auf Rarotonga verblieben, war unvorstellbar. Sie hatten ihr tägliches Leben aufgeben und Zeit geopfert, um sicher zu gehen, dass die – möglicherweise - letzten Tage ihres Nächsten und Liebsten reich und erfüllend sein würden. Ob die Behandlung erfolgreich war oder nicht, Mütter und Kinder, Eheleute, Brüder und Schwestern bekamen ein neues Verständnis für einander, als auch einen besseren Geistes- und Gesundheitszustand.

Marilyn, Dr. Brychs Partnerin fühlte sich einsam und kam oft, wie sich herausstellte, herüber um etwas zu plaudern. Sie war stets bereit, auf den leisesten Wink ihres Partners zu hören. Er erwartete von ihr, dass sie sofort bereit war mit nach Übersee zu fliegen, wenn er dort Versammlungen beiwohnte und dort auf seine Rückkehr aus der Klinik wartete. Sie verbrachte den Tag, indem sie sich verhätschelte, um sicher zu stellen, dass sie immer makellos gepflegt aussah. Sie las viel Verschiedenes und war an Rarotonga interessiert. Ich glaube, dass sie sehr amüsant sein konnte. Wenn die Kinder zu Hause waren, klang lautes Gelächter über die Hecke zu uns herüber. Milan andererseits war ruhig und wollte sie für sich allein haben. Sie war Milan beggenet, als er ihren Ehemann in Melbourne behandelte. Letzten Endes beschloss sie mit ihm nach Rarotonga zu ziehen. Ihre Kinder, Gray, Jason und Megan kamen mit ihnen, aber besuchten später Internate in Neuseeland und kamen nur in den Schulferien zur Besuch.

Marilyn und Milan reisten oft nach Europa und Amerika und kehrten mit wunderbaren Erinnerungen an ihren Reisen zurück. Es schien, als ob er es billiger fand in Dutzenden zu kaufen, statt nur ein oder zwei Stück. Ein Zimmer war voller Entfeuchter für Winterbekleidung, ein großer Auswahl an Lederstiefeln und Taschen eingeschlossen. Da ich zu Hause nur Sandalen trug und daneben nur ein paar Schuhe zum Ausgehen hatte, verblüfften mich Marilyns Einkäufe. Zahllose Flaschen mit französischem Parfüm standen neben ‚Aramis für ihn'! Die Ausstellung sah aus, wie in einem Duty Free Shop.

„Hallo Helen, bist du zu Hause?", rief Marilyn eines Morgens. „Komm herüber zu einem Kaffee. Ich habe etwas für dich." Sie schenkte mir ein wunderschönes Maniküre Necessaire. Sie gab mir schnell einen Stuhl und während ich die Kaffeetasse in der Hand hielt, verabreichte sie mir eine Fußmassage und eine Pediküre! *Wie spontan sie ist*, dachte ich bei mir selbst.

Abgesehen von einigen wenigen offiziellen Einladungen führten die Brychs ein ruhiges Leben und genossen die friedliche Ruhe Rarotongas.

Jedes zweite Jahr kam meine Mutter für etwa drei Monate zur Besuch. Während ihres Besuches von 1978 bekam sie unerträgliche Kopfschmerzen. Nach einigen Besuchen bei ortsässigen Ärzten und der Verschreibung von Schmerzmitteln war ihr gar nicht besser. Als sie auch noch anfing sich zu erbrechen, beschloss ich bei Dr. Brych vorzusprechen. Zum Glück war er zu Hause und kam sofort. Sein Verhalten am Bett war makellos. „Mary, es wird dir wieder gut gehen. Ich werde deinen Nacken massieren und dann deinen Rücken untersuchen. Es wird nicht lange dauern und du wirst dich besser fühlen", sagte er. Er sprach sanft mit meiner Mutter und hielt die Schale die ganze Zeit, da sie sich immer noch erbrach. Er legte ihren Kopf aufs Bett und fing an ihren Nacken zu massieren. Während er immerfort mit freundlicher und sanfter Stimme mit ihr redete, massierte und machte er geschickte, kreisende Bewegungen über Nacken und Schultern. Schließlich hörte er auf. Ich konnte es nicht glauben; meine Mutter war eingeschlafen. Er sagte, sie hätte ihren Nacken ausgerenkt. Wenn sie für den Rest der Nacht fest schlafen könnte, wäre sie beim Aufwachen schmerzfrei. Er hatte Recht.

Während ihres siebzehnmonatigen Aufenthalts auf den Cook Inseln wurde Dr. Brych fortwährend der Quacksalberei beschuldigt. Obwohl er mit den einheimischen Ärzten zusammenarbeitete, behielt er seine Absichten für sich und förderte keine Freundschaften. Seine Vergangenheit schien in geheimnisvollem Dunkel gehüllt, wiewohl er uns mitteilte, dass er im Jahre 1968 aus, was damals Tschechoslowakei hieß, geflohen war. Er sagte zu mir, dass, wenn die Regierung eine andere wird und Tom Davis der nächste Premierminister, er auf Rarotonga nicht länger willkommen sein würde. Tom Davis war der erste Cook Insulaner der sich in Neuseeland als Arzt qualifizierte und auf den Cook Inseln praktizierte. Er hatte sich nie die Mühe gemacht Dr. Brych zu begegnen. Milan hätte, wie er sagte, selber unzählige Male vergeblich versucht, eine Verabredung mit Tom Davis zu machen. Ich glaube, Tom Davis genügte es, den Berichten aus Neuseeland zu glauben.

Als Sir Albert Henry in 1978 abgesetzt wurde, wurde Tom Davis zum Premierminister ernannt. Ich kam nach Hause und informierte meine Mutter, dass wir eine neue Regierung hatten und ging dann durch die Hecke, um Milan und Marilyn die Neuigkeit zu berichten. Ich war bestürzt zu sehen, wie dieser große, starke und athletische Mann sich in seinem Sessel in fötaler Position zusammenkrümmte. Er war emotional durcheinander und schrie unaufhörlich: „Wir müssen sofort abreisen. Buche Sitze auf dem nächsten Flugzeug, das die Cook Inseln verlässt!" Ich konnte die Veränderung in unserem nächsten Nachbar nicht glauben. Wo war der charismatische Arzt, der unermüdlich nach seinen Patienten schaute und der nicht leicht aus der Ruhe zu bringen war? „Milan, ich bin mir sicher, dass du dir nicht solche Sorgen machen brauchst. Ja, es gab eine andere Regierung, aber du wirst nicht aus Rarotonga ausgewiesen werden. Du wirst nicht von der Presse oder von irgendeiner politischen Partei drangsaliert werden." Sein Gesicht war aschfahl und hatte jede Farbe verloren. Er schaute gleichsam durch mich hindurch. Ich stand einem Mann gegenüber, der offensichtlich außergewöhnlich verängstigt war. Ich fragte mich, ob seine Vergangenheit für ihn wieder auflebte. Ich wusste, dass er einige schwere Zeiten in seinem vergangenen Leben durchgemacht hatte. Vielleicht erinnerte er sich an seine Flucht vor dem kommunistischen Regime aus seiner Heimat Tschechoslowakei.

Am nächsten Morgen waren sie geflohen. Mit je einem Koffer verschwanden sie von Rarotonga, um nie mehr zurückzukehren. Marilyns Eltern, die Urlaub auf Rarotonga machten, wurde es überlassen, den Haushalt aufzulösen und die Möbel nach Neuseeland zu verschiffen.

Dr. Brych gab weder seinen Patienten noch seinem Büropersonal eine Erklärung. Es gab keine Diskussion mit Regierungsangestellten, alt oder neu und keinen Kontakt mit heimischen Ärzten, Pflegepersonal oder mit dem medizinischen Stab. Die ganze traurige Geschichte fand ein jähes Ende, ebenso all die Streitigkeiten welche die Klinik und Dr. Brych hervorgerufen, aber auch die Hoffnung, die er Patienten und ihren Familien gegeben hatte.

Viele Monate später hörte ich, dass sie eine Klinik in Kalifornien gegründet hätten. Ein Quacksalber? Ein Schwindler? Ein Medizinmann? Oder alles zusammen, oder keiner von den dreien? Was übrig blieb, war der berüchtigte Bryches Friedhof, eine lange, einsame Reihe zementierter Gräber, die allmählich zu Schutt zerfallen.

Ich hoffe, dass, trotz der Auseinandersetzung, Milans Patienten sich im Geiste an seine Freundlichkeit für sie erinnern, aber auch an die aufrichtige Freundlichkeit und Lebensfreude der Bewohner der Cook Inseln, die sie großzügig versorgten.

Kapitel 39

Wahlen und Gerichtsprozesse

Das Jahr 1978 war absolut entsetzlich für unsere Familie. Die Wahlen wurden auf den 30.März vorverlegt. Sofort waren Hugh und ich in den unvermeidlichen Trubel des Wahlkampfes verwickelt worden. Die Politik der Cook Inseln ist robust und aufregend. Jedermann, jung und alt, hat eine Meinung und tut seine Ideen laut und vernehmlich kund. Es muss aber gesagt werden, dass Familienoberhäupter weitgehend beeinflussen, wem sie ihre Stimme geben. Es gab in der Zeit zwei größere Parteien: die CIP (Cook Insel Partei) und die Demokratische Partei (Demos). Soweit ich feststellen konnte, waren ihre Parteiprogramme und Politik ähnlich. Die Parteimitglieder ebenso. In mehr als vierzig Jahren sind Regierungen gekommen und gegangen. Jede der aufeinander folgenden Regierungen gab, was sie zu der Zeit für das Beste für die Zukunft der Cook Inseln hielt. Nichtsdestoweniger schlug jedes Kabinett eine andere Richtung ein und traf sehr unterschiedliche Entscheidungen. Während der vorhergehenden Wahlen in 1974 hatte die Demokratische Partei stimmberechtigte Cook Insulaner aus Übersee einfliegen lassen. Die Wähler machten überhaupt keinen Unterschied in der Endauszählung und die CIP stellte auch weiterhin die Regierung.

Als der Wahlkampfausschuss der CIP hörte, dass die Demokratische Partei wiederum plante, Wähler aus Übersee einzufliegen, beschlossen sie dasselbe zu tun. Die Partei, welche die meisten Wähler einflog, würde das Wahlergebnis zu seinem Vorteil beeinflussen.

„Warum sollten wir Leute einfliegen, damit sie wählen? Sie haben beschlossen, in Neuseeland oder Australien zu leben und können dort in ihren eigenen Wahlen wählen. Sie werden hier ankommen, ihre Stimme abgeben und sofort nach Hause zurückkehren. Sie werden weder die Folgen einer schwachen oder unfähigen Regierung tragen, noch die Vorzüge einer guten Regierung genießen. Nein, ich glaube, dass nur die, die auf den Cook Inseln wohnen und arbeiten eine Stimme haben sollten. Und das ist alles, was ich über dieses Thema sagen werde", sagte ich Hugh. Lachend stimmte er mir zu. Jedermann wurde von der Aufregung um die Wahlen erfasst. Versammlungen wurden in kleinen Kliniken, auf Bühnen und in Privathäusern abgehalten. Plakate und Flaggen wurden geschwungen. Jeder trug T-Shirts, Ansteckplaketten und Rosetten in seinen Parteifarben. Grün und Gold für die CIP, Blau und Weiß für die Demos. Rarotonga wurde eine große Partyinsel, während wir unseren Weg zum Wahltag singend, tanzend und Parole herleiernd hinter uns brachten. Am Abend des Wahltags begaben wir uns zum Te Atukura, dem offiziellen Wohnsitz des Premierministers. Wir verbreiteten uns über alle Wahlbezirke, die auf die Landkarte von Rarotonga eingetragen waren. Karten wurden an die Wand angebracht und wir hatten Boten, die, entweder die vorläufigen Ergebnisse übers Telefon mitteilten, oder mit dem Fahrrad Neues von der ganzen Insel hereinbrachten. Es war eine verrückte, fröhliche und auch nervenaufreibende Nacht. Es gab ein großer Jubel, als die CIP, geführt von Sir Albert Henry, mit fünfzehn Sitzen zu sieben, welche die Demokratische Partei errungen hatte, gewann.

Am nächsten Tag wurde das Kabinett eingeschworen und alles schien wieder seinen normalen Gang zu gehen. Nur, gab es jemals etwas ‚Normales' auf den Cook Inseln? Ich glaube nicht. Innerhalb von vierzehn Tagen hatte die Opposition, die Demokratische Partei, Beschwerden der Wahl betreffend eingereicht, in denen behauptete Übertretungen angeführt wurden, welche die CIP und ihre Kandidaten begangen hätten. Die schwersten Beschuldigungen waren die korrupten Praktiken von Bestechung im Zusammenhang mit Freiflügen oder subventionierten Reisen der eingeflogenen Wähler ihrer Partei und das korrupte Herüberschieben von $ 300.000 durch Sir Albert Henry, der Premierminister, und seine Agenten, um für das gecharterte Flugzeug zu bezahlen. Vorher - im März - hatte der Premierminister diesen ansehnlichen Geldbetrag, der ihm vom amerikanischen Eigentümer des philatelistischen Büros geschenkt wurde, auf das Konto ‚Neue Projekte der Regierung der Cook Inseln, deponiert. In diesem Augenblick ging das Geld im Besitz der öffentlichen Hand über. Am selben Tag, als diese Transaktion stattfand, hob er das Geld per Bankscheck ab, um Ansett Airlines Australia zu bezahlen. Damit brach er die Verordnung von 1969, welche die öffentlichen Gelder der Cook Inseln betraf und beging so eine Übertretung, die er nie abstritt.

Ach, wir waren völlig niedergeschmettert durch die Ungeheuerlichkeit dieser Anschuldigungen. Leider wurden niemals Gegenklagen, die dieser Wahl betrafen, durch die CIP eingereicht. Die CIP hatte nach den vorherigen vier allgemeinen Wahlen niemals eine Klage gegen die Opposition eingereicht. Offensichtlich, weil sie jede Wahl mit einer klaren Mehrheit gewann. In diesem Fall könnte eine Information vorgelegen haben, dass man die Rechtsgültigkeit des Systems der Demokratischen Partei - Wähler einfliegen zu lassen – hätte anfechten können.

So viele Jahre später frage ich mich immer noch, warum keine Klagen eingereicht wurden. War es einfach Faulheit und Nachlässigkeit der CIP Parteileitung und ihre Mitglieder?

In den nachfolgenden Monaten wurden beide Parteien, Rechtsanwälte, Kandidaten, ja tatsächlich die ganzen Cook Inseln in Gerichtssachen, Gesuchen und Untersuchungen verwickelt. Eine gärende Spannung erfasste Rarotonga. Wie gewöhnlich wurden Gerüchte ausgestreut. Einladungskarten wären in der Druckerei der Regierung für die Demokratische ‚Siegerpartei' gedruckt worden. Wussten sie schon vorher was das Ergebnis der eingereichten Klagen sein würde? Wie könnten sie das überhaupt wissen? Die Juristen der CIP waren zuversichtlich den Fall zu gewinnen. Sie erwarteten, dass die Klage der Demokratischen Partei abgewiesen würde, wenn nicht, dann rechneten sie im schlimmsten Fall damit, dass es eine Nachwahl für die betreffenden Sitze geben würde.

Gegen acht Uhr morgens am 24.Juli waren mehr als fünfhundert Cook Insulaner im Sozialzentrum Nikao zusammengekommen. Die Zahl stieg auf etwa tausend, die draußen standen. Alle waren gespannt, den Beschluss von Richter Gavin Donne zu hören. Hugh und ich saßen hinten im überfüllten Saal. Es war heiß und drückend. Wir badeten im Schweiß in der tropischen Hitze Rarotongas. Meine Hände waren warm und feucht, nicht so sehr von der Hitze, sondern wie das Urteil des Richters wohl lauten würde. Es war ein völlig unbekanntes Terrain für uns allen. Aus meiner Sicht wurde der Partei eine finanzielle Gabe ausgehändigt, um ein Flugzeug zu chartern. Irgendwann wurde das Geld auf ein unkorrektes Konto deponiert. War ich naiv? Ich hatte Vertrauen in meinem Schwiegervater. Er war loyal und ehrlich, ein rechtschaffener Mann.

Da saßen wir nun, in beängstigender Ruhe, und hörten zu, wie Richter Gavin Donne seine Entscheidung vortrug. Er, Sir Albert Henry, war deutlich unter großem Druck, da er auch in der einzigartigen Position war, nicht nur Oberrichter, sondern auch Staatsoberhaupt zu sein. So viel zur Scheidung von Staat und Gerichtsbarkeit!

Während Gavin Donne seinen Vortrag hielt, sah er andauernd auf seine Uhr. Er hielt einige Sekunden inne. Er nippte am Wasserglas. Es schien, als ob er seinen Körper straffte, um weitere Energiereserven aufzubieten. Dann nahm er den Vortrag in dramatisch gesteigerter Geschwindigkeit wieder auf. Ich verstand kaum, was er sagte. Es war nicht nur die juristische Fachsprache, sondern die Tatsache, dass er in der Eile seine Worte undeutlich aussprach. Die restlichen dreißig Minuten des Vortrages waren nicht zu verstehen. Es hörte sich an, wie eine Schallplatte, die bei falscher Geschwindigkeit abgespielt wurde.

Als ich herüber schaute zu den Mitgliedern der Opposition, wurde ich plötzlich gewahr, dass sie wussten, was vor sich ging. Sie wussten, wie das Urteil lauten würde. Jemand, der neben mir saß, stand plötzlich auf und eilte davon. Ich sah Hugh fassungslos an. Was war los? Uns beiden war nun völlig klar, dass der Richter nicht der Einzige war, der wusste, wie das Urteil lauten wurde. Tatsächlich begreife ich jetzt, dass das Urteil bereits in den neuseeländischen Nachrichten bekannt gegeben worden war.

Richter Gavin Donne verkündigte, dass Sir Albert Henry die Verordnung über die öffentlichen Finanzen der Cook Inseln gebrochen hätte, indem er eine Summe öffentlicher Gelder für einen politischen Plan benutzt hätte und das die eingeflogenen Wähler aus Übersee das Endergebnis der allgemeinen Wahlen dramatisch beeinflusst hätten. Er entschied, dass die Stimmen der eingeflogenen CIP Wähler durch Bestechung und/oder Amtsvergehen ‚verdorben' waren. Er ordnete die Annullierung dieser Stimmen an und akzeptierte nachgebesserte Zahlen, die auf der geheimen Prüfung basierten, die der Leiter des Wahlbüros und sein Rechtsanwalt vorher durchgeführt hatten. Dieses letzte Resultat verdrängte acht CIP Mitglieder, Sir Albert eingeschlossen und installierte an ihrer Stelle acht Demokraten, die früher keinen Erfolg gehabt hatten. Mit einem unfairen Schlag hatte er die Verantwortung zur Bildung einer neuen Regierung auf sich genommen, während er die alte entließ, statt Neuwahlen auszuschreiben.

Wir waren tief geschockt. Mit Überraschung und großem Respekt sah ich, wie mein Schwiegervater, Sir Albert Henry, sich gefasst erhob und zu Dr. Tom Davis, der Oppositionsführer ging. Er drückte ihm kräftig die Hand.

In großer Würde wurden er und Lady Henry zu ihrem ruhigen Strandhaus zurückgefahren. Später an diesem Nachmittag wandte er sich in einer Rundfundansprache an seine Anhänger und bat sie dringend, ruhig zu bleiben, die Entscheidung des Gerichtes zu akzeptieren und der neuen Regierung Gelegenheit zu geben, sich zu beweisen. In dieser Zeit der großen Krise bewies er mir, dass er ein großer Staatsmann war, ein aufrichtiger Mann, aber an erster Stelle ein bemerkenswerter Cook Insulaner.

Von diesem Moment an arbeitete mein Schwiegervater daran, seinen Namen reinzuwaschen. Das vorrückende Alter, seine nachlassende Gesundheit und Geldmangel hinderten ihn leider daran, seinen Tag im Gericht zu erleben. Rückschlag folgte auf Rückschlag. Im April 1980 verkündete der Generalgouverneur Neuseelands, auf Empfehlung vom Verwaltungsrat der Cook Inseln, dass Albert Henry der Ritterorden, der ihm auf Rarotonga in 1974 von Königin Elisabeth verliehen worden war, aberkannt wurde. Äußerlich nahm er die Nachricht gleichmütig hin und er sagte in einer Pressemitteilung: „Neuseeland gab mir diese Ehrenbezeichnung, also hat es das Recht, es mir auch wieder wegzunehmen, nehme ich an. Aber weder meine Kokospalme, noch mein Erbgut können sie mir wegnehmen." Innerlich war er tief verletzt. Wir spürten, dass er seine einzigartige Begeisterung und positive Haltung jeglicher persönlichen Krise gegenüber verloren hatte. Als Familie waren wir seinetwegen niedergeschlagen.

Am 30. Dezember 1980 hörten wir, dass Dr. Tom Davis, nach der Neujahrsliste der Titelverleihungen für 1981 die Ritterwürde erhalten werde. Ihm war ja auch die Regierung übertragen worden, jetzt bekam er auch noch die höchste Ehre. Ich spürte, dass dies der letzte Strohhalm war und mein Schwiegervater gab seinen tapferen Streit auf.

Sir Albert Henry starb am Neujahrstag 1981. Der Tod nahm ihm die Möglichkeit seinen Namen reinzuwaschen. Aber am selben Tag sprach die Bevölkerung – ein höheres Gericht, als Gavin Donne – ihr Urteil über Papa Arapati, wie man ihn liebevoll nannte. Sie erklärten, dass er unschuldig war.

Noch eine letzte Bemerkung; am Freitag den 4.Juni 2004 wurde von dem damaligen Premierminister und Mitglied der Demokratischen Partei, Dr. Robert Woonton, im Parlament der Cook Inseln einen Antrag eingebracht, Albert Henry zu verzeihen. Der Antrag, Albert Henry einen parlamentarischen Pardon zuzusprechen, wurde einstimmig – mit 25 zu 0 Stimmen – angenommen.

Obwohl von der Regierung der Cook Inseln bis jetzt keinen Antrag gestellt wurde, Albert wieder in den Ritterstand zu erheben, bezeichnen viele ihn immer noch als ‚Sir Albert'.

Kapitel 40

Lebe wohl, Sir Albert

Den 7. Januar 1981

Liebe Mama!

Ich habe so viel zu schreiben und zu erzählen. Ich weiß nicht, wo ich anfangen soll.

Seit Weihnachten wurde keine Post mehr verschickt, dies ist meine erste Chance. Ich versuchte dich am Abend der Beerdigung anzurufen, aber unser Telefon funktioniert bis heute nicht mehr. Danke für das Telegramm, es war ein der ersten das ankam.

Wir hatten schöne Weihnachts- und Neujahrstage. Am Weihnachtstag gingen wir, nach dem Aufhängen der Strümpfe und dem Schmücken des Baumes, nach Titikaveka, um dort schön zu lunchen. Alle kamen dort zusammen. Papa hatte den Tag zuvor, einen schlechten Tag, aber er genoss das Familientreffen. Er saß in seinem Sessel und wir alle spielten Weihnachtsmusik auf seinem Plattenspieler. Wir hatten ihm ein Tonband der Nelson Eddy Platte geschenkt, die Hugh nach Hause gebracht hatte und er genoss die alten Lieder. Während dieser Woche schien er fröhlich und aufgeräumt, ging in die Stadt und machte Spaziergänge. Nach der Bestrahlung war er sehr dünn und müde und nicht in der Lage zu essen. Ich spürte, dass er sehr ruhelos war. Dann diese Titelverleihung am Neujahrstag! Wir konnten unseren Ohren nicht glauben; das allgemeine Empfinden war ‚warum'. Was hatte er (Tom) getan, um diesen Orden KBE (Knight Commander of the Order of the British Empire) zu verdienen? Ich bin fest davon überzeugt, dass das der letzte Strohhalm war, und, als die Frau des neuseeländischen Oberkommissars sagte, wenn jeder wüsste, wie krank er (Albert) war; es wäre gar nicht nötig gewesen gerade jetzt die Ritterwürde zu übertragen! Jedermann, Demos und CIPS fragen sich, warum und wozu? Man spricht sich gegenseitig mit Sir……… an. Auf Rarotonga die Ritterwürde zu erhalten ist nicht länger eine Ehre, sondern eine Farce.

Am Silvesterabend gingen alle um Mitternacht nach Titikaveka. Hugh, ich, Katherine und Nicholas kamen um etwa halb eins an, da Hugh im Rarotonga Hotel gewesen war. Sein Vater wollte uns unbedingt sehen, sprach und küsste jeden von uns, aber er war ruhelos und aufgeregt. Am nächsten Tag kamen wir zum Lunch wieder und er war im Bett. Joe war am Morgen da gewesen und hatte ihm eine Spritze gegeben, wogegen er sich scheinbar wehrte. Louise war bei ihm und ich sah ihn nur kurz, als er zu Toilette ging, er sah sehr gebrechlich aus. Irgendwie, ich weiß nicht warum, aber ich dachte bei mir, und betete unterwegs für ihn, dass es gut wäre, um jetzt zu gehen und nicht länger zu leiden. Wir nahmen Kontakt auf mit Joe, der um 16,30-17,00 Uhr kam und wies ihn ins Krankenhaus ein. Einige seiner Kinder, Louise, Bruce, Pui, Robert und Tapa gingen mit ihm. Er ging zum Krankenwagen, war aber auch noch ins Studierzimmer gegangen, seine Aktentasche zu holen, dann bekam er eine Infusion. Hugh kam, als die Ärzte ihm gerade Sauerstoff zudienten. Als Pui in aufrecht hielt, erlitt er einen Herzstillstand und starb sofort. Er hatte Lungenkrebs, der auch den Atemwegen befallen hatte und es gab auch Anzeichen dafür, dass der Leber ebenfalls betroffen war. Es muss eine große Belastung für das Herz gewesen sein. Er hatte in den letzten zwei Jahren einen harten Kampf geführt.

Was für einen wunderbaren und bewegenden Abschied und letzten Respekt bezeigten ihm die Menschen der Cook Inseln. Ich bin mir sicher, dass er sehr stolz war, als er mit einem Augenblinzeln herabschaute, wie er sogar im Tode Tom mehr als in den Schatten stellte. Toms größter Moment, der Erhalt der Ritterwürde, wurde vollkommen und vollständig vergessen durch das Hinscheiden des Vaters der Cook Inseln, Papa Arapati, Papa der Premier, Sir Albert, der ‚Alte Mann'. All diese Namen werden ihm immer noch liebevoll und stolz beigelegt.

Sein Körper wurde zu seinem Haus gebracht und dort feierlich aufgebahrt. Ich hätte nie geglaubt, dass ich das wünschte, aber es war so wunderbar gemacht. Alle versammelten sich um ihn, auch alle Kinder, sogar kleine Tapa. Hughs Vater war mit seiner grünen Jacke bekleidet und sah so friedlich aus, als ob er schlief. Die Leute kamen zu Hunderten, Blumen, Brot, Kaffee, Tee, Zucker, gepökeltes Rindfleisch. Die Küche war von Frauen übernommen und alles war gut organisiert worden. Hughs Mutter war fantastisch. Sie war weiß und gebrechlich und sie weinte. Sie erzählte jedem, stark zu bleiben, aber weinte selbst. Vielleicht ist das die einfachste Methode deine Emotionen zu äußern. Wir machten uns Sorgen um sie, aber sie war so stark. Die Ärzte gaben ihr abends einige Pillen und sie konnte auch ein wenig schlafen.

Nicholas wollte das Zimmer nicht verlassen und blieb neben dem Bett. Der Pastor sagte einige Worte und Gebete und wir alle sangen Hymnen. Um drei Uhr morgens gingen wir heim, aber manche blieben die ganze Nacht bei Hughs Vater. Hugh setzte fest, dass niemand in der Regierung eine Hand an den Sarg legen, oder an der Beerdigung teilnehmen durfte. In diesem Punkt waren wir uns alle einig.

Die Verwandtschaft macht alles. Die Organisation, Hugh und seine Männer wählten einen Platz und gruben den aus. Der Sarg wurde ausgemessen und hergestellt. Am Freitag kamen Bryce, Val und unsere Nachbarn, die Fishers, vorbei, wir machten uns vor 12 Uhr fertig und machten uns auf den Weg. Die Buben trugen alle ein weißes Hemd und ich trug ein Matrosenkleid, aber die meisten trugen Weiß, unsere Trauerfarbe. Das Haus war zum Bersten voll und wieder saßen wir und wachten über ihn bis etwa 14,30 Uhr. Die Männer der Familie hoben ihn in den Sarg, der mit einem wundervollen Tivaivai ausgeschlagen war. Er war mit der grünen und goldenen Flagge bedeckt und seine Aktentasche stand neben ihm. Der Chor der Adventisten kam in ihrer grünen Bekleidung mit goldenen Sternen herein und ihr Pastor hielt einen Familiengottesdienst. Die Adventisten trugen den Sarg danach zu einem Truck, der mit Blumen wunderschön dekoriert und bedeckt worden war mit der grünen und goldenen Flagge. Mama, Tante Kate, Minora und Monakoa folgten im großen Wagen, danach Michael, ich, Pui, Stuart und Kinder, dann der Premierminister & Pa Ariki und so weiter. Hugh, Mary, Louise, Bruce, Keith, Robert und einige Mamas fuhren alle an beiden Seiten des Trucks. Es hört sich so anders an, ist aber sehr schön. Niemand wollte ihn verlassen und die Fahrt alleine machen. Wir gingen alsdann zur Kirche in Titikaveka. Die Pfadfinder bildeten eine Ehrengarde. Der Leichenzug ging anschließend langsam zurück, am Haus vorbei und durch Arorangi zur CICC in Avarua. Hunderte Menschen säumten die Straßen, andere Gruppen nahmen Haltung an, in Betela in der Nähe von Vals Haus bildeten weißgekleidete Kinder eine Ehrengasse und auch am Kaimauer. Wir hielten gegenüber dem Parlamentsgebäude und die blaue Flagge der Cook Inseln wurde auf halbmast gesenkt und einen Kranz überreicht. Danach zum Flughafen, wo er 1974 die Ritterwürde empfing. Ein wunderschöner Kranz in Form des Koru von Air New Zealand wurde ihm präsentiert und einige Worte gesprochen, dann ging es weiter nach Avarua und es gab einen Halt vor dem alten Gerichtsgebäude, der Ort, wo viele Reden am Tage des Grundgesetzes gehalten wurden. Die Musikkapelle der Pfandfinder führte den Zug über die Brücke zur Kirche. Der Sarg wurde jetzt vom Truck heruntergenommen und Sargträger brachten ihn vom Empire Theatre (ein Kino) zur Kirche. Wir gingen alle zu Fuß, außer Mama in ihrem Auto und, unnötig zu sagen, der Premierminister und Pa Ariki. Die Menschen jedoch, etwa 500 drängten sich zwischen das Auto des Premierministers und den Sarg. Er wurde wirklich hinausgedrängt. Uniformierte Organisationen reihten sich an beiden Seiten der Straße und so gingen wir langsam vorwärts neben und hinter dem Sarg, der eifrig und stolz von all denen getragen wurden, die ihn wirklich schätzten und respektierten.

Hugh war sehr tapfer und er gab einen gefühlvollen Kommentar von all den Vorgängen vom hinteren Teil des Trucks herab. In der Kirche wurde ein bewegender Gottesdienst gehalten und Bischof Brown der katholischen Kirche hielt die Predigt. Danach hielt Pui, während Geoff übersetzte, seinem Vater eine Anerkennungsrede. Dann ging es zu der Begräbnisstätte – ein Meer von Gesichtern, soweit das Auge reichte. Tausende müssen es gewesen sein. Val, Bryce und die Kinder konnten nicht in die Kirche hinein. Als der Sarg herabgelassen wurde, erklang der Zapfenstreich und wir gingen hintereinander vorbei. Du könntest stolz sein auf deine Enkel. Michael und Paul waren so bestürzt, aber so behilflich und machten hier und da Besorgungen. Michael passte auf Leanne auf, beide sind sehr gute Freunde. Paul war blass, aber weinte nicht. Stuart und Robert waren beide sehr bewegt und fassungslos, Nicholas, ach, Nicholas so ein merkwürdiger Junge, streichelte die ganze

Zeit die Backe seines Großvaters, wich nicht von seiner Seite, solange er im Haus aufgebahrt lag. Nicholas schaute um sich, beobachtete alles, hörte zu und erinnerte sich später viel mehr, als wir. Hugh und Pui waren die ganze Zeit zusammen, zu beschäftigt, um das alles in sich aufzunehmen. Louise, arme Louise. Ich kenne keine andere Beziehung zwischen Vater und Tochter die so eng ist. Louise verabschiedete sich nicht, denn ‚Papa ist immer noch bei uns' und Mama, ich weiß, dass du, die meinem Vater so nahe war, das Gefühl immer noch hast. Ich glaube Louise, wenn sie sagt, dass er immer da und mit ihnen sein wird.

Die Bevölkerung der Cook Inseln, die ihn liebten, respektierten und bewunderten, kamen zu Tausenden, um zu zeigen, dass er, ungeachtet der beiden letzten Jahre, unschuldig war. Für sie war und ist er ihr Vater. Was werden sie jetzt tun?

Weißt du, dass Tom Davis in seinem Auto wegfuhr, noch bevor der Gottesdienst an der Grabstätte gleich neben den Kirchentüren zur Meeresseite hin, stattfand? Durch die Hintertür ging er nach draußen und fuhr vor den Augen von Tausenden davon! Er erklärte den Montag jedoch zur Trauertag.

Wir kamen abends um 19 Uhr nach Hause. Katherine war so erschöpft, dass sie krank war und Nicholas, Stuart und ich waren bereits um 21 Uhr im Bett. Hugh, Michael und Paul gingen für den ‚Apare' zurück – die Andacht mit Liedern in der Sprache der Cook Inseln. Sie kamen erst am Samstag in den frühen Morgenstunden zurück. Wir müssen all das immer noch verarbeiten.

Schöne Telegramme erreichten uns und auch heute kommen Briefe und Karten. Wir nehmen sie alle mit nach Titikaveka, ebenfalls die, welche nur an uns adressiert sind.

Die Büste von Sir Albert auf dem Friedhof
der christliche Kirche in Avarua

Kapitel 41

Spaß auf Aitutaki

1983

Aitutaki ist die zweitgrößte von den Cook Inseln und mitten im pazifischen Ozean gelegen. Sie liegt etwa 262 km nördlich von Rarotonga, die Hauptinsel, ein Flug von knapp einer Stunde in einer Bandeirante mit sechzehn Sitzen.

Die Insel Aitutaki hat eine der schönsten
Lagune der Welt

Mama besuchte uns aus Auckland. Es war ihr erster Ausflug zu einem Korallenatoll. Sie möchte sehen, wo ihr Enkel Michael als Hotelmanager lebte und arbeitete. *Was für eine Erfahrung für sie,* dachte ich bei mir selbst, während wir die Reste eines Familienpicknicks einpackten. Sie hielt sich tapfer, ich wusste, dass sie sich auf kleinen Booten gar nicht wohl fühlte. Den ganzen Nachmittag schon braute sich einen Sturm zusammen. Große, schwarze Wolken von Fregattvögeln wirbelten um unsere Köpfe und die

Kinder schleppten das Auslegerkanu herunter vom Strand zur Wasserkante von One Foot Island (kleine Insel in der Lagune von Aitutaki). Es war Zeit zum Festland, das sich in einer Entfernung von etwa 6 km befand, zurückzukehren. Leichter, nebliger Regen fiel jetzt und wir konnten die Konturen von der Insel Aitutaki kaum erkennen. Die Temperatur war gefallen. Wir zogen unsere Pullover und Regenkleidung über. „Verstaue die Kleider und die Nahrungsmittel unter diese Plane", rief Michael, während er unsere Vorräte in unserem Kanu festzurrte. „Die Wellen werden langsam stürmisch. Glaubst du, dass das gut geht?", fragte sie nervös. „Natürlich, Oma. Entspanne dich. Wir haben dich bald im warmen Bett mit einer heißen Tasse Tee", antwortete Michael. „Beeilt euch, ihr Landratten! Zieht eure Schwimmwesten und Regenmäntel an", ordnete er an. „Michael, tue nicht so herrisch! Wir tun unser Bestes!", rief ich. „Mama, ich habe hier das Sagen, ich bin der Skipper. Du und Papa müssen nur Anweisungen befolgen", grinste er. „OK, ich hoffe, du weißt was du tust", flüsterte ich. Wir hätten schon vor Stunden wegfahren sollen. Du hast viel zu lange herumgelungert." „Alle Mann an Bord!", schrie er, während er versuchte das Boot ruhig zu halten, als wir hineinkletterten. Wir saßen einer hinter dem anderen. Die Kinder waren im Bug, dann saß da Mama, die sich an beiden Seiten festhielt und ich direkt hinter ihr. „Bitte, Mama, trage diesen gelben Südwester, die Rückseite vorn, über deiner Jacke. Es wird helfen, den Wind abzuhalten." „Danke, Liebes. Wird es lange dauern, bis wir wieder zu Hause sind?", fragte Mama. „Keine Panik, Oma", sagte Michael zu ihrer Beruhigung. „Jetzt hört all mal gut zu", wies er uns an. „Alle müssen wir unsere Augen offen halten für die Bojen. Das sind Pfosten, die an der Spitze mit reflektierendem Band umwickelt sind. Sie werden uns durch die hochgewachsenen Korallen zu tiefem Wasser führen. Wir wollen nicht auf Grund laufen." Michael startete den Motor, während Hugh uns sacht vom Sand ins tiefere Wasser schob. Riesige Wellen donnerten übers Riff und Sturzwellen mit weißen Schaumkronen wühlten das sonst so ruhige Wasser der Lagune auf. Der Regen prasselte uns ins Gesicht und blendete unsere Augen, die in die Finsternis spähten, um die Bojen zu finden. „Vielleicht sollten wir umkehren und auf der Insel bleiben", schlug ich vor. „Mama, sei doch nicht so pessimistisch. Du glaubst immer, dass das Schlimmste passieren wird!", rief Michael böse aus. "OK, OK, regt euch ab", sagte Hugh. Ich konnte nicht glauben, dass er Michael erlaubte, das Kommando zu übernehmen.

„Schau auch weiter aus nach diesen verdammten Bojen." Gerade da gab es ein knirschendes Geräusch, als das Kanu auf einen riesigen Korallenfelsen stieß und wir für einen Moment gestrandet waren. „Werden wir jetzt zur Küste schwimmen?", fragte Richie, Pauls Sohn. Er war fünf Jahre alt und hatte gerade schwimmen gelernt und wollte das gerne auch zeigen. „Achte weiterhin auf die Bojen", brüllte Michael. Plötzlich sah ich ein Licht in der Dunkelheit. Es sah aus, wie eine helle Lampe an einem Mast. „Schiff ahoi!" schrie ich, als ich aufsprang. „Jemand ist zu unserer Rettung gekommen." „Bleib sitzen, bleib sitzen! Du bringst uns alle zum Kentern! Anne, du musst auch sitzen bleiben! Hier ist überhaupt kein Boot", schrie Michael. „Nun, ich sah definitiv ein Licht", sagte ich verstimmt. „Aber vielleicht war es das Licht des Flughafens auf dem Maungapu Hügel." Gerade in diesem Moment schrie Richie: „Da ist eine Boje. Es glüht rot, wie ein Knallkörper." „Prima, Richie", sagte Michael. „Siehst du, Mama, es war kein Licht. Es war nur deine Einbildung." „Ich sah mit Sicherheit ein Licht und es war in der Höhe eines Mastes", argumentierte ich. „Und, wo ist es jetzt? Wahrscheinlich ein UFO?", neckte mich Michael. „Ich sah es allerdings auch", fügte Anne hinzu. „Aber dann schien es langsam in der Ferne zu verblassen." Meine Freundin Anne war vertraut mit Jachten und Wassersport, also wusste sie, wovon sie sprach. "Wirklich, ich fand, dass es hell leuchtete und dann wieder so schnell verschwand, wie es die Nacht erleuchtet hatte", sprach ich weiter. „Nun, wie auch immer. Was es auch war, es zeigte uns die Boje und jetzt können wir der Fahrrinne folgen, bis wir sicher sind", sagte Hugh diplomatisch. Schließlich fuhren wir an den Landungssteg, nass, zerzaust und noch diskutierten wir ‚das Licht'.

Es gab auf Aitutaki eine Legende, dass, wenn Fischer in einem Unwetter oder Sturm sich in der Lagune den Weg verirren, ein Krieger sie nach Hause führen würden. Als ich montags wieder zu Arbeit ging, waren meine einheimischen Freundinnen und Kollegen in der Apotheke erstaunt, dass ich nicht realisierte, was los war. „Was meint ihr", fragte ich. „Es war natürlich Papa Arapati (Sir Albert), der kam, um euch nach Hause zu geleiten. Ihr hättet an einem Sonntagnachmittag auf der Lagune sowieso nicht sein sollen, aber er rettete euch."

Und das war das Ende der Diskussion. Ihrer Meinung nach hatte mein verstorbener Schwiegervater auf uns aufgepasst.

Spaß mit Enkel Hugh auf der Lagune von Aitutaki

Hugh beim Angeln in Aitutaki

Kapitel 42

Aus einem Sturm wird ein Zyklon

Weit weg am Horizont durchbohrte eine zackige Gabel aus goldenem Licht den zinngrauen Himmel und durchschnitt das Wasser, das grau war wie Stahl. Das Donnern der Wellen schien mit dem tiefen Gemurmel, das ich im Hintergrund hören konnte, zu harmonieren. Allmählich kam das Rummeln näher. Donnerschläge rollten um die Hügel und über die Motus (sehr kleine Inseln) in der Lagune. Plötzlich krachte ein ohrenbetäubender Donnerschlag direkt über unseren Köpfen. Der Himmel war für einige Sekunden hell erleuchtet und von Staunen erfüllt, betrachtete ich dieses eindrucksvolle Spektakel. Ich hörte knirschende Schritte am Strand und dann war Hugh da. Eine Hand ruhte leicht auf meiner Schulter und drückte mich sanft hinunter und setzte sich neben mich. Ich fühlte mich nass, grober Sand saß zwischen meinen Zehen. Meine kurze Hose und Bluse waren feucht und klebten an meinem Körper. Es interessierte mich nicht, dass durch den Regen meine Haare flach am Kopf klebten und dass Wassertropfen anfingen, von meiner Nasenspitze hinunterzufallen. Ich spürte den leicht salzigen Beigeschmack der Regentropfen auf seinen Lippen, als ich mich an ihn lehnte. Er sah genau so durchnässt aus wie ich, aber sein Körper fühlte sich warm und behaglich an. Wir kuschelten zusammen und genossen die Nähe, während wir den wütenden Elementen zuschauten. Der Tag brach an. Als wieder ein Blitz den Strand erleuchtete, riefen wir zugleich: „Sieh' dort hinüber!" Zwei Vögel zeichneten sich gegen den finsteren Himmel ab. Der silbrige Schimmer auf den Flügeln des größeren Vogels verschmolz mit dem Grau des aufgewühlten Wassers. Der andere war geschmeidig und weiß, stand auf einem Bein und schaute fragend auf die dunklen, drohenden Wolken, die dahinjagten. Der nächste Donnerschlag erschreckte die Vögel. Sie streckten sich aus und stiegen in die stürmische Luft auf. Ich konnte das Rauschen ihrer ausgebreiteten Flügel fast fühlen, als sie über unsere Köpfe flogen. Der Kotuku war mein persönliches Zeichen von Liebe und Geborgenheit. Das Tosen der Wellen ahmte der

Krach des Donners nach, dem Blitzstrahlen fast unmittelbar vorangingen. Der Sturm war eigenwillig und nahm an Intensität zu. Ich stand mühsam auf und zog Hugh mit hoch. Es war Zeit ins Haus zu gehen. Während und über den niederprasselnden Regen hörte ich das misstönende, gellende Krähen der Hähne. Sie würden die ganze Nachbarschaft aufwecken. Stolz führte ein bunter Hahn sein Harem über den Strand nach Haus. Rotbraune und smaragdgrüne Federn richteten sich auf wie eine zerzauste Halskrause, als er seinen Kopf in den Nacken warf und noch einen Ruf zu den Hennen ausstieß. Sie hasteten unter die Holzterrasse, um Schutz zu suchen. Wir eilten auch die Treppe hoch und ins warme Haus hinein. „Lasst uns eine Tasse Kaffee trinken, um uns aufzuwärmen", schlug ich vor. „Ja, wir werden hier sitzen und zuschauen, während der Sturm sich legt", antwortete Hugh. *Was für ein besonderes Ereignis,* dachte ich bei mir, als wir diesen zauberhaften Moment in der Zeit mit einander teilten.

Ein paar Tage später verwandelte der Storm sich in etwas, das weit bedrohlicher war. Bald vergaß ich den zauberhaften Moment, als wir uns darauf vorbereiteten, unser Haus mit Brettern zuzunageln. Den ganzen Nachmittag über kam über den Rundfunk eine Warnung vor einem Zyklon. Der Seegang war sehr hoch und die Wellen schlugen auf den Strand auf und klatschten über die etwa vier Meter hohe, betonierte Schutzmauer, die sich an der Seite der Lagune auf unserem Grundstück befand. Wir waren besorgt, als wir beobachteten, wie eine riesige Welle auf die hellblaue Plastikseite unseres Schwimmbeckens krachte. Hugh und die Jungen hatten die Gartenmöbel hinein gebracht und die Sturmverschalung angebracht.

Unser geräumiges, offenes Haus im kolonialen Stil hatte seit den frühen Jahren des 20. Jahrhunderts schon viele Stürme überstanden, deshalb waren wir nicht sonderlich besorgt. Mama war immer noch da, nachdem Michael und Kuraono vor zwei Monaten in unserem schönen Vorgarten mit Blick über den Ozean, geheiratet hatten. Es war das erste Mal, dass sie Weihnachten und Neujahr auf den Cook Inseln waren. Wir beschlossen Neujahr 1986/87 im Rarotongan Hotel zu feiern. Was könnten wir sonst noch machen? Wir könnten uns besser auf einer Party amüsieren, als zu Hause herumsitzen und uns fragen, was die Elemente uns wohl für Überraschungen bringen könnten. Wie dem auch sei, nach dem üblichen Abzählen zur Mitternacht und dem nostalgischen Singen von ‚Auld Lang Syne' gingen wir ‚für alle Fälle' heim, es war besser, nicht bis zum Morgen weiter zu feiern und zu tanzen. Der Wind heulte und Palmblätter fegten über das Auto, als sie von den Bäumen herunter prasselten. Zu Hause angekommen, ließen wir zuerst Mama, Katherine, Kuraono (meine Schwiegertochter) und ihr einjähriges Kind, Eikura, ins Bett gehen. Die lokale Rundfunkstation sandte zwischen den letzten Hits den neuesten Wetterbericht. Schließlich ging auch ich ins Bett und überließ Hugh, Michael und Elsa, unseren nervösen, cremefarbigen Labrador, das Aufpassen.

Ich hatte mich gerade hingelegt, als ein mächtiges Getöse über meinem Kopf zu hören war. Ich sprang aus dem Bett und stand plötzlich knietief im Wasser. Ich schrie um Hilfe. Hugh rannte herein und zog mich durch die Diele auf die Veranda an der Rückseite des Hauses. Eine gigantische Welle war auf dem Dach gelandet, überflutete die Vorderseite des Hauses und strömte durch die Jalousien der Schlafzimmer. Der Tumult hatte alle geweckt, deshalb trafen wir Vorsorgemaßnahmen und evakuierten sie zu den Nachbarn, die direkt an der Hauptstraße in einem betonierten, zweistöckigen, eckigen Haus wohnten. Es war pechschwarz, weder Sterne noch Mond erhellten mir den Weg, während ich durch eine Öffnung in der Hecke stolperte, um Lorna und Ken zu wecken. Trotz der Gewalt des Sturmes schliefen beide tief und fest. Ich schüttelte sie unsanft wach. Schlaftrunken torkelten sie die Treppe hinunter, um Mama, Katherine, Kuraono und Eikura ein Bett zu machen und schließlich zum Schlafen zu verhelfen. Nachdem wir den Wagen auf höher gelegenes Terrain geparkt hatten und - hoffentlich - auch außerhalb der Reichweite von fallenden Kokosnüssen, gingen Hugh und ich ins Haus zurück.

Was für eine schreckliche Nacht! Der Lärm war ohrenbetäubend. Der Wind heulte durch die kleinste Spalte und Wellen schlugen auf den Strand auf. Plötzlich wurden wir von heftigem Donnern und Dröhnen auf dem Dach erschreckt. Das müssten die Solarpanelen sein, die von ihren Halterungen gelöst wurden. Hugh leuchtete draußen mit einer Taschenlampe, konnte aber nichts sehen. Jetzt war auch der Strom ausgefallen. Die Radiobatterien schienen auch langsam den Geist aufzugeben. Elsa, unser Hund, war völlig verängstigt und blieb ganz nah an meiner Seite. Die Katze war verschwunden. Wir verbarrikadierten uns auf der Veranda, während Hugh im Schlafzimmer im Hinterhaus versuchte zu schlafen. Trotz des ungewohnten Lärms dösten wir alle, allerdings mit Unterbrechungen. Wir rührten uns erst als der Himmel heller wurde. *Gott sei Dank, es muss fast Morgen sein.*

Vielleicht würde ein Tasse Tee mich wach machen. Gerade als ich versuchte, die Thermosflasche zu finden, ergoss sich eine gefährliche Welle durch das Fenster des hinteren Schlafzimmers und schleuderte Michael aus dem Bett auf die Veranda. Das Wasser rauschte danach durch eine gebrochene Tür hinaus und nahm das Bett mit, auch Mamas Koffer und meinen Nähschrank. Nun waren wir wirklich und wahrhaftig wach und griffen nach allem, was in Reichweite war, wir schrien uns gegenseitig an, um festzustellen, ob wir alle noch aus einem Stück bestanden.

Innerhalb von Minuten legte sich der Wind. Es herrschte eine unheimliche Stille. Ein nebliger Dunst umhüllte die Berge in der Morgendämmerung. Wir gingen hinaus und waren entsetzt, als wir sahen, was die Elemente uns angetan hatten. Irgendwoher waren 200 L. Fässer an die Außenmauer unseres Hauses gerollt worden, während Sand und Korallen sich an die Mauern aufgehäuft hatten und so das Seewasser hinein zwangen. Die Solarpanelen waren verschwunden und wurden nie wieder gesehen. Die Veranda war mit einer Schicht aus Sand und Vegetation von etwa einem Meter Dicke bedeckt. Unser großes Schwimmbecken war jetzt eine sandige Wüste mit einigen Plastikstäben, die hervor lugten. Hecken, Gärten, Sträucher und Bäume gab es nicht mehr. Das Endstück unserer 4 m. langen Schutzmauer, das dem Ozean am nächsten war, war wie ein Pfund Butter demoliert worden. Man hörte keinen Ton. *Wo waren alle Tiere, Vögel und Hähne hin?*

Zyklonschäden ums Haus… …und am Damm

Wir fuhren zur Hauptort Avarua. Die Schäden und die Verwüstung waren unglaublich. Trader's Jack, jedermanns Lieblingskneipe war total zertrümmert worden. Menschen versuchten über die Bruchstücke der Korallen, die überall auf der Straße herumlagen, zu klettern, oder planschten im treibenden Abfall herum.

Wir gingen nach Hause zurück, um uns auf das Retten unseres Eigentums zu konzentrieren, bevor das Auge des Zyklons vorbeigezogen war und die zerstörenden Winde aus der entgegengesetzten Richtung zurückkehrten. Einige Stunden lang trugen wir Gemälde, Fotos, Stühle und kleine Gegenstände hinüber zum Haus unserer Freunde. Andere Freunde konnten wir nicht erreichen, da jede Kommunikation ausgefallen war. Wir hofften, dass Nicholas bei seinen Freunden geblieben war, die auf einem Hügel wohnten. Zumindest wäre er sicher vor dem Hochwasser. Paul, Twin und ihr zweijähriger Sohn Richie waren den Abend zuvor zur lokalen Schule evakuiert worden, sie waren wohl in Sicherheit. Unsere Freunde, Lorna und Ken, waren von unserer Familie übernommen worden, inklusive ihr Eigentum und Hund. Am nächsten Tag, als die Sonne schwach durch die Wolken schien, kehrten Hugh und ich zum Haus zurück, um abzuschätzen, was getan werden muss. Wir nahmen das meiste aus der Gefriertruhe mit, ein Spanferkel eingeschlossen, das noch von der Hochzeit des einheimischen Paares, die uns im Dorf gegenüber wohnen, übriggeblieben war. In den nächsten vier Tagen kochte Lorna für uns, und wie! Wir hatten noch nie so viel gegessen, da sie alles verbrauchte, was an Gefrorenes schnell abgetaut war. Hugh nutzte seinen Charme (oder war es die versprochene Kiste Bier?) damit die Streckenwärter der elektrischen Leitungen, den Strom bald wieder herstellten. Ich wusch und wusch und wusch! Wie es schien, tagelang!

Zyklon ‚Sally' war der schlimmste Zyklon seit Jahren, den Rarotonga erlebte, aber zum Glück kostete er keine Menschenleben und bald schon nahm der Alltag seinen gewöhnten Gang wieder auf. Oft meckerten wir über Warnungen vor Zyklonen, über das Ausziehen und Zunageln und andere Vorsichtsmaßnahmen, die getroffen werden mussten. Von da an beachten wir alle Warnungen, sie waren vernünftig und praktisch. Hoffentlich mussten wir nicht noch einmal so etwas erleben!

Kapitel 43

Hugh Henry und Teilhaber

Durch die Jahre machten Hugh und ich den Versuch, ein eigenes Geschäft zu errichten und zu führen. Wir fingen an mit ‚Henrys Mini Markt', ein rechteckiges Lebensmittelgeschäft, in Neuseeland. Rarotonga Sports Services belieferte Vereine und Schule mit allem, was sie für den Sport brauchten. Die Jungen lernten von ihrem Vater Tennisschläger zu bespannen und neue Griffe für Golfschläger zu machen. Ich glaube, dass irgendwann jeder auf der Insel eine Dartscheibe und eine Tischtennisausstattung besaß. Diese Geschäfte waren Familienangelegenheiten und von jung auf halfen die Kinder auf verschiedenen Weisen. Nachdem wir viele Jahre für andere im Reise- und Tourismusgeschäft gearbeitet hatten, war es für uns an der Zeit, uns selbständig zu machen.

Im Jahre 1987 eröffneten wir ‚Hugh Henry und Teilhaber' im Vorzimmer unseres Hauses. Anfangs beschäftigten wir nur eine Person. Hugh und ich waren beide aktiven Eigentümer und Manager. Da wir für die Besucher der Cook Inseln zuständig waren, organisierten wir auch ihre Ankunft und Abreise von den Inseln. Zuerst verpflichteten wir zwei Busse mit Fahrern. Später kauften wir drei heruntergekommene, gebrauchte, offene Laster, um unsere Passagiere zu transportieren. Die Menschen wünschten und brauchten sicherlich Klimaanlagen. Klar, die besorgten wir! Eines Tages bestellten wir eine neue Tür für einen unserer Busse, da die alte nur noch durch eine Schnur und Klebstoff zusammengehalten wurde. Ich schickte einen der Jungs, um den reparierten Bus abzuholen und ihn nach Hause zu fahren. Wie es sich gehörte, kam er auch zurück und ich ging hinaus, um die Arbeit zu begutachten. Als ich die Tür öffnete, realisierte ich mir, dass die Tür immer noch mit einer Schnur zugebunden war. „Wo ist die neue Tür?", fragte ich. „Hier, hinten im Bus", antwortete der Junge. „Die neue Tür sollte die alte ersetzen und nicht hinten im Bus liegen." Ich war erstaunt, angesichts so viel Dummheit. Hugh erinnerte mich aber daran, dass er mir mehr als ein Mal erzählt hatte, dass, wenn ich den Mitarbeitern etwas sagte, ich sehr deutlich in meinen Anweisungen sein musste. Allmählich bauten wir unseren Wagenpark aus. Stuart kehrte von Australien zurück, als er genug Geld gespart hatte, um seinen eigenen Bus zu kaufen. Hugh war der Geschäftsführer und ich die Sekretärin. Alle Kinder waren Direktoren. Stuart aber stieg zum Teilhaber auf.

Eines Abends rief ein enger Freund, Vic Garner, der Manager vom Beachcomber Motel spät in Panik an. „Wo ist der Bus?"

Einige Stabsmitglieder der Firma Hugh Henry und Teilhaber

„Der sollte schon da sein", antwortete ich. „Ich werde mit der Anlage reden, die der Bus zuerst anfährt." „Es tut mir leid, ich sah den Bus etwa vor zehn Minuten hier vorbeifahren", sagte die freundliche Empfangsdame im Hotel. Sie wusste bereits Bescheid. Da es lange vor den Tagen des Handys und Walkie-Talkies war und Hugh bereits am Flughafen war, um die Neuankömmlinge zu begrüßen, blieb mir nichts anderes übrig, als mich anzuziehen in den Wagen zu hüpfen und den Bus und Stuart zu suchen. Ich raste los in die Richtung, die der Bus hätte nehmen müssen. Ich konnte meine Augen nicht glauben, als ich den Bus sah, der mit eingeschalteter Beleuchtung auf dem Grasstreifen parkte; noch keinen Kilometer vom Beachcomber Motel entfernt. Stuart hing übers Lenkrad und schlief fest. *Hatte er, immer wenn das Flugzeug ganz früh am Morgen kam, zu viele Male den Abholdienst gemacht? Wahrscheinlicher ist, dass er zu viele Par-*

tys besucht hatte. Ich riss die Tür auf, gab ihm eine Ohrfeige, schob ihn hinaus und ins Auto hinein. Ich sprang in den Bus und fuhr wütend los, holte zwei sehr verärgerte Touristen ab, die befürchtet hatten, ihr Flugzeug zu verpassen. Stuart tat so etwas nie wieder.

Wir führten historische Rundfahrten auf Rarotonga ein. Hugh informierte sich fleißig über historische Aufzeichnungen, über Traditionen und Kultur der Cook Inseln. Er produzierte eine Bandaufnahme seiner Rundfahrt für die Reiseführer, die davon lernen konnten. Als geborener Erzähler fesselte Hugh mit Plaudern und das Erzählen einiger netten Witze leicht die Aufmerksamkeit unserer Gäste. Wir lieferten gratis Fruchtsäfte, wenn die Busse auf das Grundstück unseres Büros fuhren. Unsere Reiseleiter wurden erfahrener und unterhaltsamer. Sie demonstrierten auch, wie man Kokosnüsse schält.

Als ‚Pa, der Sohn Polynesiens' aus Übersee nach Rarotonga zurückkam und seine eigene Tour anbot, nahmen wir ihn unter Vertrag, indem er unsere Gäste auf seinem ‚Quer-über-die-Insel-Treck' begleitete. Pa war eine gefeierte Rarotongan Persönlichkeit und sein Treck immer sehr gefragt. Pa ist jetzt etwa siebzig und betreibt sein erfolgreiches Geschäft immer noch.

Mit dem Wachsen des Geschäftes nahmen auch unsere Verpflichtungen zu. Unser Personal forderte uns beständig heraus. Sie wussten alles, jedenfalls dachten sie das. Wir beschäftigten einen besonders witzigen und humorvollen Reiseleiter. Er war immer gut gelaunt. Die Gäste liebten den Austausch mit ihm. Seine Fahrten dauerten immer länger. Statt um dreizehn Uhr wieder am Büro zu sein, kam er erst um vierzehn Uhr dreißig, oder sogar noch später. Er hatte immer eine Entschuldigung parat: „Ach, die Gäste kamen spät von den Toilettenpausen zurück". Eines Tages, als ich in der Stadt war, kam ein Pärchen auf mich zu. Sie redeten unterbrochen über ihren tollen Reiseleiter und wie interessant die Fahrt aufgrund dessen gewesen war. Sie redeten weiter, welch guter Windsurfer ihr Reiseleiter war. „Oh, wann haben sie ihm beim Windsurfen zugesehen?" „Während unsere Rundfahrt. Er sagte uns, einen langen Spaziergang am Strand zu machen. Als wir zurückkamen, sahen wir ihn praktisch über die Wellen fliegen." Nach einem Rüffel wegen des Surfings endeten seine Fahrten immer rechtzeitig. Bei einer Fahrt gelang es ihm sogar, einen Gast zurückzulassen. Nach einem kurzen Halt am Strand von Muri für einen Spaziergang und für die Gelegenheit Bilder zu machen, sprang Danny in den Bus und fuhr davon. Später, als er beim Edgewater Resort vorfuhr, staunte er am Eingang eine wütende Dame zu sehen. Sie drohte ihm mit der Faust und erteilte ihm einen Rüffel. „Du hast mich am Strand bei all den ‚Eingeborenen' stehen lassen." Seitdem zählte er sicherheitshalber immer nach.

Wenn wir wirklich viel zu tun hatten, wurde sogar die kleine Katherine als Reiseleiterin in Anspruch genommen. Sie hatte gerade die Schule beendet, aber nachdem sie die Geschichte, Flora und Fauna der Insel gepaukt hatte, war sie bewandert genug, um als Reiseleiterin zu dienen. Da wir unser Fuhrpark ständig auf Vordermann bringen mussten und unsere Angebote ständig erweiterten, beschlossen wir, ein Geschäftsraum auf unserem Familienbesitz in Arorangi zu errichten. Von Fernschreiber und Schreibmaschinen gingen wir zu Computern und Faxgeräten über. Noch schneller wuchs unser kleines Geschäft. Jeder Tag wurde eine Herausforderung. Wir mussten fertig werden mit Hochzeitsanfragen und organisierten Rundfahrten für Kreuzfahrtschiffe.

Eine der Gruppen die immer wieder kamen, war eine Gruppe Senioren aus den Vereinigten Staaten. Wir beschäftigten wohl fünfzehn Cook Insulaner als Dozenten und Lehrer, um die Mitglieder dieser Gruppe, die Rarotonga besuchten, über die Kultur und Geschichte der Cook Inseln zu unterrichten. Es waren immer mindestens zwanzig Personen in einer Gruppe und sie blieben zehn Tage auf Rarotonga, bevor sie nach Aitutaki weiterflogen für weitere zwei Tage Erholung. Wie ihr Name sagte, waren sie pensionierte Akademiker und Fachleute, die ihr Leben mit dem Wissen über andere Kulturen bereichern wollten.

Eines Morgens wurden wir wach und entdeckten, dass alle Fernmeldegeräte ausgefallen waren. Ein schneller Besuch bei den Nachbarn ergab, dass auch ihre Telefone nicht mehr funktionierten. Bald nahm der ‚Kokosnussfunk' die Arbeit auf. Ein Brandstifter hatte das Postamt und das Telekomgebäude in Brand gesetzt. Es gab ein Höllenlärm in den öffentlichen Dienststellen und im privaten Sektor, als wir realisierten, dass wir vom Rest der Welt abgeschnitten waren. Es wurde klar, dass das nicht nur ein vorübergehender Rückschlag war. Unser kleines Büro war vom Telefax und Telefondiensten abhängig. Als Agenten für Reiseagenturen im Ausland waren wir stolz darauf, auf Anfragen für Unterkunft und Reiserouten sofort, aber sicherlich innerhalb von zwölf Stunden zu antworten. Zu guter letzt wurden die Leitungen für internationale Gespräche wieder hergestellt, aber lokale Telefonleitungen auf Rarotonga waren immer noch außer Betrieb. Wie konnten wir kontinuierliche und effektive Dienste anbieten? Unsere Firma beschloss zwei Mitarbeiter mit Motorroller um die Insel schwirren zu lassen, mindestens zweimal am Tag und manchmal öfter. Wie ein Briefträger oder Laufbursche holten sie Mitteilungen von jedem Motel, Hotel, Reisebüro oder Fluglinie ab, oder hinterließen dort welche. Die Touristenindustrie vereinten ihre Hilfsmittel und arbeiteten mit Begeisterung zusammen. Es wurde deutlich, dass dies eine äußerst erfolgreiche Weise war, unser jeweiliges Geschäft weiter zu führen. Es dauerte nicht lange auf den nur 32 km langen Rundweg auf Rarotonga, Nachrichten zu überbringen. Zur gleichen Zeit überbrachten die Mitarbeiter gerne Benachrichtigungen und tauschten sich gerne aus mit anderen Arbeitnehmern. Es wurde sogar ein soziales Ereignis.

Gott sei Dank, diese Situation dauerte nicht allzu lange und wir waren bald wieder ‚online' und die Geschäfte nahmen wieder ihren gewohnten Gang.

Diese Episode machte mir klar, wie sehr unsere kleine Inselgemeinschaft auf sich selber angewiesen ist.

Kapitel 44

Das Outrigger Restaurant

1988

„Wir haben ein Restaurant gekauft", sagte Hugh, als er durch die Tür hereinstürmte. "Wir haben was?", rief ich aus. Hugh war gerade von einem Besuch an Aitutaki zurückgekehrt. *Wie wäre es möglich, dort ein Restaurant zu kaufen?* Ich war mir sicher, dass es dort keine Restaurants gab, außer denen, die zu den Hotels gehörten.

„Ich glaube, du bist mir eine Erklärung schuldig", erzählte ich ihm. Aber als ich die Aufregung in seinen Augen sah, wusste ich instinktiv, dass es Wirklichkeit werden würde. „Ich unterhielt mich mit Bill Anderson, als wir nach Aitutaki flogen und, wie aus dem Nichts, schlug er vor, dass wir die Lease des Outrigger Restaurants kaufen." „Ich dachte, dass er die Anlage nur verwaltete." „Ja, das stimmt, aber offensichtlich steht es jetzt als Einzelteil zum Verkauf. Es gehört nicht länger zum Manuia Beach Hotel." „Aber wir haben schon ewig dort nicht gegessen, haben nicht hinein geschaut, weder die Habe, noch das Personal oder was auch immer, begutachtet. Und was wichtiger ist, woher soll das Geld kommen?", fragte ich. Meine Argumente fielen auf taube Ohren. Was Hugh betrifft, war es eine beschlossene Sache, wieder eine Herausforderung an die er sich heranwagen konnte. „Mache dir keine Sorgen. Es wird alles klappen, du wirst es sehen". Hugh sah alles immer von der positiven Seite. Er erzählte mir allzu oft, dass ich pessimistisch oder negativ war. Ich fand, dass ich im Gegenteil realistisch war, wenn ich auf Probleme hinwies und meine Meinungen mitteilte. Aber Hugh machte es sicherlich möglich, dass gewisse Sachen auch stattfanden. Er war der geborene Unternehmer und riskierte was. Ich dachte andererseits immer sorgfältig nach, bevor ich etwas Wichtiges entschied. Ich liebte es, wenn Dinge gut organisiert und ordentlich waren.

Und so wurden wir Restaurantbetreiber, oder sollte ich sagen Möchtegern-Restaurantbetreiber? Keiner von uns hatte die Fertigkeiten eines Chefkochs, Kellnerin oder Barkeepers. Ich fragte mich sogar, ob ich in der Lage wäre eine Kasse zu bedienen.

Das Outrigger Restaurant

Ursprünglich war das Outrigger Restaurant ein alter Laden. Die vorherigen Eigentümer hatten ein Holzgitter zur Straßenseite hin angebracht, lange wackelige Tische mit bunten geblümten Plastikdecken hingestellt und das Dekor mit Pfeffer- und Salzstreuer vervollständigt! Die Kunden saßen auf leicht splitternden Holzbänken und bestellten warmes Bier oder billige Weine, die in Plastikbechern serviert wurden. Aber es war für den besten Fisch und Pommes Frites, Steaks und Salat auf der Insel bekannt. Später renovierten ein einheimischer Fischer und seine Familie das Restaurant, indem er kleinere Tische und Caféstühle als auch einen überwölbten Torweg, um das Ambiente zu verbessern, hinzufügte. Als die dritten Eigentümer des Restaurants nahmen wir einige Neuerungen in Angriff.

Hugh hatte irgendwo gelesen, dass Leute, abhängig von der Farbenzusammenstellung, mehr oder weniger essen. Also deckten wir die Tische mit fröhlichen scharlachroten und goldenen Decken und Servietten. Wir platzierten zusätzlich Palmen und üppige, grüne Topfpflanzen rund um einen Wasserfall im Haus in der Hoffnung, dem Raum etwas Tropisches zu geben.

Ein Wandspiegel ließ den länglichen Raum geräumiger aussehen. Um etwas Interessantes hinzuzufügen, hingen wir große Luftaufnahmen der Inseln Aitutaki und Rarotonga an die weißgestrichenen Wände.

Hugh und die Jungen waren geschickte Kaufleute. An einer Seite bauten sie eine kleine Vorhalle, um einen intimeren Eingang zu bilden und mit einfacherem Zutritt zur Bar. Wir dekorierten die Bar mit weißen Bambusmöbeln und traditionellen Schnitzereien in der Hoffnung, dass es so viele Gäste geben würde, dass wir sie in diesem Bereich Platz nehmen lassen könnten, während sie auf ihre Tische warteten.

Der Innenraum des Outrigger Restaurants

Bill Anderson, der bisherige Eigentümer, versicherte uns, dass der momentane Koch überaus qualifiziert war Obwohl die übliche Zahl der Gäste relativ gering war für ein Restaurant mit vierzig Plätzen, wies er darauf hin, dass die Zahl steigen würde, da die Touristensaison gerade wieder anfing.

Wir machten keine Werbung, dass es jetzt neue Eigentümer gab. Aber irgendwie ging die Nachricht doch über die ganze Insel. Statt – wie erwartet - etwa zwölf Gäste, kamen zu unserer Aufregung, aber auch Erschrecken, fast vierzig an dem Eröffnungsabend. Alle Vorräte wurden verbraucht. Irgendwann schrie Hugh zu Michael, „Ruf PJ's Café an und frage, ob sie uns einige Rinderrouladen und 20 kg Fisch verkaufen wollen! Ja, und auch eine Flasche Rum!" Michael raste zur Tür hinaus und fuhr die kurze Strecke zu PJ's, um die dringend benötigten Waren abzuholen. An diesem Eröffnungsabend, aber auch später, lernten wir, wie das Restaurantgewerbe organisiert wird. Das war das erste von vielen Malen, dass, entweder wichtige Lebensmittel ausgingen, oder PJ, Renaldo oder Kokosnuss Joe uns anriefen, ihnen aus der Not zu helfen. Da wir völlig unvorbereitet waren, hätten wir an dem ersten Abend bestimmt ein Desaster erlebt, wäre da nicht die Großzügigkeit unserer freundlichen und hilfsbereiten Nachbarn gewesen.

Hugh und ich betrieben ja auch noch unsere kleine Agentur für einreisende Touristen, die Jungen hatten ihre eigenen Ganztagstellen und Katherine war in ihrem letzten Schuljahr. Aber irgendwie trugen wir alle etwas bei und zusammen arbeiteten und genossen wir die andere und chaotische Lebensart von Restaurateuren. Unsere Freunde unterstützten uns sehr. An manchen Abenden nahm Hugh seine Gitarre und alle sangen und tanzten – um, auf und unter den Tischen.

Die internationale Gesellschaft, Cable & Wireless, hatte einen kompletten Stab ausländischer Arbeitnehmer. An vielen Abenden pflegten sie fast bis in die Morgenstunden bei uns zu feiern. Schließlich drehte ich die Lichter an und aus, um sie aufzufordern nach Hause zu gehen. Wir beschäftigten Einheimische. Unser Chefkoch, Pai, war ein begeisterter Rugbyspieler. Ich erinnerte mich noch gut, dass, als wir um 18 Uhr öffnen wollten, er immer noch nicht da war. Unser zweiter Koch war noch nicht sehr erfahren. Der Tellerwäscher konnte nur eine Kanne Wasser kochen. Ich konnte definitiv nicht für größere Gesellschaften kochen und sicherstellen, dass die zahlreichen und verschiedenen Gerichte die Tische zur gleichen Zeit erreichten. Es blieb uns nichts anderes übrig, als die Bestellungen aufzunehmen und etwas Zeit zu gewinnen, indem wir gratis Brot und ein Getränk servierten. Nachdem ich das getan hatte, raste ich zum Rugbyfeld und schleppte einen beschmutzten und schwitzenden Chefkoch zurück zum Restaurant.

Unser örtlicher Sänger, John Lindsay, war ein fantastischer Gitarrist mit einer weichen Stimme. Die Gäste liebten seine Inselserenaden. Die Samstagabende aber verlangten nach etwas mehr Stimulierendem. Hugh beschloss, dass wir ‚live durch den Äther' ausstrahlen würden. Wir installierten unser elektrisches Klavier und Garth Young, ein bekannter neuseeländischer Pianist, der jetzt auf Rarotonga wohnt, bot an, für uns zu spielen. Er war froh, seine Finger beweglich halten zu können und abends sein bevorzugtes Getränk zu süffeln.

Hugh unterhält die Gäste im Restaurant

Hugh war Zeremonienmeister. Als Gäste hereinkamen befragte er sie. Anfangs schreckten sie etwas zurück, als das Mikrofon vor ihrem Gesicht gehalten wurde, aber entspannten sich bald und freuten sich über die Neuigkeit. Sie erzählten über sich selbst, woher sie kamen und wie sehr sie ihren Inselurlaub genossen. Nachdem das Interview zu Ende war, wurden sie eingeladen, Garth zu fragen ihren Lieblingssong zu spielen. Die Reaktion erfreute uns wirklich. Sogar noch mehr, wenn, an den folgenden Montagen wir Anrufe von den Rundfunkhörern – sogar auf den Außeninseln – bekamen, die nach unseren Gästen fragten. ‚Outrigger Saturday Night Life' wurde zum nationalen Hit.

Es lief nicht immer alles glatt, jedenfalls nicht was das Kochen betrifft. Wir kämpften andauernd gegen einen Mangel an Lebensmitteln und entschieden bald, nur noch anzubieten, was auf der schwarzen Tafel stand. Der Getränkeladen, der von der Regierung betrieben wurde, war die einzige Verkaufsstelle, die eine beschränkte Auswahl an Wein und Biersorten verkaufte. Unsere Weinkarte war immer veraltet, da dem Getränkeladen immer die besten Marken ausgingen. Andererseits lieferten die heimischen Fischer uns die schönsten Tiefseefische, Gelbflossenthunfisch, Wahoo, Papageienfisch und Langusten.

Leben in den Tropen bedeutet allerlei Probleme mit Ungeziefer. Während der Regensaison kamen zum Entsetzen unserer Gäste riesige schwarzglänzende Kakerlaken hereingeflogen und die auf den tadellos weißen Wänden landeten. Ich bin noch immer geschickt darin, meine Sandalen oder Flipflops in ihre Richtung zu werfen. Den Kindern machte es Freude, die Geckos beim Versteckspiel hinter den Gemälden und Schnitzereien hin und her rennen zu sehen. Welche Sprays oder Flüssigkeit gegen Insekten wir auch benutzten, irgendwie überlebten sie immer. Wie immer, der schlimmste Albtraum eines Restaurateurs geschah an einem Abend. Das lange Gras auf dem leeren Grundstück nebenan war geschnitten worden. Während ich mir zwei Gäste näherte, sah ich zu meiner Bestürzung einen langen Schwanz, der sich rund um eine der Topfpflanzen kringelte. Ohne zu zögern klatschte ich laut in die Hände und fragte, ob ich ihre Bestellungen entgegennehmen konnte. Während ich die Gäste in ein lautes Gespräch wickelte – sie haben bestimmt gedacht, dass ich schwerhörig oder verrück war – gestikulierte ich wie wild, in der Hoffnung, dass meine fuchtelnden Hände den überflüssigen Gast hinausscheuchen würden. Gott sei Dank bemerkte das Paar den unerwünschten Besucher nicht! Nachdem unsere Gäste gegangen waren, wies ich dem Küchenpersonal an alle Spalten zu versiegeln und zusätzliche Rattenfallen mit Ködern aufzustellen. Stelle dir den Aufruhr vor, wenn unsere Kunden gesehen hätte, was ich tat!

Zusammen mit anderen Restaurantbetreibern gründeten wir die ‚Vereinigung der Restaurateuren der Cook Inseln'. Diese Organisation war in der Zeit sehr notwendig. Als Gruppe ermutigten wir unsere Lieferanten in großen Mengen einzukaufen und uns Großhandelspreise zu gewähren, damit unsere Preise niedrig bleiben konnten. Der Verband informierte die Regierung über Probleme, welche die Restaurants hatten und wir hatten eine Stimme in der Handelskammer der Cook Inseln. Die nette Seite der Sache war, dass die Vereinigung beschloss, einen jährlichen Wettbewerb zu veranstalten für das ‚Restaurant des Jahres', den ‚Besten Cocktail' und das ‚Vorzüglichste Diner' und den ‚Köstlichsten Nachtisch'. Air New Zealand war der Hauptsponsor und flog international bekannte Persönlichkeiten ein, um als Jury zu fungieren. Das schloss Leute mit ein, wie Lauraine Jacobs, Redakteurin des Cuisine Magazine, Yvonne Cox, Redakteurin des Otago Daily Times und der Chefkoch der Air New Zealand. Das Personal der diversen Restaurants auf der Insel war bald mit Begeisterung dabei und setzte alles daran, um verführerische Mahlzeiten vorzubereiten und die Dekoration und die Bedienung zu verbessern. Niemand wusste, wann die Preisrichter ihr Restaurant besuchen würden. Die meisten wussten nicht mal, wer die Preisrichter waren, somit durfte niemand einen Monat lang nachlassen, um sicherzugehen, dass sie den bestmöglichen Service anboten. Es machte wirklich Spaß, aber es entwickelte sich doch zu einem harten Konkurrenzkampf. Und wohl in einem solchen Maß, dass ein bestimmter Restaurantbetreiber eifersüchtig wurde, als seine Exfrau und ihr neuer Partner den Preis für das Beste Restaurant des Jahres gewannen. Er nahm nie wieder an weiteren Wettbewerben teil.

Der eingeführte Internationale Tag der Lebensmittel wurde auf dem Te Atukura Platz gehalten. Ethnisches Essen aus etwa zwanzig Ländern war erhältlich und der Stab dementsprechend gekleidet. Es war dort kanadische berittene Polizei, griechische Göttinnen, Krieger aus Samoa, chinesische Mandarine und sogar ein neuseeländischer Doppelgänger von Fred Dagg, (ein fiktionaler, neuseeländischer Satiriker) inklusive Gummistiefel und schwarzem Unterhemd. Sie servierten den beeindruckten Kunden eine große Vielfalt an Nahrungsmittel. Beim Hissen der jeweiligen Flagge während der Eröffnungszeremonie spielte Garth die betreffende Nationalhymne. Dieses Ereignis fand zum ersten Mal im Jahre 1989 statt und wiederholt sich jährlich bis auf diesen Tag.

Nach vier Jahren beschlossen wir, das Outrigger Restaurant einem neuseeländischen Ehepaar zu verkaufen, die einen anderen Lebensstil suchten. Es war eine fantastische Zeit gewesen. Wir machten nie viel Geld, aber genossen den Spaß. Ich glaube, es war mehr ein Hobby, wobei wir viele Freunde gewannen und neue Fertigkeiten lernten. Heute kann ich mit den jungen Kellnerinnen und den Barkeepern mitfühlen, besonders mit unseren Freunden, die immer noch erfolgreiche Restaurants betreiben. Ich ziehe es aber vor, mit den Kunden vor der Bar, als dahinter als Bedienung zu stehen.

Ein Jahr nachdem wir das Geschäft verkauft hatten, wurden wir mitten in der Nacht durch das Telefon geweckt. „Euer Outrigger Restaurant brennt lichterloh", sagte ein Polizist. „Was?! Vor ein paar Stunden fuhren wir noch vorbei und die Inhaber waren dabei, zu schließen", antwortete Hugh. Wir rannten zum Schauplatz, wo die Feuerwehrleute bereits versuchten zu löschen. Wir konnten nicht glauben, wie viel Lärm und Tumult verursacht wurde, als die dünnen Wände aus Holzfaserplatten zum Staub zerplatzten und zersplitterten. Wir sahen, wie der Eigentümer dort wie benommen stand. Sein Traum vom neuen Leben zerrann vor seinen Augen. Die Polizei, Feuerwehr und Versicherungsleute fanden nie die Ursache des Feuers. Wir wussten, dass die Eigentümer Eheprobleme hatten. Wir vermuteten auch, dass sie nicht so erfolgreich waren, wie sie erwartet hatten. Die Fragen blieben unbeantwortet.

Viele, viele Jahre später, als ich ein neues Leben und Lebensstil mit meinem neuen Ehemann, Johno, genoss, fragte ich ihn, ob er jemals im Outrigger diniert hatte. „Natürlich", sagte er, „in meinem vorherigen Leben habe ich dort gegessen. Ich wurde von einer jungen, sehr attraktiven neuseeländischen Dame bedient. Am Ende der Mahlzeit tänzelte sie zu unserem Tisch und fragte, ob ich ‚Sex on the Beach' haben möchte." Lachend rief ich aus: „Aber das war ja ich ! Das war mein Lieblingscocktail und ich liebte es, Menschen mit dieser Frage zu überraschen. Die meisten konnten ihre Ohren nicht trauen und dass ich so gerade aus war." „Ich hätte das Angebot auf der Stelle annehmen sollen", sagte Johno lächelnd.

Cocktail gefällig?

Kapitel 45

Der Besuch eines Kreuzfahrtschiffes

Als Schiffsagenten für verschiedene Kreuzfahrtschiffe bekamen wir die Gelegenheit einigen interessanten Menschen zu begegnen und aufregende Dinge zu tun. Der Kreuzfahrtdirektor der MS Europa, war begeistert, als wir ihm, schlank und braungebrannt wie er war, mit blauen Augen und weiß gekleidet mit vielen goldenen Besätze, unsere schöne Insel zeigten. Er war zufrieden mit unserer Auswahl an Rundfahrten und sagte, dass er Rarotonga auf jeden Fall der Reiseroute des Schiffes für das nächste Jahr hinzufügen würde. Wir luden ihn zum Essen ein. Damit wir zu viert waren, luden wir auch noch eine besondere Cook Insulanerin ein. Sie war schlank, mit langen dunklen Haaren und äußerst kultiviert. Außerdem war sie viel gereist und wäre eine großartige Gesellschaft für unseren Gast. Und das war sie auch! Sie und der Kreuzfahrtdirektor hatten jede Menge Spaß – so viel Spaß, dass unser Gast uns drei bei seinem ersten Besuch an Bord einlud, um uns an einer viertägigen Kreuzfahrt nach Tahiti zu erfreuen. Da kam der Tag! Wir waren alle sehr aufgeregt, im besonderen Hugh und ich, da dies die erste Kreuzfahrt für uns beide zusammen war. Unser freundlicher Kreuzfahrtdirektor begleitete uns zu unseren Kabinen. OK, wir waren nicht wirklich in einem Prunkzimmer, aber es war auch keine Unterkunft für Angestellten. Hugh und ich machten es uns bequem, indem wir die gratis Flasche Champagner öffneten und die Schokoladebonbons probierten. Das und all die Aufregung war ein Anlass zu feiern. Wir hörten das Klopfen auf der Tür nicht. Es war zu spät, als wir realisierten, dass ein Stewart in die Kabine mit der Absicht eingetreten war, das Bett aufzuklappen und Schokoladebonbons auf unsere Kissen zu legen. Ich bin mir nicht sicher, wer am meisten geschockt war – er oder wir. Bald erlangten wir wieder die Fassung. Was für ein großartiger Anfang unserer Kreuzfahrt! Dank unserer schönen Freundin, die half, dass diese Kreuzfahrt stattfinden konnte. Ich weiß aber, dass sie es selber auch genoss.

Das Kreuzfahrtgeschäft ist ein wichtiger Beitrag zur Volkswirtschaft der Cook Inseln. Es ist aber sehr abhängig vom Wetter. Unser Hafen ist sehr klein, was bedeutet, dass die Mehrzahl der Schiffe zu groß ist, um dort anlegen zu können. Der Kapitän muss entscheiden, ob das Wetter- und die Wellenbedingungen so sind, dass seine Passagiere mit den Beibooten sicher an Land gebracht werden können.

Riesige Wellen schlugen auf das Riff. Das Kreuzfahrtschiff MS Monterey fuhr draußen vor der Hafenöffnung hin und her. Es würden an diesem Tag keine Beibooten Passagiere an Land bringen. Als Schiffsagenten hatte der Kapitän uns Erlaubnis gegeben, eine Gruppe Verkäufer zu organisieren, um an Bord zu gehen. Jeder Verkäufer packte seine Waren in sperrige, schwere Kartons und stapelte sie an Bord des Schleppers aus Avatiu. Der Zahlmeister und der Kreuzfahrtdirektor hatten strickte Anweisungen gegeben, dass kein Verkäufer an Bord Perlen verkaufen durfte. Das Schiff hatte sein eigenes Perlengeschäft und duldete deshalb keine Konkurrenz. Wir alle verstanden die Regel, jedenfalls dachte ich das.

Der Schlepper war bis zum Rand beladen. Gekleidet in grellgefärbten Hemden, oder in langen geblümten Muumuus kletterten die Verkäufer und Verkäuferinnen über eine Strickleiter durch einen Eingang an der Seite des Schiffes. Sie taumelten noch weitere Treppen hoch, bis sie endlich das Areal erreichten, wo sie ihre Güter ausstellen durften. Jeder Verkäufer bekam einen Tisch zugewiesen. Später am Nachmittag servierte das Küchenpersonal den Nachmittagstee. Dies war ein aufregender Tag.

Als Papa'a (Europäer) in unserem Touristengeschäft trat ich nicht in den Vordergrund, sondern zog es vor, um hinter den Kulissen zu arbeiten. Ich organisierte und delegierte. Touristen hatten gerne direkt mit Cook Insulanern zu tun. Ich war zurück im Büro und wartete darauf zu hören, wie erfolgreich das Unternehmen gewesen war. Das Telefon klingelte. „Mama, du musst zum Kai kommen und eine Verkäuferin abholen!" „Was ist passiert?" „Der Zahlmeister will sie ins Kittchen stecken! Sie hat einige Perlen an einen der Gäste verkauft!" Ich konnte nicht glauben, was ich hörte. Natürlich waren alle einheimischen Damen für die Gelegenheit piekfein gekleidet. Perlen tropften sozusagen von Ohren, Fingern und Zehen, Hand- und Fußgelenken, baumelten von Nacken und zierten Haare und Hüte. Ein Passagier hatte die Perlen bewundert, die von einer unseren attraktivsten, einheimischen Verkäuferinnen getragen wurden, die gerade ihre Brieftasche geöffnet hatte. Der Gast hatte dort Broschüren und einige losen Perlen entdeckt. Bald gingen sie zu einer Einzelkabine, wo Dollars gegen Perlen getauscht wurden. Das Unvermeidliche passierte. Die Passagierin zeigte stolz ihren Einkauf einem Freund. Seinerseits machte er eine Bemerkung zum Personal des Perlengeschäfts. Jetzt hatten wir eine Krise. *Wie könnten wir damit fertig werden, ohne unsere Glaubwürdigkeit zu verlieren und vielleicht sogar unseren Vertrag?* Michael musste sich den Mund fusselig reden und setzte die Verkäuferin prompt zurück auf den Schlepper. Ich wartete auf den hereinkommenden Schlepper. Ich erinnere mich, dass die Verkäuferin mir zuwinkte und zulächelte, während sie herauskletterte. Sie hatte einen sehr gewinnbringenden Tag gehabt. Ich stand am Kai, die Hände auf meinen Hüften und die Lippen vor Ärger zusammengekniffen. Was sollte ich sagen? Ich sorgte dafür, dass jedermann meine strenge Zurechtweisung hörte. Aber niemand sah den Wink, womit ich ihren unternehmerischen Geist und ihre Begeisterung anerkannte.

Ein Kreuzfahrtsschiff besucht Aitutaki

Kapitel 46

Das Ende einer Epoche

1990

Ich war fast fünfzig, als Hugh mir einen Flug nach Auckland buchte. Faktisch kaufte er Flugtickets für unsere Tochter Katherine, als auch für unseren vierjährigen Enkel Richard und mich. „Ich spüre, dass deine Mutter dich sehen will", sagte er mir. Gerade da klingelte das Telefon. Es war mein Bruder Bryce. „Es ist Zeit für dich zu kommen und bei Mama zu sein", erzählte er mir. *Wie unglaublich, dass Hugh gerade heute beschloss, die Tickets zu beschaffen! Hatte er eine Vorahnung von einer bevorstehenden Tragödie? Dass Mama mich brauchte? Es war Zufall.*

Es war Zeit nach Manly zurückzukehren und für sie zu sorgen. In den letzten zwei Jahren, als sie gegen Krebs kämpfte, waren ihre beiden Schwiegertöchter ihre Pflegerinnen und unterstützten sie. Jetzt war ich an der Reihe. „Helen, sei nicht erstaunt, wenn, sobald Mutter dich begrüßt hat, sie sich gehen lässt", sagte mein Bruder Arnold, als wir von Aucklands Flughafen abfuhren. „Was meinst du? Ich bin hier, um Mama zu pflegen. Ich plane, mindestens sechs Monate, ein Jahr oder länger hier zu bleiben. Wie lange es auch dauert", antwortete ich. Ruhig, besänftigend versuchte er mich vorzubereiten. „Ich hatte ein längeres Gespräch mit Mama. Wir haben alles gesagt, was wir uns zu sagen hatten. Mama ist so müde, dass sie bereit ist, alles loszulassen", sagte er. Diese waren die letzten Worte, die ich brauchte oder hören wollte. Aber sobald ich meine Mutter in den Armen hielt, erkannte ich, dass Arnold Recht hatte. Meine liebe Mutter war unglaublich müde.

Einige von Mamas Enkel kamen vorbei, um sie zu besuchen. Nicholas, Andrew und Craig, Katherine und Richard lachten und redeten, als wir ihren neunundsiebzigsten Geburtstag feierten. Mutter sah hübsch aus, aber zerbrechlich, während sie sich in ihrem Schaukelstuhl wiegte. Ihr Gesicht war heiter und friedlich, während sie gelassen zuschaute und den Scherzen der jungen Leute zuhörte. „In drei Wochen feierst du deinen fünfzigsten Geburtstag. Sorge dafür, dass du zu Hause auf Rarotonga bist". Diese Aussage erstaunte mich. „Aber Mama, ich bin hier, um dich zu pflegen", sagte ich. „Ja, ich weiß, aber ich glaube dennoch, dass du bei Hugh und den Jungen sein solltest an deinem besonderen Tag." Ich fragte mich, ob Arnold sich vielleicht irrte. Ich hoffte es. Mama hat sicher noch den Willen zu Leben und ihre Enkel aufwachsen zu sehen. Zwei Tage später riefen wir den Arzt und den Stab des Hospizes. Ich stellte mein Bett in ihr Zimmer. Ich las ihr beliebte Gedichte und Verse vor. Wir betrachteten die Familienfotos. Ich ordnete ihre pazifische Muschelsammlung auf dem Bambusregal neu. Sie lächelte sanft und versank allmählich in einen tiefen Schlaf, ein Koma. Ihre geliebte Katze und der Hund der Familie rollten sich auf dem Bettvorleger zusammen. Peggy und Val ihre Schwiegertöchter hielten ihre Hand und redeten mit ihr. Bryce verabschiedete sich auf seiner Weise und Arnold beschloss weiterzuarbeiten. Arnold und Mama hatten sich wenige Tage bevor ich in Manly ankam, von einander bereits verabschiedet.

Und dann, an einem milden Frühlingsnachmittag, erwachte Mama. Sie schaute mich geradewegs an. „Warum bin ich immer noch hier?", fragte sie verzweifelt. „Mama, Papa wartet auf dich. Wir sind alle bei dir und lieben dich. Wir sind alle OK. Papa wird so froh sein, dich zu sehen", flüsterte ich traurig. Dann glitt sie friedlich in die jenseitige Welt. Sie war jetzt wieder mit ihrem geliebten Jack vereint.

Mama

Wie gesegnet war ich, dass ich diese Mutter hatte und liebte! Was für ein Glück, dass ich ihre tiefe Liebe für meine Familie und für mich erleben durfte! Wie wunderbar, dass ich die auserwählte Tochter sein durfte, nach der sie immer verlangt hatte!

Ich kehrte nach Rarotonga zurück und feierte meinen fünfzigsten Geburtstag mit meiner Familie. Es gab keine Party. Wir erinnerten uns an Mutters wunderbares Leben und ihr Vermächtnis. Nach mehr als zwanzig Jahren vermisse ich das Lächeln meiner Mutter, ihre Weisheit und ihre Liebenswürdigkeit immer noch.

Und ich stelle mir oft noch die Frage, *würde Mutter das gutheißen?*

Kapitel 47

Der Abgrund der Hoffnungslosigkeit

1994

Ich beeilte mich, das Telefon anzunehmen, ich hatte keine Vorahnung, dass heute etwas Außergewöhnliches geschehen könnte – es war ein gewöhnlicher warmer drückender Morgen. Ich bereitete mich darauf vor, der Touristenkonferenz im Rarotongan Hotel beizuwohnen. Hugh und unser ältester Sohn Michael waren bereits früh zu einem Frühstückstreffen weggefahren, das der Konferenz voran ging und wo Hugh der Gastredner war. Am Abend zuvor waren wir seine Rede noch einmal durchgegangen und hatten sie im Detail diskutiert. Als geborener Redner und Entertainer nannte ich Hugh ‚mein Tusitala' (Geschichtenerzähler). Das war ein Titel aus Samoa, den man dort unter vielen anderen Robert Louis Stevenson – der Autor der ‚Schatzinsel' - gegeben hatte. Ich wusste, dass Hugh eine empfängliche Zuhörerschaft haben würde, dass er Gelächter, aber auch eine ernsthafte Diskussion hervorrufen würde.

Und so hob ich den Hörer ab. Hugh klang fröhlich und entspannt. „Ich frühstücke jetzt und werde der nächste Redner nach dieser Pause sein. Bist du schon unterwegs?", fragte er. „Ich werde in ungefähr zehn Minuten da sein", antwortete ich und fügte schnell „ich liebe dich und sehe dich bald" hinzu. Hastig schloss ich das Haus ab und fuhr zum Hotel, das in unserem kleinen Ort Arorangi lag. Das Rarotongan Hotel war das Flaggenschiff der Cook Inseln. Es war ein komfortables, weitläufiges, altes Hotel im Inselstil, das Mitte der 70er Jahre gebaut worden war. Vom Te Marae Konferenzsaal, der etwa 200 Gäste fassen konnte, sah man auf die türkisfarbene Lagune. Man konnte sehen und hören, wie die Wellen auf das Riff schlugen, das nur wenige Meter vom weißen Sandstrand vor dem Hotel war. Der Saal war gerappelt voll, sowohl mit internationalen Geschäftsleuten der Touristenbranche, als auch mit einheimischen Vermietern, Hoteliers, Restaurateuren und Transportunternehmern – alles vertraute Gesichter.

Ich fand auf dem zum Saal gehörenden Balkon einen Platz und verrenkte den Hals, um unseren dritten Sohn, Stuart, zu entdecken, der unseren Busbetrieb vertrat und Michael, der von Aitutaki gekommen war. Ach ja, da standen sie hinten im Saal und da war Hugh, der in der ersten Reihe saß und mit seinen Nachbarn lachte! Ich versuchte seinen Blick aufzufangen, aber das gelang mir nicht. Er war zu sehr beschäftigt. Während ich den jetzigen Redner zuhörte, wanderten meine Gedanken und ich überlegte, wie die Zuhörer auf Hughs sehr direkte und kritische Sicht auf die Probleme, vor denen der Tourismus der Cook Inseln stand, reagieren würde. Das Geräusch von gedämpftem Applaus unterbrach meine Gedanken. Hugh wurde gerade als ‚Mr. Cook Islands, Hugh Henry' vorgestellt. Lang, braungebrannt und mit kurzen schwarzen lockigen Haaren, die von der Stirn etwas zurückwichen, sah er sehr distinguiert aus, als er mit wahrhaftigem polynesischem Flair zum Podium ging, um vor seinen Freunden und Kollegen zu stehen. Seine Mappe legte er aufs Podium, setzte seine Brille auf und fing mit seiner Präsentation an. Es gab jedes Mal schallendes Gelächter, als er sich und seinen Zuhörern einen Scherz erlaubte und danach zum Wesentlichen überging. Und dann, langsam, ach so langsam, nahm er seine Brille ab, stützte sich mit seinen Händen schwerfällig auf das Pult und schaute auf. Es war ganz still. *Hatte er seine Worte vergessen oder wusste er nicht mehr an welcher Stelle er war? Nein, er weiß immer etwas zu sagen und weiß immer eine lange Stille oder Unterbrechung in der Konversation zu füllen.*

Ich vergesse nie die Worte, die er noch herausbringen konnte. Er sagte mit ruhiger Stimme „Ach, du lieber Gott!" und schien an dem Publikum vorbei auf etwas – oder irgendjemanden – zu schauen und schwankte langsam rückwärts. Ich behaupte immer, dass Hugh seinen Vater oder seine Mutter gesehen hat, die ihn vielleicht herbei winkten. Sie waren vor einigen Jahren gestorben. In seiner Stimme war weder Angst noch Panik. Ich hörte eher Erstaunen und Freude.

Aus einem Augenwinkel sah ich, wie Michael und Stuart aus dem Hintergrund des Auditoriums zu ihrem Vater rannten. Ich kam langsam, wie betäubt, von der anderen Seite hinzu, hörte nichts und behielt nur Hugh im Auge, der von zwei Männern gepackt und sanft auf die Erde gelegt wurde.

Ich richtete ein Ventilator auf ihn und räumte die dekorativen Töpfe mit Orchideen aus dem Weg. *War er wegen der extremen Hitze ohnmächtig geworden?* Männer umgaben ihn, als ich an seiner Seite kniete, Michael gab ihm CPR (kardiopulmonale Wiederbelebung) Chris, der Tourismusdirektor, schrie „atme, verdammt noch mal, atme!" In diesem Moment wusste ich Bescheid, wollte es aber nicht wissen. Wie lange wir in dieser Position verharrten, kann ich mich nicht erinnern, aber plötzlich waren die Sanitäter da und ich schrie sie an, „Renne, beeilt euch, steh nicht so da! Tue etwas! Wo ist das Adrenalin?" Er war jetzt im Krankenwagen, Michael schob mich in mein Auto und folgte und Stuart fuhr hinter uns. Alles was ich denken konnte, war *beeilt euch, beeilt euch! Halte durch, mein Liebling! Wir sind mit dir! Oh, mein Gott!* Die Türen der Notaufnahme wurden geschlossen! Ich schlug darauf und rief albern, „lass mich herein, mein Mann ist Vorsitzender des Gesundheitsausschusses!" Was würde das schon ausmachen? Aber man gestattete mir den Zutritt. Ich schien dort eine Ewigkeit an seiner Seite zu sitzen, betrachtete die Uhr und hörte das Ticktack, Ticktack, während die Minuten vergingen ohne irgendeine Reaktion von Hugh. Die Ärzte arbeiteten unablässig an ihm und ich flüsterte zu Dr. Noovao, „Atmet er?" „Es sieht nicht gut aus", antwortete er. „Es wird eine Entscheidung des Teams sein." Was für Teamentscheidung meinte er? Die Behandlung einzustellen und die Geräte abzustellen? Irgendwie nahm ich mich zusammen. Aber dann war alles vorbei. Wir waren allein. Michael und Stuart waren da. Paul kam hinzu. Wir vier waren bei meinem geliebten Hugh, ihrem geliebten Vater.

In diesem kurzen Moment schien alles anzuhalten. Unsere ganze Welt war auf den Kopf gestellt. Wie kann ich die folgenden Stunden, Tage, Wochen, Monate und Jahren beschreiben?

Kapitel 48

Die Beerdigung

Einen Brief den ich Freda schrieb, meine spezielle Freundin.

22. Februar 1994

Liebe Freda,

Wir nannten unser Haus, ‚Hughs Marae' (ein besonderer, von der Gemeinschaft benutzter Platz), weil es so voll war. Michael, Kuraono und ihre fünf Kinder. Stuart, Anita und ihre beiden Kinder. Katherine und Nicholas. Paul, Twin und ihre zwei Kinder. Zwei Freunde aus Papua Neuguinea, Sir John Dawanincura und sein Sohn Stephen. Bryce, Val und Kayleigh, Arnold and Peggy, sowie Kusine Thelma.

Freunde und Verwandten versorgten uns zwölf Tage mit Nahrung. Ich brauchte mich über Essen nie Gedanken zu machen. Alles wurde mir aus der Hand genommen. Die ganzen Cook Inseln betrauerten Hughs Heimgang. Er wurde wahrhaftig als einen der größten Söhne der Inseln gewürdigt.

Seine Beerdigung war schön, ein passender Abschied. Wir hielten eine Andacht in der Kapelle des Krankenhauses, der vom Pastor der Adventisten geleitet wurde. Die Mitglieder des Gesundheitsausschusses und Krankenhauspersonal waren die Sargträger. Hughs Sarg wurde auf einem offenen Truck zu unserem Haus gebracht, wo er für zwanzig Minuten geöffnet blieb. Ein schöner Gebetsdienst wurde von dem örtlichen Pastor der CICC gehalten. Die Jungen und Neffen trugen Hugh ins Haus und auch wieder heraus auf den Truck.

Alle Jungen, als auch Hughs Neffe, Howard, ihre Frauen, Katherine, Richard, Hughs Schwester Louise und ihr Mann Bruce, saßen während der Beerdigungsfahrt auf der Ladefläche des Trucks. Thelma und zwei meiner engen Freundinnen, Betty und Maurine, begleiteten mich. Maurine trug einen hellen, fröhlichen, kirschroten Hut und Schuhe! Das sah ihr ähnlich. Die uniformierten Organisationen und Schulkinder des Dorfes Arorangi, wo wir wohnen, bildeten eine Ehrengarde an der Straßenseite, die zur CICC Kirche in Arorangi führt.

Der Hauptgottesdienst wurde in dieser hübschen, alten, korallenen Kirche gehalten. Der 23. Psalm und das Vaterunser wurden auf Englisch gesungen und Mitglieder des Kirchenchors gaben eine erstaunliche Interpretation zweier traditioneller Hymnen der Cook Inseln. Michael, Paul, Stuart, Nicholas und Katherine sprachen einzeln von ihrem Vater. Alles zusammengenommen ein sehr bewegender Gottesdienst.

Von da ging es weiter zum Golfclub. Eine weitere Ehrengarde war an der Straße von der Hauptstraße zum Clubhaus gebildet worden. Mitglieder hatten sich in den roten und weißen Farben ihrer Uniformen gekleidet. Sie trugen den Sarg durch diese Ehrengarde und in das Clubhaus hinein. Der katholische Bischof Leamy, der ein persönlicher Freund von Hugh gewesen war, sprach sehr eindrucksvoll und zollte ihm hohe Anerkennung.

Vom Golfclub ging es zur Hauptstadt Avarua, etwa 10 km. Schulkinder säumten den Straßenrand. In der Stadt hielten wir, etwa 400 m. von dem Areal der CICC Kirche entfernt, an. Sargträger trugen den Sarg den Rest des Weges zu seiner Ruhestätte neben seinem Vater und seiner Mutter.

Es ist schwer zu beschreiben und zu erklären, wie viele Menschen ihre Liebe zu Hugh zeigten, indem sie ihn den ganzen Weg tragen wollten. Männer, mit denen er im öffentlichen Dienst zusammengearbeitet hatte, im Verein der Rugbyschiedsrichter, im Kricketverband, in der Handelskammer - er war drei Jahre deren Präsident. Geschäftsleute, Mitglieder des Ausschusses der Partei der Cook Inseln – er war Vorsitzender des Wahlkomitees. Dann, zum Schluss, vom Kirchenausgang an trugen Michael, Paul, Stuart und Nicholas, Bryce und Arnold, sowie seine Neffen Howard, Hughie und Robert den Sarg.

Die Andacht am Grab war außergewöhnlich ergreifend. Während der Sarg hinabgelassen wurde, wurde ein traditionelles Gedicht vorgetragen, begleitet von leiser Musik von Garth Young gespielt. Beiträge wurden von einem engen Freund und Mitglieder der Cook Insel Partei, Henry Puna, als auch vom Premierminister Geoffrey Henry (Hughs Cousin) und Sir John Dawanincura, ein Repräsentant des Olympischen Sportverbandes, gebracht. Hughs Lieblingssong ‚My Way' wurde gesungen, gefolgt vom Zapfenstreich.

Dann ging es weiter zur Halle der Sonntagsschule für einen leichten Lunch und kühle Getränke. Die Musiker und Sänger Rarotongas spielten und sangen hübsche Lieder und Hymnen, alles beliebte Songs. Onkel Joe hielt eine rührende Lobrede auf Hugh.

Es war ein sehr heißer Tag, aber ich weiß, dass es Hugh gefallen hätte und er hätte bestimmt gesagt, dass wir es gut organisiert hätten. Ich glaube, dass es eine passende Würdigung eines großen Cook Insulaner, Ehemann und Vater war.

Die Blumen die Hugh geschickt wurden, waren so schön. Erst heute, nach drei Wochen, habe ich die letzten weggeworfen. Sein Grab ist jetzt mit Kunstblumen geschmückt, aber auch mit frischen. Der Baumarkt schenkte eine hübsche Parkbank als Andenken an Hugh und die werden wir nächste Woche auf das Gelände der Kirche aufstellen.

Die Unterhaltungskünstler gaben ein Benefizkonzert, um Geld für die Ausgaben zu sammeln. Sie schlugen einen Grabstein vor, aber ich denke, es wird für ein Stipendium zu seinem Gedenken sein. Wir haben noch keine Entscheidung gefällt.

Sir Howard Morrison rief an. Er wünscht zu kommen und eine Show zur Erinnerung an Hugh zu geben. Wir müssen es organisieren und es sollte im April oder Mai stattfinden, das hängt von den Sponsoren, der Fluglinie usw. ab.

Die Handelskammer lud mich letzte Woche zur Preisverleihung und Diner ein, wo sie mir einen geschnitzten Schlüssel zur Erinnerung an Hughs langjährige Dienste und Zuwendung zum Geschäftssektor überreichten.

Bei der Eröffnung der politische Wahlkampf Kampagne der Cook Insel Partei war ich Ehrengast und sollte zu einer Zusammenkunft von etwa 1,500 im Nationalen Auditorium sprechen. Jedermann sprach so voller Achtung von Hugh und zeigte auf so viele Weise ihre Liebe, Bewunderung und Respekt für ihn. Aber eigentlich sollten wir damit nicht warten, bis jemand stirbst, meinst du nicht?

Immerhin, so kann ich nicht denken. Ich muss das Geschäft und die Projekte, die er angefangen hatte, weiterführen. Mit Hilfe der Familie werden wir seine Träume verwirklichen.

Nicholas kann jeden Tag aus Vanuatu und Auckland, wo er unsere Firma auf einem Touristenseminar vertrat, zurück sein. Er will auf Rarotonga bleiben. Vergangener Donnerstag kehrte Katherine nach Auckland zurück, wo sie eine Menge sehr nette Freundinnen hat, die ihr helfen und unterstützen. Sie plant im Juni für einen Urlaub nach Hause zu kommen.

Ich nehme jetzt jeden Tag, wie sie kommt. Ich denke oft, dass Hugh nur für einen Trip weg ist und bald wieder zu Hause sein wird, und dann weiß ich doch wieder, dass es nicht stimmt. Zum Glück haben wir sehr viel zu tun und mein Geist ist über den Tag sehr beschäftigt. Am vergangenen Dienstag organisierte ich eine Hochzeit für sechzig Personen aus den Staaten und den Tag darauf kam ein Kreuzfahrtschiff, die Royal Viking Sun, und wir hatten 250 Personen für die Rundfahrt. Nächste Woche kommt die Crystal Harmony und wir werden 300 Gäste haben, für die wir während der Rundfahrten sorgen müssen. All diese Dinge beschäftigen mich.

Thelma war fantastisch. Sie war das Mädchen für alles, sorgte für die Wäsche und im nächsten Moment wusch sie die Busse.

Ich sitze im Wohnzimmer, während ich diesen Brief schreibe, umgeben von allen Dingen die ich liebe, Mamas Schaukelstuhl und passende Tische daneben, Omas Wandteppich, die französische Uhr und das schöne Gemälde vom Northcote. Mein Bild von Manly, aufgenommen in 1955. Papas stehender Aschenbecher (den niemand je benutzt) aus Neuseelands einheimischen Holzarten hergestellt, plus alle meine Kunstgegenstände von den Cook Inseln. Auf dem Ehrenplatz steht ein schönes Bild von Hugh, wo er singt. All diese Dinge, die Menschen gehörten die ich liebte, scheinen mich zu trösten. Ich glaube, es sind die Erinnerungen die uns aufrechterhalten und ich habe wunderbare Erinnerungen an achtunddreißig Jahre mit Hugh, gefüllt mit Spaß, Gelächter und Liebe. Er gab mir und den Kindern ein Leben voller Überraschungen und Freude, natürlich gab es auch mal böse Worte, aber doch waren es Jahre voller Glück. Ich habe einige Verse, die ich dauernd lese, das Ende davon liest sich so:

> Ich warte nur auf dich, irgendwo ganz nah, für einen Augenblick, gerade um die Ecke. Alles ist gut.

Die Kirchengemeinde hielt morgens und abends Andachten bei uns zu Hause. Einfache traditionelle Hymnen, Gebete und Lesungen und das während elf Tage bis Sonntag, den 6. Februar. Da hielten wir drei Andachten und damit war die Trauerzeit beendet. In früheren Zeiten würden die Menschen Monate und Jahre öffentlich trauern. Ich muss jetzt über einen passenden Grabstein nachdenken und dann werden wir eine Enthüllungszeremonie haben.

Ich habe wirklich nur darauf losgeredet, aber ich wollte nur versuchen, dir zu erklären wie sehr sie Hugh liebten und wie sie das mir und den Kindern gezeigt haben.

Freda, ich hoffe, dass du diesem Brief entnehmen kannst, wie sehr ich Hugh liebte. Wie sehr jeder das tat. Ich finde es sehr schwer weiterzumachen, aber mit der Liebe und Unterstützung, die mir in den vergangenen drei Wochen gezeigt wurde, bin ich mir sicher, dass wir alle Hindernisse überwinden und weitermachen können.

Danke für all deine Liebe, die du mir über die Jahre geschenkt hast,

Helen

Verwandte begleiten Hugh auf dem offenen Leichenwagen

Kapitel 49

Erinnerungen

Sie gingen in einer Reihe, langsam, schwerfällig, ein Fuß nach dem anderen – fünf paar Füße bewogen sich im Gleichklang. Sie berührten sich nicht, oder schauten sich an, sie waren trotzdem vereint – fünf Augenpaare von dunklen Sonnenbrillen bedeckt, fünf paar niedergeschlagener Augen.

Ich holte tief Luft, danach noch fünfmal. Mit jedem Atemzug der ausgestoßen wurde, atmete ich ihnen Kraft und Mut zu. Ich konnte ihre Pein fühlen, ich nahm ihren Schmerz an. Jeder hatte eine schön zusammengestellte Würdigung für den Abschiedsgottesdienst ihres Vaters vorbereitet. Der älteste, ein schmächtiger und genauer junger Mann schritt vorwärts und drehte das Gesicht zur Gemeinde. Mit erhobenem Haupt schaute er auf. Er strahlte Selbstvertrauen aus und war doch demütig, als er die Seiten des Pultes griff. Seine ersten Worte waren etwas atemlos und doch nachdenklich und ruhig. Allmählich nahm seine Stimme an Kraft zu. Mein Herz überschlug sich, während ich angespannt zuhörte. Seine Worte waren abgemessen, durchdringend. Er sah mich direkt an. Ich sah hinter der Trauer in seinen Augen einen Funken Leben und Liebe. Nur der geringste Anflug eines Lächelns formte sich um seine Lippen. Die Gemeinde war ruhig. Sie konzentrierten sich ganz auf diesen jungen Mann. In dieser Stille, mitten in seiner persönlichen Trauer, sprach er einige Minuten sehr eindrucksvoll, seine Stimme nahm in Kraft zu und viel ab, der Tonfall änderte sich je nachdem was er beschrieb – einen humoristischen Moment, eine Kindheitserinnerung und die letzten gemeinsamen Momente. Sein Benehmen hatte sich bereits verändert. Unbewusst war seine Haltung gerader geworden, seine Schultern schienen breiter, als er unfreiwillig seine neue Rolle annahm. Mein Herz wurde voller Liebe und Stolz, während ich ihn betrachtete. Vielleicht hätte niemand anders einen Unterschied bemerkt, aber als Mutter nahm ich jede Veränderung, jeden Stimmungswechsel wahr. Er nahm Rücksicht auf meine Gefühle. Er erkannte an, dass Entschlüsse, die ich traf, wichtig für das Wohl unserer Familie waren. Er setzte sich schnell über Diskussionen der entfernteren Verwandten hinweg. Er war sich der traditionellen und kulturellen Bräuche bewusst und machte sicher, dass sie in das Gefüge der Familienwünsche hineingearbeitet wurden. Seine jüngeren Geschwister sahen für Führung und Orientierung zu ihm auf. Er und seine drei jüngeren Brüder haben eine sehr enge Beziehung zu einander. Seine Schwester liebt ihn bedingungslos.

Vier gutaussehende junge Männer, so unterschiedlich und doch so ähnlich. Eine hübsche Tochter. Sie war völlig verstört, jedoch wusste ich, dass sie auch sehr tapfer war.

Unsere Kinder geben ihren Vater die letzte Ehre

Fünf Kinder die, trotz ihrer Trauer und Verzweiflung, in der Lage waren freudige und glückliche Erinnerungen an ihren geliebten Vater zu teilen.
Sie sind eine Inspiration für mich.

Kapitel 50

Vai-A-Kura

(Ein Fluss von Tränen)

Der Traum fing immer an als eine lange, anstrengende, ermüdende Reise. Andauernd jagte und suchte ich ihn. Er verschwand in die Dunkelheit, ins Nichts. Eine trügerische Erinnerung? Dann kehrte er zurück, als ob er mich auf die Probe stellen wollte. *Er wird nicht zurückkommen, aber warum nicht?* Er winkte mich heran und stieß mich dann von sich. Ich versuchte seine Hand zu fassen. Ich möchte ihn immer noch festhalten. Aber nein, sagte er, er kann nicht bleiben; er muss gehen. *Gehen wohin? Zu wem? Mit wem?* „Lass mich nicht zurück. Nimm mich mit. Ich kann meine Suche nach dir nicht aufgeben."

In Tränen gebadet wachte ich auf. Verängstigt, erschöpft und desorientiert schaute ich diese Fremde im Spiegel an: kurz geschnittene Haare, ausgefranst an den Enden, große Augen, starrer Blick, grau, ein Schatten der Müdigkeit darunter. Ich war so müde. Ich fürchtete die langen Nächte mit diesen dunklen Träumen, die noch vor mir lagen. Ich fürchtete die Tage, gefüllt mit Nichts, die noch kommen werden. Ich wandte mich ab und zog mich langsam an und erinnerte mich, dass er für immer gegangen war. Nur das Schweigen blieb und wieder brach ein Tag an. Fern am Himmel zerteilten sich die Wolken und die Sonne schien über einen leuchtenden, perfekt geformten Regenbogen. Der Regenbogen begann an einer Mauer des Hauses und schien genau auf der anderen Seite zu enden. Das Haus glühte in magischen Farben: rosa, blass rot, malvenfarbig, golden, himmelblau und smaragdgrün.

Vor vier Monaten, als ich durch Hughs persönliche Papiere schaute, die in einem alten Tagebuch versteckt waren, fand ich einen schön entworfenen Grundriss von einem Häuschen mit zwei Schlafzimmern. Es war sein

Traumhaus. Ich war fest entschlossen, dieses Sommerhaus auf unserem Familiengrundstück, Vaiakura, zu errichten. Es war augenscheinlich meine Bestimmung es zu bauen. Ich erinnere mich daran, dass mein Schwager Tupui sagte; „das ist der perfekte Plan für dich, Hughs eigener Entwurf. Es wird einfach sein, damit zu arbeiten." Diese Worte machten mich sowohl glücklich, als auch dankbar. Frühere Entwürfe waren wenig anregend, kaum einfallsreich und konventionell. Jetzt entwickelte sich ein einfacher Entwurf zu einem reizenden Sommerhaus: weißgekalkte Ziegelsteine, hohe offene Balkendecken, luftige Räume, die in weite, schattige Veranden übergingen. Ich fragte mich ständig, ob ich es auch schaffen könnte. Warum baute ich überhaupt ein Haus? Wofür? Für wen? Es schien mir unfair, dass ich da alleine wohnen sollte. Das konnte nicht sein! Meine Verwandten und Freunde in Neuseeland stellten meine Gründe, weiter auf Rarotonga leben zu wollen, in Frage. „Nun Hugh nicht mehr lebt," sagten sie, „solltest du nach Auckland zurückkehren. Dort ist für dich viel mehr zu tun: Shows, Unterhaltung, Orte, die man leicht besuchen kann," sagten sie. *Sie verstehen nicht, dass ich auf Rarotonga gehöre. Wo immer ich gehe, was immer ich tue, Hughs Gegenwart umgibt mich dort immer.*

Meine Freunde und Verwandte auf Rarotonga erzählten mir, dass das Haus ein großartiges Projekt war. „Du hast eine neue Herausforderung, ein neues Ziel. Bleibe beschäftigt. Die Zeit heilt alle Wunden", versicherten sie mir andauernd. Aber ich wünschte keine Herausforderung. Ich wollte vor Verzweiflung und Trauer jammern. Gestern noch ging ich in die Stadt und realisierte, dass ich mein Kleid mit der Rückseite nach vorn angezogen hatte. Irgendwann stand ich vor dem Spiegel mit einer Schere und hackte mir damit fast meine Haare ab. Ich verband meine verletzten Gefühle mit der jüdischen Sitte, sich die Haare zu raufen und die Kleider zu zerreißen. Ich hatte das Gefühl, dass ich nicht langsam machen konnte. Ich befand mich auf einem Berg- und Talbahn und wünschte keine Erinnerungen. Ich hatte ein Geschäft zu führen, eine Familie zu lieben und zu umsorgen und mich an Freundschaften zu erfreuen. Obwohl ich mich schon stark an Gemeinschaftsaufgaben beteiligte, warf ich mich jetzt auch auf Nicht-Regierungsorganisationen und wurde Präsidentin des Bundes für Frauen im Handel und Beruf auf den Cook Inseln. Ich war ein geschäftsführendes Mitglied der Pan Pazifischen Südost Asien Frauenorganisation, im Krankenhaus-Komfort-Komitee und Präsidentin der Brustkrebs Stiftung der Cook

Inseln. Was immer man mich fragte zu tun oder beizutreten; ich tat es. Ich sorgte dafür, dass ich keine Zeit hatte nachzudenken oder zu fühlen.

Ich reiste nach Neuseeland, um bei meiner Tochter Katherine zu sein. Das war aber keine fröhliche Zeit. Sie trauerte auch und war böse, ihren Vater in dem jungen Alter und zu einer schwierigen Zeit in ihrem eigenen Leben verloren zu haben. Ich war so versunken in meine eigene Trauer, dass ich keine große Hilfe war, während sie sich anstrengte, sowohl eine Beziehung aufzubauen, als auch eine Stelle zu erfüllen. Ich blieb bei meinem Bruder und seiner Frau in ihrem hübschen Strandhaus. Manly war immer ein Zufluchtsort für mich, aber ich fand dort keinen Trost. Ich kehrte zu den Inseln zurück.

Nicholas, mein jüngster Sohn, war für die Beerdigung seines Vaters aus Australien zurückgekommen. Er beschloss hier für immer zu leben und zu arbeiten. Es war ein Glück für mich, dass meine vier Söhne in der Nähe wohnten: zwei auf Rarotonga und zwei auf Aitutaki. Meine Söhne scharten sich um mich und boten ihren Sach- und Fachverstand an. Die Bauleute waren für heute fertig und gegangen und es war ruhig, als ich auf das teilweise fertige Haus starrte. Noch soviel zu tun, aber ich lebte einen Tag nach dem anderen. Ich hatte jede Menge Zeit. Seine Berührung trug ich noch mit mir. Meine Haut erinnerte sich die Berührung seiner Liebe, als ich mir sein Hemd ans Herz drückte und seinen schwachen, vertrauten, zurückgebliebenen Duft einatmete. *Ja, obwohl er niemals in meinem neuen Haus leben wird, werde ich seine Gegenwart in jeder Ecke spüren.*

Der Regenbogen bildete eine wunderbare Arkade für mich und ich schritt darauf geradewegs zu dem Anfang eines neuen Lebens.

Zwei Jahre nach Hughs Tod feierte die Verwandtschaft die Enthüllung des Grabsteines. Dies ist eine alte Tradition der Cook Inseln und der Zeitpunkt, an dem wir nach der tiefen Trauer fühlten, dass wir uns jetzt mit Freude an sein Leben erinnern können. Hugh war auf dem alten Friedhof der Avarua CICC Kirche neben seinen Eltern, Albert und Elisabeth, beerdigt worden. Der Grabstein war mit einem wunderschönen gestickten Tivaevae (Tagesdecke) bedeckt. Nach einer kurzen Andacht sangen unsere zehnjährige Enkelin, Eikura, und der achtjährige Enkel, Tiavare, ein rührendes Lied zum Andenken an ihren Großvater.

Er kam in unser Leben und hat Fußstapfen auf unseren Herzen hinterlassen. Er wird uns nie verlassen.

Hughs Bruder und Schwester hoben den ersten Tivaevae auf. Die zweite Decke wurde von meinen Enkeln ruhig zusammengefaltet, gefolgt von unseren Schwiegertöchtern und unserem Schwiegersohn, die den dritten Tivaevae aufhoben. Unsere vier Söhne und Katherine nahmen die letzte hübsche Decke weg und enthüllten damit die Inschrift auf dem Grabstein.

In liebevollem Gedenken an
Hugh McCrone Ngamata Henry

Geliebter Gatte von Helen
Vater von
Michael, Paul, Stuart, Nicholas und Katherine

16. November 1937 – 27. Januar 1994

Die Sonne hat sich im Westen zur Ruhe gelegt
So werde ich im großen, paradiesischen Garten Edens ruhen
Ich habe den guten Kampf gekämpft
Ich habe den Lauf vollendet
Ich habe Glauben gehalten
Meine Träume lasse ich euch, sie zu erfüllen
Wache auf, die Sonne ist aufgegangen

Leben ist ewig – Liebe ist unsterblich

Die Enthüllung des Grabsteins

Es gibt keinen besonderen Zeitrahmen in welchem die Enthüllung des Grabsteines stattfinden sollte; es ist dann, wenn die Familie fühlt, dass sie bereit ist weiterzumachen.

Kapitel 51

Topas

Ein Freund rief aus Neuseeland an. „Helen, mit dem Flugzeug kommt heute Abend ein besonderes Paket für dich an. Gehe auf jeden Fall zum Schalter für nicht-begleitetes Gepäck, um es dort abzuholen." „Was, um Himmels Willen, schickst du mir?", fragte ich. „Das wirst du bald genug herausfinden. Genieße es und habe deinen Spaß daran." Zwei Zollbeamte, mit einem strahlenden Grinsen auf ihren runden Gesichtern, trugen einen großen Behälter. Stelle dir meine Bestürzung vor, aber auch die helle Freude, als sie die Klappe des Behälters öffneten und heraus wackelte ein cremefarbiges Bündel Flaum. Als ich es aufhob, schnüffelte und verbarg sich ein kleiner, pummeliger Welpe mit einer nassen, leuchtendrosa Nase, in meinen Armen.

Helen mit Topas   Topas

Was für ein erstaunliches Geschenk. Sie wird mich sicherlich beschäftigen und anregen. Ich nannte sie Topas, weil ihr Fell, die genaue Schattierung eines durchscheinenden, gelben Edelsteins hatte. Wir wurden unzertrennlich. Da sie erst drei Monate alt war, stellte dieser goldene Labrador alles Mögliche an. Sie war energisch, lustig und sehr intelligent. Ich dressierte sie, mir die tägliche Zeitung zu bringen, die an der Büropforte abgegeben wurde. Bald brauchte ich nur das Wort ‚Zeitung' zu sagen und Topas raste die Auffahrt runter, nahm die Zeitung und trottete stolz zurück, um sie mir zu Füßen zu legen. Schließlich brauchte ich nicht mal mehr ‚Zeitung' zu sagen. Sie fühlte, wann sie da sein würde, aber war sonntags sehr verwirrt, da an dem Tag keine Zeitung geliefert wurde.

Die Enkel waren anfangs sehr verwirrt, da Hunde auf ihrer Heimatinsel Aitutaki nicht erlaubt sind. Sie fragten sich, ob Topas vielleicht eine seltsames Schwein war. Sie überwanden ihre Furcht aber schnell und liebten es, sie angeleint auf lange Spaziergänge zu nehmen. Die Kinder meinten, sie würden den Hund kontrollieren, aber tatsächlich war es Topas, der auf sie aufpasste.

Was für eine Freude sie war und sie hielt uns alle in Form!

Kapitel 52

Familienangelegenheiten

Im Jahre 1992 war unsere Firma, Hugh Henry & Teilhaber, verantwortlich für die Organisation der Golden Oldies Netball Competition. (Netzball Wettbewerb für Ältere). Rarotongas Einrichtungen wurden sehr beansprucht, da 900 Frauen aus der ganzen Welt auf der Insel zusammenkamen. Die Netzballplätze in den Dörfern wurden auf internationales Niveau gebracht, Holzpagoden wurden rund um die Spielplätze errichtet und das Dorf Arorangi war für das Ereignis verschönert worden.

Jugendherbergen, kleine Motels und die zwei großen Hotels waren durch die Teilnehmer, Schiedsrichter und Fans ausgebucht. Hugh und ich waren bis über die Ohren mit Arbeit eingedeckt, indem wir die unvermeidlichen täglichen Probleme lösen mussten. An dem letzten Tag des Wettbewerbs öffnete sich der Himmel und wolkenbruchartige Regenfälle überfluteten die Spielplätze und deren Umgebung. Spiele wurden abgesagt und die Schlussfeier in eine Halle verlegt. Kannst du dir vorstellen mehr als 900 Personen in einer kleinen Halle einer Schule mit Essen, Getränke und Unterhaltung zu versorgen? Caterair, eine Tochtergesellschaft von Air Newzealand, bereitete das Essen und brachte zwischen stürmische Regenböen riesige Behälter mit Nahrung in die Halle. Angestellte schaufelten Hühnercurry, Reis und zahlreiche Leckerbissen auf Papierteller. Kellnerinnen rannten unaufhörlich, während sie auf jeden Wink und jede Bitte der lebhaften Netzballspieler hier und da hineilten. Erleichtert dass die Wettkämpfe vorbei waren, feierten sie bis tief in die Nacht hinein. Es war ein fantastischer Abend, als auch eine wunderschöne Woche, aber als alles vorbei war, waren wir total erschöpft.

So wie die Familie wuchs, so wuchs auch das Unternehmen. Als wir die offenen Trucks durch neue Busse ersetzten, schickten wir die alten Vehikel nach Aitutaki. Michael war dabei seine eigene Firma, Island Tours (Inselfahrten), zu gründen. Sein erstes eigenes Geschäft, Mike's Bikes, (Mikes Motorroller) operierte mit acht Rollern, die man mieten konnte. Island

Tours konnte sowohl den Dienst als Schulbus als auch die Flughafentransfers erledigen. Seine ‚neuen' Trucks dienten auch als Leichenwagen. Uns so wuchs sein Geschäft langsam.

Meine Mutter war eine der ersten Kundinnen für Mikes Motorräder

Paul tat sich zusammen mit Don Silk und anderen Seeleuten, um ein neues Schiff, die Marthalina, für den Verkehr zwischen den Inseln zu übernehmen. Nach einer aufregenden Fahrt von Europa, die einen längeren Aufenthalt in Colombo, Sri Lanka, einschloss, kehrte Paul schließlich mit genug Geld zurück, um sein eigenes Haus, in Form eines A, auf Rarotonga bauen zu können. Als gelernter Elektriker versah Paul unser Büro mit Leitungen und Anschlüssen u.ä. Seine Partnerin, Twin, wurde unsere Empfangsdame und zog ihre beide gemeinsamen Buben groß. Später gründete Paul seine eigene Firma, PC Electrix. Seit einiger Zeit ermutigte Michael Paul über einen Umzug nach Aitutaki nachzudenken. Im Jahre 1995 packten Paul, Twin mit Richard und Jacques ihre Sachen und brachen zu einem neuen Anfang auf Aitutaki auf. Paul machte mit dem Elektrogeschäft weiter, mietete auch Ferienhäuser und legte eine Plantage für Bananen- und Passionsfrüchte an.

Nachdem Hugh gestorben war, wurde Stuart Generaldirektor von Hugh Henry & Teilhaber. Unter seinem Management wuchs die Gesellschaft stetig und bildete schließlich Island Hopper Vacations als Ableger. Stuart ging zu der neuen Gesellschaft, Raro Tours genannt, als Generaldirektor. Ich blieb weiterhin Geschäftsführerin von Hugh Henry & Teilhaber und übernahm vertraglich den Fahrdienst der Busse von Raro Tours. Die Muttergesellschaft arbeitete auch weiterhin als Organisator für Reise- und Hotelangebote für Rarotonga und die Außeninseln.

Nicholas hatte mehrere Stellen. Er war einige Jahre beim Amt für Tourismus auf den Cook Inseln angestellt. Dann war er Geschäftsführer einer großen Hotelanlage und wurde danach der Geschäftsführer der Bond Store, einer einheimischen Getränkefirma. Mit soviel Berufserfahrung beschloss er sich selbständig zu machen und ging ins Rundfunkgeschäft. Radio 88FM deckte ganz Rarotonga ab und strahlte auch ein tägliches Programm auf Aitutaki aus. Diese Radiostation war weit entfernt von der Zeit, dass Hugh Sportreporter von Cook Inseln Radio in den siebziger und achtziger Jahren war.

Unser ‚Inselmädchen' Katherine kommt jedes Jahr aus Portland, Oregon, wo sie jetzt wohnt, nach Hause. Es ist erstaunlich die sofortige Verwandlung einer weltgewandten, berufstätigen Frau zu einem jungen Inselmädchen zu sehen, das gerne Kokosbrötchen isst und zum Riff watet, um Meeresfrüchte zu sammeln.

So wie Hugh und ich an diesem Ort, den wir Paradies nennen, eine Existenz aufbauten, tritt die folgende Generation in unsere Fußspuren und trägt etwas zur Entwicklung der Cook Inseln bei, worauf ich stolz bin.

Neben unserem parlamentarischen System gibt es das ‚Haus der Ariki' und ‚Koutu Nui'. Diese einzigartige Struktur auf den Cook Inseln ermöglicht es den traditionellen Oberhäuptern (Ariki) und Häuptlingen (Koutu Nui), der Regierung als Berater zur Seite zu stehen. Besonders bei Umwelt- und Landproblemen leisten sie einen Beitrag.

Der Titel Tu Matara Mataiapo wird seit Jahrhunderten von einer Generation an die nächste im Henry Clan weitergegeben. Bis er stirbt, behält die Person diesen Titel und der Titelanwärter muss von dem ganzen Clan bestätigt werden. Die ganze Prozedur kann die Form langwieriger Diskussionen annehmen und – in unserer Verwandtschaft – muss der Titelträger auf Aitutaki ansässig sein.

Da Michael als Einziger in unserer Verwandtschaft sich auf Aitutaki für zwanzig Jahre und mehr niedergelassen hatte, wurde ihm unlängst dieser angesehene Titel übertragen. Die Zeremonie bezieht die ganze Verwandtschaft mit ein, wir machten die Kostüme, webten Körbe von Palmblättern, gruben den Umu (Erdofen) aus, schlachteten ein halbes Duzend Schweine und diskutierten endlos lange übers Protokoll. Die Einsetzungszeremonie fand in den frühen Morgenstunden statt. Rhythmischen Schläge der Trommel weckten uns. Der Singsang und die Gesänge schwollen immer lauter an, während die Teilnehmer die bekannten, herkömmlichen Rituale, die durch die Jahre weitergeben worden waren, befolgten. Krieger, bekleidet in zeremoniellen, grünen Blättern der Rauti (eine einheimische Pflanzenart), die Speere trugen, umgaben Michael, als er auf einem dekorierten, hölzernen Pa'ata (Trage) schulterhoch durch das Dorf getragen wurde. Seine drei Brüder, vier Söhne und zahllose Neffen begleiteten die Prozession. Schließlich fand die Einsetzungszeremonie auf dem Marae (geweihter Platz) des Dorfes statt und war mit dem Abschlussgebet des Pastors beendet. Das Ereignis wurde von einem üppigen Kaikai oder Fest begleitet.

Durch die Jahre sind die Verwandtschaftsbeziehungen immer stark geblieben. Unsere Familie webt einen wunderbar gewirkten Lebensteppich. Eine wunderschöne Tivaevae entsteht dabei. Wenn ein Mitglied weggeht und ein anderes kommt, so wird auch das Muster des Tivaevae sich verändern. Für unsere Verwandtschaft wird nichts bleiben, wie es ist. Wir sind wie die Tide; wir kommen und gehen und sind dennoch beständig da, wie die Sterne.

Mein Sohn Tu Matara Mataiapo Michael Henry und sein Freund Junior Maoate segelten 1992 mit diesem Kanu von Aitutaki nach Rarotonga zum Festival Pazifischer Kunst

Kapitel 53

Abendteuer auf Manihiki

„Guten Morgen, Helen", begrüßte mich eine dröhnende Stimme, als ich mich zum Einchecken dem Air Rarotonga Schalter näherte. Ich schaute auf und sah Vater Catiano in der Schlange stehen. Mit fröhlich blitzenden Augen fügte er lächelnd hinzu; „Geh auf jeden Fall zur Toilette, bevor du an Bord gehst! Es ist ein sehr langer Flug und der Toilettenraum ist nicht der beste." Äußerlich lächelte ich als Antwort, aber innerlich zuckte ich zusammen und zog los, um seinen Rat zu befolgen.

Vater Catiano war der erste Cook Insulaner, der als katholischer Priester geweiht wurde. Bekleidet in weißen und purpurfarbenen Gewändern, als er in der Kathedrale predigte, sah er viel zu gut aus, um im Zölibat zu leben und den Gläubigen zu dienen. Aber an diesem Tag trug er Freizeitkleidung und war entspannt. Er trug ein Hemd mit roten und weißen Blumen sowie eine kurze Hose und Sandalen. So sah er wie jeder Einheimischer aus, der zu seiner Heimatinsel Manihiki zurückkehrt. Und trotz der frühen Morgenstunde war er, wie immer, charmant. Die kleine, mit nur neun Sitzen ausgestattete Bandeirante sollte planmäßig um 8 Uhr morgens über Aitutaki, wo sie auftankte, um dann weiter nach Manihiki zu fliegen. Wir durften nur 9 kg. Gepäck mitnehmen. Deshalb hatten wir, meine Mitreisenden Betty, Greta und ich, schon einen Monat vorher eine Auswahl an Konserven und Toilettenartikeln mit dem Schiff, das die Inseln anfuhr, versandt. Wir packten auch einen Karton mit alten Hemden, kurzen Hosen und Riffschuhen sowie einem Vorrat an Büchern und Zeitschriften, die zu schwer waren, um mit an Bord des Flugzeuges zu nehmen. Unsere Freunde auf Manihiki würden nur zu froh sein, dies alles in Empfang zu nehmen, da all diese Dinge auf der Insel nur schwer zu haben waren.

Wir hatten diesen Trip schon vor Monaten geplant, damit es gleichzeitig mit der Hundertjahrfeier der Katholischen Kirche auf Manihiki zusammenfiel. Betty hatte für die Feier drei große Geburtstagskuchen mit Früchten belegt und gebacken. Als wir mit Mühe an Bord des kleinen Flugzeugs kletterten, sorgte sie dafür, dass jeder von uns eine Torte sicher auf dem Schoß festhielt. Ich war mir nicht sicher, ob sie den Fünfstundenflug überstehen würden. *Was, wenn wir eindösten?* Was, wenn das Wetter schlecht würde? Es wäre schwierig, die Kuchen auf den Knien zu balancieren.

Wir waren eine Stunde in der Luft, bevor wir auf Aitutaki eine Zwischenlandung machten. Es war eine Gelegenheit, die Toiletten aufzusuchen. Bis jetzt war der Flug ziemlich ruhig gewesen. Beim Balancieren der Kuchen versuchten wir auch noch etwas zu lesen. Es war unmöglich sich bei dem ohrenbetäubenden Donnern der Maschinen zu unterhalten. Allsbald kletterten wir zurück an Bord, reorganisierten die Kuchen und uns selbst und bereiteten uns auf den Dreistundenflug vor. Während ich ab und zu eindöste, war ich gespannt auf unser Reiseziel. Meine Schwägerin Louise war die Geschäftsführerin der Insel und ihr Ehemann Bruce der Regierungsvertreter. Sie wohnten schon seit mehreren Jahren auf der Insel Tauhunu. Obwohl die Lebensweise dort schwierig war, hatten sie Freude an der Isolation, als auch an der kleinen eng zusammenhaltenden Gemeinschaft. Verteilt unter uns drei war es uns gelungen frisches Gemüse, Salat und Tomaten, Butter und einige Brote in unsere Taschen zu stecken. Seit Wochen gab es auf der Insel ein Mangel an Mehl, somit würden unsere Gastgeber sich über unseren Vorrat an Nahrungsmittel freuen.

Das Gedröhn der Maschinen änderte sich, die Wolkendecke teilte sich und in der Entfernung konnte ich einen dunklen Rand am Horizont entdecken. Als wir näher kamen, änderte sich der Rand in ein langes schmales Atoll. Ich schaute hinunter und sah winzige Diamanten, die in der Lagune in verschiedenen Schattierungen von kobaltblau, türkis und tiefes indigoblau glitzerten. Diese felsige Bildungen ‚Kaua' genannt, ragten aus der Oberfläche der Lagune hervor und wurden von einer Kette Koralleninseln oder ‚Motus' umgeben. Die außergewöhnliche Schönheit dieser abgelegenen und lieblichen Inselformation bezauberte mich. Die Bandeirante glitt über die Kokospalmen und holperte und rüttelte dann die ungleichmäßige Korallenrollbahn hinunter, bis sie vor eine kleine, offene Flugzeughalle aus Wellblech zum Stehen kam. Die Treppe wurde hinuntergelassen und wir gingen von Bord hinein in die Menge der Insulaner, die lachten und uns zuriefen. Es war unglaublich heiß. Die Mittagssonne brannte unbarmherzig. Ich spürte, wie mir der Schweiß unterm Hemd hinunterfloss. *Wow! Wir werden hier schnell braun werden,* dachte ich. Bruce und Louise begrüßten ums mit

Blumenkränzen und nahmen unser Gepäck, während wir ein paar Meter über die Insel zu einem Kieselstrand gingen. Sie verstauten unser Gepäck in ein kleines Aluminiumdingi, der Bootsmann startete den Außenbordmotor und los ging es über das glitzernde Wasser zu dem größeren Motu, Tauhunu genannt. „Was in aller Welt habt ihr in all diesen Kartons?", fragte Louise. „Wir haben mit diesen drei Kuchen, als auch mit unserem Gepäck während des Fluges jongliert. Wo ist das Haus des Priesters? Wir müssen sie schnell loswerden. Kurz vor der Zeremonie kann Betty sie mit Zuckerguss versehen", antwortete ich.

Eine halbe Stunde später machten wir an einem rohen, betonierten Korallensteg fest, der in die Lagune hineingebaut worden war. Das Gepäck, Kuchen, Greta, Betty und ich wurden von starken, bräunlichen Männern und Frauen herausgehoben und unsanft auf die Pier geplumpst. Es war für alles gesorgt worden.

Es dauerte nicht lange, bis wir das ganze Haus, das uns für die Dauer des Urlaubs zugewiesen worden war, gesehen hatten. Es bestand aus zwei kleinen Schlafzimmern und einem Wohnzimmer, das Zugang zu einer schattigen Veranda hatte. Fröhliche bunte Pareos hingen vor den Kippfenstern und passten zu den Bettdecken. Wunderbar gewebte Inselmatten bedeckten das abgenutzte Linoleum, Fotos behängt mit Muschel- und Samenketten bedeckten die Wände. Zum Glück brauchten wir nur ein kurzes Stück über die weißen Korallen zur Toilette zu gehen. Ich seufzte vor Erleichterung, als ich die Toilette mit Wasserspülung sah, da ich vor unserer Ankunft gehört hatte, dass wir zu den öffentlichen Toiletten werden gehen müssen. Es gab etwa fünf von diesen Holzhütten, die verteilt an der Lagune standen. Du musstest auf einen hohen Sitz klettern, um dein Geschäft zu machen, während alle zusahen und die Fische schwammen unten in der Lagune und warteten auf ihr Essen! Frisches Wasser zum Duschen wurde aus einem Regenwassertank in einen Behälter aufs Dach gepumpt. Als ich fertig war mit pumpen, war mir so heiß, dass ich auf jeden Fall duschen musste.

Helen an der Wasserpumpe auf
der Insel Manihiki

Von der ‚Residenz' des Regierungsvertreters sah man herunter auf den Kai. Gefegte Korallenpfade schlängelten sich durchs Dorf zum Postamt und zu einem kleinen Geschäft. Die beeindruckende, katholische Kirche und die ziemlich große Kirche der CICC standen auf gegenüberliegenden Seiten der Lagune, dadurch waren sie nur wenige hundert Meter von einander entfernt. Morgens weckte uns das Läuten der Kirchenglocken. Sie fingen um fünf Uhr morgens an und ab und zu während des Tages bis zur Abendandacht um etwa sechs Uhr. Wir gewöhnten uns aber bald an das Geläute, es war tatsächlich das einzige Geräusch, abgesehen von dem Geplätscher der Wellen am Strand, dem Wind in den Palmblättern und das gutgelaunte Gelächter der Menschen, die sich während der Arbeit unterhielten. An einem Wochenende fuhren wir mit dem Boot zu der Hütte eines Technikers auf einem korallenen Kaua. Was für ein Abenteuer! Wir schwammen den ganzen Tag im kristallklaren Wasser. Bunte Fische leisteten uns Gesellschaft; weiße Seeschwalben setzten sich abends zum Schlafen auf die schäbigen Bäume, die sich an den felsigen Oberflächen klammerten. Hier benutzten wir auch eine Toilette über dem Wasser, aber das machte uns nichts aus; es war halt ein Teil dieser wunderbaren Erfahrung und Herausforderung.

Bruce und Louise begleiteten uns, als wir die
Hütte des Technikers besuchten. Im Hintergrund.
die Toilette über dem Wasser

Unser Nachbar und Perlenzüchter Kora Kora, war ein langer, kräftig gebauter Bewohner Manihikis. Er tauchte tief in die Lagune hinab. Wir hielten ängstlich den Atem an, da es schien, als ob er ewig unter Wasser blieb. Bald erschien er wieder mit einem Tau in Form eines Kranzes. Große Perlmuscheln waren in gewissen Abständen an das Tau gebunden. Mit einem Meisel öffnete er schnell eine grobe Muschel, kratzte das Fleisch heraus und warf es zu uns, während wir uns über Wasser hielten. Greta und ich waren wie Seehunde, die lärmten, schrien und fragten nach mehr von dieser köstlichen rohen Meeresfrucht. Wir krabbelten auf den treibenden Ponton und schauten zu, wie Kora Kora eine nächste Auswahl an Muscheln öffnete. Betty durfte die erste aussuchen und als er eine beinah vollkommene silbergraue Perle herausgeholt hatte, war sie entzückt. Greta war die nächste und sie bekam auch eine bezaubernde schwarze Perle. Ich bekam die dritte Wahl und leider war meine Perle uneben, nicht glatt und hatte keinen Glanz. Wir entdeckten wie schwierig die Perlenzucht ist. Es gibt keine Garantie, dass jede Perle die richtige Größe, die schönste Farbe oder eine hübsche Form hat. Es ist wie eine Lotterie.

Wir verbrachten einen Tag mit Tekake Williams. Er war ein Riese von einem Mann und der Pionier der Perlenzucht auf den Cook Inseln. Seine große Verwandtschaft betreibt das Perlengeschäft bis auf diesen Tag. Sehr tapfer schnorchelte ich mit Tekake, um seine Perlenzucht zu inspizieren. Ich war mir nicht sicher, ob ich aufgeregt oder nervös war, als wir langsam über die Pontons schwammen. Plötzlich schien ich von einem Schwarm silbrig grauer Fische umgeben. Vergrößert durch meine Schnorchelbrille sahen sie riesig aus. Und sie waren riesig! Es waren Milchhaie. Gott sei Dank konnte ich Tekakes lange braune Beine mit Füßen so groß wie Flossen sehen, mit denen er mir voraus trampelte. Sie flößten mir Vertrauen ein. Er drehte sich um und zeigte auf die Fische, schüttelte den Kopf, als ob er sagen wollte ‚keine Sorge' und schnorchelte weiter. Ich war aber froh, als ich wieder auftauchen konnte. Es war ein schwieriges, hartes Leben. Man hatte bestimmt eine Menge Entschlossenheit und Mut gebraucht, um sich unter diesen Umständen eine Existenz zu schaffen. Die Perlenzüchter und Techniker verdienten jeden Cent, den sie aus dem Verkauf der Perlen, die sie züchteten und ernteten, herausholten. Letztendlich, welche Erfüllung und Freude!

Als ich auf dem Balkon von Williams Elternhaus saß, war ich von der reinen Schönheit und Harmonie Manihikis überwältigt und zu Tränen gerührt. Da fühlte ich mich Gott nahe und eins mit der Einfachheit und Natürlichkeit dieses lieblichen, fernabgelegenen Ortes.

Als wir hörten, dass der örtliche Priester ein kleines Aluminiumboot mit Außenbordmotor gechartert hatte, um die etwa 110 km nach Rakahanga zu fahren, fragten Betty und ich, ob wir ihn auf dieser Reise begleiten konnten. „Natürlich", antwortete er. „Aber entweder bleibt ihr dort eine Woche oder länger bis ein anderes Boot herüberkommt oder nur für eine Nacht, wie ich es mache." Eine Nacht würde uns genügen. Vor fünfzig Jahren exportierte Rakahanga Kopra nach Rarotonga. Heutzutage leben nur wenige Menschen dort. Die meisten sind für bessere Beschäftigungsmöglichkeiten nach Manihiki oder Rarotonga gezogen. Am frühen Morgen zogen wir Südwester über und sprangen in das kleine Boot. Nachdem wir übers Riff gesaust waren, stoppte der Bootsmann den Motor, als der Priester ein kurzes Gebet für eine sichere Überfahrt sprach. Ich saß oben auf einer silbrig glänzenden Dose mit Zwieback, die Beine unter dem Bug geklemmt, während ich mich fest an ein Tau klammerte. Betty schien noch weniger komfortabel zu sitzen, aber wir dachten, für ein paar Stunden könnten wir es aushalten. Derjenige, der das Boot fuhr, kannte nur eine Geschwindigkeit: volle Kraft voraus! Die einzige Notausrüstung war eine zusätzliche Kanne Brennstoff – kein GPS oder gar Schwimmwesten! „Mein Sohn Michael würde entsetzt sein", erzählte ich Betty. „Nun, der Priester ist mit uns." Ich fragte mich, ob das helfen würde, wenn wir Schwierigkeiten bekämen. Das kleine Boot raste stürmisch die Wellen auf und ab. Es war sowohl aufregend, als auch beängstigend. Betty und ich lachten, weil unsere Worte vom Wind fortgetragen wurden. Am Horizont sah man nichts, außer wenigen Stapelwolken, einem endlosen blauen Himmel, dem bodenlosen, dunklen saphirblauen Wasser und gelegentlich sah man auch einen fliegenden Fisch, der sich von einem Wellenkamm zum anderen schwang. Wir spähten in die Ferne – nichts, nur der dunstige Horizont. Dann rief der Bootsmann uns zu: "Könnt ihr Rakahanga sehen?" Ich strengte meine Augen an, aber konnte absolut nichts sehen. „Ja, da ist es", rief er wieder. Ungefähr zehn Minuten später sah ich schließlich eine flache Insel gerade über den Wellen herausragen. Warum der Bootsmann sie schon viel früher gesehen hatte, weiß ich einfach nicht. Wir fuhren langsam vor dem Riff, während der Priester ein Dankgebet sprach. Dann kam die richtige Welle und brachte uns in die Fahrrinne. Es war gut unsere steifen Gliedmaßen wieder strecken zu können, als wir taumelnd an Land gingen. Abends blieben wir bei dem Katecheten und wurden mit einem Festmahl aus frischem Fisch, Hummer und meiner Lieblingsspeise ‚panapana utu' bewirtet. Das sind im Öl gebackene Pfannkuchen gewürzt mit frisch geriebener Kokosnuss – lecker, aber schlecht für die schlanke Linie! Gitarren und Ukulelen wurden nach unserer Mahlzeit gebracht und Schüler unterhielten uns mit graziösen Tänzen und begeistertem Singen.

Morgens fuhren Betty und ich mit einem Motorroller auf der Insel herum. Die Pracht der Gräber, gebaut zur Erinnerung an ihre Vorfahren, beeindruckte uns sehr. Sie bestanden aus massiven, gekachelten Gebäuden, bedeckt mit Wellblechdächern und Fenstern mit Jalousien. Manche hatten sogar Laternen darin. Die Grabmäler und Gräber schienen in einem besseren Zustand als die kleinen Häuser in der Nähe zu sein. Die Bewohner von Rakahanga ehren ihre Toten wirklich. Eine bleibende Erinnerung an diese abgelegene Insel war der Reichtum an grünen und goldfarbigen Blättern der Kokospalmen, die sich mit der Brise hin und her bewegten. Ich bewunderte das einfache, uneigennützige Leben und die wahre Schönheit dieses Korallenatolls. Mittags verließen wir Manihiki und taten einen Schritt zurück zur Zivilisation, wie wir sie kennen. Wir waren als Gäste gekommen und fuhren als Verwandte ab.

Zurück in Manihiki bereiteten wir uns auf die Hundertjahrfeier vor. Die Gemeindemitglieder freuten sich, dass auch Bischof O'Connell die Reise von Rarotonga gemacht hatte. Sie sorgten dafür, dass alle Besucher eine großartige Erfahrung machten. In der neuerlich renovierten und angestrichenen Kirche erklangen wunderbare Hymnen und Gesang. Wir saßen an Tischen, die mit Essen überladen waren und hörten erstaunlichen Rednern zu, die das Publikum mit Reden und Witzen unterhielten. Alle bewunderten die kompliziert gemachte, mit Zuckerguss bedeckte Geburtstagstorte. Wir waren stolz auf Betty, als sie für diese Leistung, die sie trotz Hitze und hoher Luftfeuchtigkeit vollbracht hatte, gefeiert und geehrt wurde.

Für das hundertjährige Bestehen der römisch-katholische Kirche auf der Insel Manihiki zogen wir unsere besten Kleider an.

Unsere letzten zwei Tage verbrachten wir mit entspannen, schwimmen und Muschel sammeln. Das Schiff, das zwischen den Inseln verkehrte, war angekommen und fuhr draußen vor dem Riff hin und her. Kleine Boote fuhren zum Schiff hin und Cargo wurde mit Manneskraft in die Boote hinuntergelassen, die dann zwischen Schiff und Kai hin- und herfuhren. Es gab keinen Kran – starke Männer und Frauen reichten Koffer, Kisten und Pakete von einem zum anderen, bis sie einen Haufen auf dem Pier bildeten. Der einzige, halbverfallene Laster, der dem öffentlichen Dienst gehörte, wurde benutzt, um einige Güter weiter zu karren. Meistens aber schoben die Leute ihre Schubkarren zum Kai, durchsuchten den Haufen, luden ihre Güter auf die Schubkarren und trudelten nach Hause.

Plötzlich realisierte ich mir, dass alles was man zum Leben auf dieser Insel Manihiki brauchte, eine Schubkarre war, dazu ein Fahrrad, ein Generator (im Falle der Strom abgestellt wurde, oder ausfiel), eine Thermoskanne (um heißes Wasser für Tee oder Kaffee zu haben) und ein kleines Aluminiumboot, um von deinem Motu zur Insel mit dem Flughafen zu kommen.

Aere Ra (auf Wiedersehen) Louise und Bruce: Danke für einen fantastischen Urlaub. Wir werden zu diesem wunderschönen Teil der Welt sicherlich mal zurückkehren.

EINE NACHSCHRIFT.

Im Jahre 1997 verwüstete ein Zyklon die Insel Manihiki. Die Luftwaffe von Neuseeland evakuierte die Mehrheit der älteren Leute und die jungen Familien nach Rarotonga. Kräftige, junge Männer blieben, um beim Wiederaufbau zu helfen. Schließlich kehrten einige Familien zurück, um ein neues Leben aufzubauen.

Zwei Jahre später kehrte ich auch zurück und war beeindruckt und erstaunt über die Entschlossenheit und das Durchsetzungsvermögen dieser kräftigen, nördlichen Inselbewohner. Die Motus waren größtenteils wiederhergestellt und neue Häuser, die Schutz vor Zyklonen bieten sollen, mit der Assistenz von Hilfsorganisationen gebaut worden.

Kapitel 54

Der Olympische Fackellauf

Es war Mittwoch der 31.Mai 2000. Zum ersten Mal beschloss das Land, das die Olympischen Spiele austrug, die Olympische Flamme zu jeder teilnehmenden Nation zu bringen. Die Flamme wurde in Athen, Griechenland, Heimat der modernen Olympischen Spiele, angezündet. Zum Schluss würde sie den letzten Bestimmungsort, Sydney (Australien) erreichen. Erst seit 1986 waren die Cook Inseln Mitglied der Olympischen Familie, als die Urkunde unserem Sportverband von seiner Exzellenz, Juan Samaranch, der damals Präsident des Internationalen Olympischen Komitees war, überreicht wurde. Die Cook Inseln waren zum ersten Mal bei den XXIV. Olympischen Spielen, die in Seoul (Korea) stattfanden, vertreten. Hugh, als der eingesetzte Präsident des Sports- und Olympischen Verbandes der Cook Inseln, hatte die Ehre Generaldirektor unseres kleinen Teams zu sein. Das elfköpfige Team schloss zwei Athleten mit ein: Erin Tierney, die ‚Entdeckung' der Mini Spiele der Südpazifik in 1985 und William Taramai. Sie wurden von David Lobb, dem Manager der Athleten, begleitet. Zwei Gewichtheber, Michael Tererui und Joseph Kauvai, wurden unterstützt von ihrem Manager Unakea Kauvai. Drei Boxer, Zekaria Williams, Terepai Maea and Richard Pittman und ihr Manager, Generalsekretär Peter Masters, waren die übrigen des Teams.

Ich habe nie vergessen, dass Hugh mir nach seiner Rückkehr erzählte, was für eine emotionale Erfahrung es war, zu sehen wie die Flagge der Cook Inseln vor Tausenden von Zuschauern in das Stadium getragen wurde. Als Unterstützer unseres Cook Inseln Teams machte ich im Jahre 2004 dieselbe Erfahrung in Athen. Cook Insulaner waren schon immer eifrige Konkurrenten. Lange bevor die Papa's (Europäer) kamen, behaupteten sie sich in ihren eigenen sportlichen Wettbewerben.

Rarotonga war in wilder Erregung. Die australischen Organisatoren hatten den Olympischen Fackellauf bis zur letzten Minute durchorganisiert. Sie wiesen jeden Fackelträger auf ihre Verantwortung hin und es gab zahllose

Probeläufe, um sicherzustellen, dass es keine Ausrutscher gab. Eine fröhliche Menschenmenge wartete am Flughafen auf die Ankunft des Flugzeuges, das die immer brennende Fackel zu unseren Küsten trug. Die Flamme war in einem speziell dafür entworfenen Behälter eingeschlossen. Wir waren überrascht, wie klein dieser war. Nach einer kurzen Andacht wurde die erste Fackel an der gesegneten Flamme angezündet. Die erste Fackelträgerin war Ui Ariki Margaret Karika, Ariki von Te Au O Tonga (Teil Rarotongas). Stämmige Krieger trugen die hölzerne Pa'ata (Trage) auf ihren Schultern, während unser Oberhaupt die Flamme emporhob. Sie wurde über das ganze Gelände des Flughafens zur Hauptstraße getragen. Es war ein bedeutsamer Moment, als die Te Karanga Enua - das traditionelle Willkommen - fortgesetzt wurde. Schüler standen am Straßenrand. Menschen jubelten und winkten, als die Läufer in Richtung des Hauptortes Avarua losrannten. Bei jeder Weitergabe drückte man die Hand des anderen, es gab Tanzen und Singen, während die Fackel unter den Zuschauern weitergereicht wurde. Ehemalige Sportler in Rollstühlen hatten Tränen in den Augen, als sie an der Reihe waren, die Flamme zu tragen. Am Strand von Muri wurde die Flamme auf ein Kanu getragen.

Mit jedem Halt wurde das Singen und Tanzen rivalisierender. Die Feier war ausgelassen und ansteckend. Zum Schluss gaben die Offiziellen es auf, die Ordnung und Zeit einzuhalten. Sie überließen sich den Geist des Tages und teilten die fröhliche Stimmung der Cook Insulaner. Das Ereignis war jetzt zeitlich sehr im Verzug. Es interessierte niemanden! Im vollen Stadion warteten die Menschen geduldig.

Nicholas hatte die Ehre Zeremonienmeister zu sein, aber geriet zusehends unter Druck, da er jeden unterhalten musste. Er teilte immer wieder mit, wo die Flamme sich gerade befand und ermunterte die Band weiterzuspielen. Um ihm zu helfen, übernahmen zwei Komiker aus der Menge das Mikrofon. Endlich hörten wir das Signal der Schneckenmuschel. Es war kurz vor der Ankunft der Flamme. Sie wurde von einer jungen Athletin aus Fidschi, das Land, wo die Flamme auf der weltweiten Reise gerade gewesen war, ins Stadion getragen. Sie übergab die Flamme den Olympiken der Cook Inseln. Turia Vogel vertrat unser Land in Mistral Windsurfen. Turia rannte eine komplette Runde im Stadion, hielt an verschiedenen Stellen an für noch mehr Tänze und stürmisches Singen. Die Menschenmenge geriet außer sich.

Plötzlich realisierte ich, dass ich an der Reihe war. Ich konnte kaum glauben, was ich hörte, als ich gefragt wurde, die Fackel das letzte Stück zu tragen und die Flamme anzuzünden, die für den Rest der Feier brennen sollte. Diese Auszeichnung wurde mir zu Teil in Erinnerung an Hughs sportliche und administrative Leistung. Fünfundzwanzig Jahre seines Lebens hatte er der Förderung des Sports in den Cook Inseln geweiht. Man hat ihn lächerlich gemacht, als er sagte, dass die Cook Inseln eines Tages dem Internationalen Olympischen Verband beitreten könnte. Dank seiner Beharrlichkeit und eifriger Bemühungen pflücken die Sportler der Cook Inseln heute die Früchte der Tatsache, dass sie Teil der Olympischen Bewegung sind. Wochenlang hatte ich das Tragen der Fackel geübt. Ich ging am Strand lang mit dem Blatt einer Kokospalme über meinem Kopf. Ich wusste, dass ich die Arena ohne anhalten zu müssen, umrunden konnte. Ich trug die offizielle Uniform, ein weißes Hemd und eine kurze Hose mit einem türkisblauen Motiv an einer Seite. Aufgeregt hielt ich die 100. Fackel hoch. Sie war geformt wie ein schlanker, weißer Bogen, mit einem türkisfarbenen Streifen an jeder Seite und die Spitze war geformt wie das Opernhaus in Sydney. Die vorherige Fackel zündete meine leicht an. Ich war ganz überwältigt. Mit der hochgehaltenen Fackel ging ich langsam im Stadion herum, bis ich vor der Haupttribüne halt machte. All der Jubel und das Winken machte es schwierig sich zu konzentrieren.

Der letzte Abschnitt

Ich hob die Fackel und begrüßte so die Gäste, die Fackelbewahrer und die neunundneunzig anderen Fackelträger. Dies brachte noch mehr Jubel hervor, bevor ich mich umwandte und durch die Ehrengarde zum Behälter für die Flamme schritt. Ich schritt die drei Stufen hoch, wandte mich wieder der lärmenden und ungestümen Menge zu. Ich erhob die Fackel zu einem letzten Gruß bevor ich mich schließlich über den Behälter beugte. Whuush! Die große Olympische Flamme wurde zum ersten Mal auf den Cook Inseln angezündet.

Über dem Geräusch des fröhlichen Klatschens der Hände hörte ich Nicholas durchsagen: „Danke, Mama!"

Das Entzünden der Flamme

Kapitel 55
Are Tamanu und mein Kotuku

1999

Nachdem Hugh gestorben war, fand ich es immer wichtiger, kurze aber besondere Unterbrechungen, weg vom Familiengeschäft und meine gesellschaftlichen Tätigkeiten auf Rarotonga, einzulegen. Im friedlichen und ruhigen Leben auf Aitutaki konnte ich über das Vergangene nachdenken und für die Zukunft planen.

Der weiche feine Sand knirschte unter den nackten Sohlen meiner Füße. Ziellos ging ich am Strand entlang. Langsam kam die Flut auf. Unzählige farbige Fische schossen zwischen Korallengebilden hin und her. Es war ein stiller, ruhiger Morgen, das Gegenteil von dem, was ich fühlte. Oft widerspiegelte das Meer die Stimmung meiner Gedanken, aber nicht an diesem Tag. Heute Morgen hatte Michael mir von seinen Plänen erzählt, die Träume seines Vaters wahr werden zu lassen. „Mama, ich habe als Anfang Zeichnungen von zwölf Bungalows zur Selbstversorgung entwerfen lassen, die auf das Familiengrundstück in Amuri gebaut werden sollen". Das Land wurde vermessen und Holzpflöcke in den Boden gesteckt um das Schwimmbad mit Blick aufs Meer abzustecken. „Machst du den ersten Spatenstich?" Mit einem Kloß im Halse konnte ich nur zustimmend nicken.

Als ich am Wasserrand stand, dachte ich über diese Pläne nach. Alles was er mir erzählt hatte, war großartig. Aber mein Körper war angespannt, während ich ärgerlich Kiesel über die ruhige Wasseroberfläche gleiten ließ und ich war wütend. Das war ‚unser' Projekt. Hugh und ich hatten Pläne aufgezeichnet, uns stundenlang, tagelang und monatelang über Entwürfe, Farbmuster und Bücher über Landschaftsgestaltung gebeugt. Wir hatten jahrelang darüber gesprochen und geträumt. Dann wurde aus dem Traum ein Alptraum. Als Hugh hinweg genommen wurde, waren unsere Pläne zerstört. Mein Herz tat weh, mein Kopf tat weh und mein ganzer Körper tat weh bei dem Gedanken, was hätte sein sollen.

Plötzlich hörte ich rhythmische Flügelschläge. Ich schaute auf in das klare Sonnenlicht und sah vage einen großen Vogel auf mich zu fliegen. Das grelle Licht weichte die Konturen auf, aber als er sich sanft auf einen mit Moos bewachsenen Felsen am Ufer niederließ, sah ich, dass er mein Kotuku – der weiße Reiher – mein besonderes Zeichen war. Der Vogel stand reglos da. Graziös wendete er den Kopf auf dem schlanken Hals und schaute mir direkt in die Augen. Ich war zu Tränen gerührt. Nicht nur verweinte Augen, sondern ein heftiges Schluchzen brach aus meinem tiefsten Innern hervor. Ich zog die Schultern hoch, als ich vergeblich versuchte die Gefühle der Hoffnungslosigkeit, Wut und Trauer zu beherrschen. Ich weinte dem nach, was hätte sein sollen, was ich verloren hatte und ich niemals wieder haben könnte. Ich realisierte, dass ich mir selber Leid tat. Wie egoistisch!

Allmählich wurde mein Herzschlag ruhiger, mein Geist wurde friedlich und wieder schaute ich zum Vogel hin. Er war wunderschön. Er war für mich etwas besonderes. An diesem verlassenen Strand konnte ich Hughs Gegenwart in diesem anmutigen, einzelnen Vogel auf dieser Insel spüren. „Alles wird gut werden. In deiner Welt ist alles in Ordnung!" Ich hörte Hughs Stimme in den Palmenblättern, die sanft in der Brise hin- und herwehten. Es brach mir das Herz, ich fühlte mich, wie eine Welle die auf den sandigen Strand schlug. Ein Gefühl des Friedens überkam mich. Ich bewegte mich auf den Kotuku zu. Einen letzten Blick und ‚Hugh' entfaltete seine weiten Schwingen und stieg mühelos in die Luft. Er verharrte über meinem Kopf und warf einen Schatten auf das Wasser. Ich wusste, dass er es ist, denn ich fühlte, wie seine Hand mir über das Haar strich. Ich wünschte, diesen kostbaren Moment für immer festzuhalten. Es wurde mir klar, dass dies ein Zeichen eines neuen Anfangs war, nicht nur für mich, sondern auch für Michael und unsere Familie. Unser Sohn würde den Traum, ein Hotel auf dem Land der Familie zu bauen, den Hugh und ich geteilt hatten, zur Erfüllung bringen. Ich würde Michael helfen, ‚unseren' Traum zu realisieren.

‚Are Tamanu' (das Mahagoni Haus) wurde ein erfolgreiches Familienunternehmen. Wann immer ich in der Ferienanlage Urlaub mache, sehe ich immer meinen Kotuku auf einem Felsen am Wasserrand sitzen.

Ich weiß, dass er auf mich wartet.

Das Ressort Are Tamanu, Aitutaki 1999

Kapitel 56

Ein unvergessliches Wochenende

Kennt unser Leben siebenjährige Zyklen? Es waren sieben lange, trostlose Jahre gewesen seit Hughs Tod. Langsam gewann ich mein Gleichgewicht wieder. Ich fühlte mich glücklicher, zufriedener. Ich lernte es, jeden Tag anzunehmen, wie er kam. Ich setzte mir auch weiterhin kleine Ziele, um mich herauszufordern. Alleine durch Südafrika zu reisen war eine amüsante Erfahrung. Obwohl ich alleine war, kam ich damit klar. Ich war nicht einsam. Ich strengte mich enorm an, mich mit anderen Leuten als nur Verwandtschaft zu beschäftigen und fand eine innere Stärke, weiter zu leben.

Um meinen sechzigsten Geburtstag zu feiern, entschied ich mich zu einem ruhigen Abendessen im Familienkreis. Als meine Freundin aber meine Pläne erfuhr, änderte sich alles. Es lief darauf hinaus, dass ich meinen Sechzigsten mit Verwandten und Freunden stilvoll feierte. Von Air Rarotonga charterte ich einen Saab mit vierunddreißig Sitzen und flog die Gruppe der Gäste aus Rarotonga nach Aitutaki. Für das Wochenende buchte ich Maina Sunset, ein kleines Motel auf Aitutaki. Die noch übrig waren, kamen in Michaels oder Pauls Haus unter. Und alle nahmen die Einladung an!

Irgendjemand hatte dem lokalen Fernsehkanal einen Tipp gegeben und Zeitungsreporter waren anwesend, um unseren Abflug zu filmen. Wir trugen papierne Hüte, bliesen auf Pfeifen und hupten, jedermann war in Partystimmung. Der Sekt floss, als wir auf alles und jeden einen Toast ausbrachten, während des 45-minutigen Fluges nach Aitutaki. Im wahrhaftigen Aitutaki Stil hießen uns übermütige Trommler auf dem Rollfeld willkommen. Innerhalb von Sekunden tanzten vierunddreißig Gäste zu den pulsierenden Klängen der Trommel zur Ankunftshalle. Bevor wir uns in den ‚Te Toroka' drängten, wurden uns süßduftende Blumenkränze um den Hals gehängt. ‚Te Toroka' war ein fröhlicher offener Truck mit grellroten, gelben und orangefarbenen Hibiskusblumen auf den Seiten gemalt. Schmale Holzbänke verliefen längs und in der Mitte dieses hölzernen Trucks. Gutgelaunt quetschten wir uns zusammen für die fünfzehn Minuten, die die Fahrt zum Motel dauerte.

Michael, Paul, Stuart, Nicholas und Katherine mit Anhang organisierten das ganze Wochenende auf Aitutaki. Sie gaben Onkel Arnold den Job des Truckfahrers. Er schätzte diese Verantwortung und sorgte dafür, dass alles nach Zeitplan verlief. Fünf unverheiratete Damen teilten sich ein Bungalow. Es folgte eine verrückte Balgerei, als wir losrannten, um als erste das beste Bett zu wählen. „Hat jemand eine Schere mitgebracht?", fragte Di Haworth. „Wofür?", antworteten wir. „Dieses Kissen ist zu hoch, zu hart und zu klumpig. Ich möchte etwas von der Füllung herausnehmen", sagte sie und fing an, die Nähte aufzutrennen. Zum Glück kam Betty zur Hilfe. Innerhalb Minuten hatte Di ihr weiches Kissen und die Schaumstoffreste verschwanden in den Plastikabfalleimer. Meine Schwiegertöchter Kuraono und Twin kamen mit einem Truck beladen mit gebratenem Lamm, Schwein, Huhn und mit allen Zutaten. Sie richteten ein fantastisches Essen im Freien an, direkt an der Wasserkante. Meine Kiwi Verwandtschaft hatte ein kaltes, winterliches Neuseeland verlassen. Sie konnten kaum fassen, wie warm und schwül der Abend war. Bald entspannten sich alle in und am Schwimmbad, erneuerten Freundschaften und knüpften neue an.

Der Duft von Bacon und Eier, der durch das Fenster in unser Bungalow hereinwehte, weckte uns am frühen Samstagmorgen. Stuart hatte einige unserer männlichen Freunde genötigt das Frühstück zuzubereiten. Nach dem Mahl des vorherigen Abends brauchten wir kaum noch mehr Essen, aber niemand beschwerte sich. Vom Restaurant aus sahen wir sechs bis acht Motorboote in die Bucht hinein brausen und am wackeligen Steg festmachen. Was war los? „Alle an Bord!", rief Michael. „Die Kinder gehen in dieses Boot." Herzlich lachend kletterte meine Kusine Esme – schon achtzig, aber im Herzen jung geblieben – mit den Kindern an Bord. Dann fuhren wir zu einer menschenleeren Sandbank ‚Honeymoon Island' genannt. Die kleine Insel hatten wir ganz für uns allein und verbrachten den Nachmittag indem wir uns im kühlen Wasser der Lagune aufhielten, uns im Schatten der Palmen rekelten oder am Strand einen Sonnenbad nahmen.

Als man sich zum Geburtstagsessen umkleidete, klagten einige Gäste über rote Nasen und verbrannte Rücken. Das Diner bestand aus mehreren Gängen und fing mit einer Vorspeise an, die im Fischerklub serviert wurde. Hat man jemals gehört, dass ein Fischerklub mit einer zart rosafarbenen

Tischdecke, Servietten und Kristallgläsern dekoriert wurde? Wir hätten in einem vornehmen Restaurant, wo auch immer auf der Welt dinieren können.

Beim zweiten Aufenthalt, im Ralphie's Café, war so wenig Platz, dass wir die Suppe in zwei ‚Schichten' essen mussten. Bevor die zweite Gruppe ihre Sitze einnahmen, mussten Löffel und Teller vorher gespült werden. Wir hatten wirklich viel Spaß.

Das Are Tamanu Hotel war noch im Bau, deshalb war im freien Raum ein großes Zelt aufgeschlagen und bunte Lichter zwischen den halbfertigen Bauten angebracht worden. Ein überreichliches Fischbufett war von den Verwandten vorbereitet worden und wurde im Zelt serviert. Die Atmosphäre war bezaubernd. Niemand wollte fort.

Für die Fahrt zu dem letzten Gang des Geburtstagsmahls im Aitutaki Lagoon Resort stiegen unsere Freunde aus Aitutaki auch in die Busse ein. Eine Menge von achtzig Leuten oder mehr ‚überfielen' das Hotel und gingen in das übers Wasser gebaute Restaurant. Zu dieser späten Stunde hatten die meisten Hotelgäste sich glücklicherweise bereits zurückgezogen. Meine ausgelassenen Freunde führten eine unglaubliche Abfolge meines Lebens auf. Woher die Ideen für die Show kamen? Ich habe keine Ahnung. Ihre Phantasie ging mit ihnen durch, als sie sich über mich lustig machten. Di, bekleidet wie eine Märchenfee und Star der Show, schwang ihren Zauberstab und gewährte mir drei Wünsche. Sie war sicherlich eine echte Fee, denn, bevor das Wochenende vorbei war, waren alle meine Wünsche erfüllt worden.

Di, meine feenhafte Patin

Der Sekt floss auch weiterhin in Strömen, während wir in den frühen Morgenstunden hineintanzten.

Während ich langsam in den Schlaf sank, sann ich über die wunderbare Party nach.

Am frühen Sonntagmorgen nahmen die Wanderer einen einfachen Weg durch die Bananen- und Kokospalmanpflanzungen. Andere wiederum gingen in den Gottesdienst der katholischen oder protestantischen Kirche.

Mit einem Lunch in der Samade Bar und Restaurant setzten die Festlichkeiten sich fort. Dies war eine Überraschungsparty für die Verwandten als auch für mich. Sam und Adrienne, die Restaurantinhaber, hatten eine große Geburtstagstorte und einen wunderschönen Blumenstrauß für mich besorgt. Ich war von ihrer Freigebigkeit überwältigt.

Die Partygänger waren nicht aufzuhalten, als wir später am Nachmittag an Bord des Titi Ai Tonga gingen, eines traditionellen Kanus mit doppelter Hülle, um eine Fahrt über die Lagune zur One Foot Island zu machen. Unsere Zahl hatte sich bis jetzt verdoppelt durch zusätzliche Verwandten und Freunde aus Aitutaki und meine Enkelkinder. Jedermann brachte überdies Essen und Trinken mit. Alle an Bord hatten so viel Spaß. Robbie schmetterte tiefe Basstöne auf dem ‚Oompapa', einem eckigen Behälter für Tee, mit eine Sehne, die an einem langen hölzernen Stab befestigt war. Jemand machte ‚Musik' mit Löffeln; Ukuleles und Gitarren wurden von einem Spieler zum anderen gereicht. Die Party war im vollen Gang!

Pulsierendes Getrommel hieß den Katamaran willkommen, als wir in eine hübsche Bucht von Akaiami, einer winzigen unbewohnten Insel, hineinfuhren. Kristallklares Wasser plätscherte am Ufer, wo der Katamaran auf Grund lief. Spontan kletterte ich aufs Bug der Titi Ai Tonga, sprang in den Sand und schloss mich meinen Enkelsöhnen an, die mit Begeisterung einen Willkommenstanz aufführten. Es war wunderbar zuzusehen wie sie ihre Beinchen hin und her schwangen, während sie einen Kreis um mich bildeten. Um nicht übertroffen zu werden, traten auch meine Enkelinnen und ihre Freundinnen hinzu, schwangen graziös ihre Hüften und Hände und ermutigten die Gäste mit ihnen zu tanzen.

Mit den Enkeln tanzen

Trader Jacks, ein bekanntes Restaurant in Rarotonga, sandte seinen Chefkoch, Chris, herüber, um für uns zu kochen. Als die Sonne unterging, saßen wir auf dem kühlen Sand unter sich wiegenden Kokospalmen, aßen leckere gebratene Rippchen, serviert auf Porzellantellern mit Silberbesteck. Wenn man betrachtet, dass wir auf einer weit abgelegenen, unbewohnten Insel waren, war diese Art zu dinieren doch ziemlich erstaunlich. Der Glanz des Mondes und gedämpftes Kerzenlicht bildeten Schatten auf den Gesichtern meiner jungen Enkel, als sie sich aufgeregt um mich sammelten, um mir zu helfen, die Kerzen auf meiner Geburtstagstorte auszupusten.

Meine zahllosen Enkel helfen die zahlreichen Kerzen auszupusten

Leises Klimpern von Ukuleles und Gitarren brachten uns ein Ständchen, während wir gemächlich unter einem mit Sternen übersätem Himmel nach Hause fuhren. Wir sangen die beliebtesten Melodien mit. Während wir das ruhige Wasser der Lagune überquerten, lag ich der Länge nach ausgestreckt auf dem Deck mit den Kindern um mich herum. Den Rhythmus des Meeres spürten wir durch den Holzboden. Das nach Seetang duftende Salzwasserkonnten wir riechen und fühlten, wie die Gischt unsere Gesichter berührte. Entzückt sahen wir zu, wie die Wellen, die gegen den gewölbten Bug plätscherten, phosphoreszierend glühten.

Meine drei Wünsche erfüllten sich:

Glück........... auf den Gesichtern meiner Familie und Freunde.

Liebe........... gezeigt von allen Anwesenden.

Bleibende Erinnerungen........ an eine fantastische Zeit.

Meine fabelhaften Kinder hatten diesen Teppich magischer Erinnerungen für mich gewebt.

Ich war jetzt mehr als bereit für das, was die nächsten sieben Jahre mir bringen mögen.

Kapitel 57
Mein Kotuku besucht mich wieder

Vier weitere Jahre gingen schnell vorbei. Michael ermutigte seinen Bruder Stuart zehn Bungalows mit einem Schlafzimmer auf dem Grundstück zu bauen, das direkt am bestehenden Hotel grenzte. Jetzt hatte ich noch zusätzliche Projekte – die Hotelgärten zu entwerfen. Ich verbrachte immer mehr Zeit damit, zwischen Aitutaki und Rarotonga hin und her zu reisen. Ich genoss die kostbare Zeit mit meinen Enkeln. Sie wurden so schnell groß. Zusätzlich zum Gartenbau las ich Bücher, fuhr Rad um die Insel und sammelte Muschel an den weißen Sandstränden. Die Kinder und ich wurden Strandguträuber; wir fanden sowohl Treibholz, als auch manche Schätze in den felsigen Tümpeln.

Stuart kam einmal morgens zum Kaffee auf der Veranda. „Betrügen mich meine Augen?", fragte ich. „Dort steht auf dem Felsen vor der Terrasse ein silberfarbiger Reiher. Da rechts. Er schaut herüber zu Michaels Hotelanlage." „Du hast wirklich viel Phantasie, Mama", antwortete Stuart. Also behielt ich meine Gedanken und Gefühle für mich. Ich machte auch weiterhin Urlaub auf Aitutaki. Ohne Fehl sah ich jetzt immer zwei Reiher: einer war weiß und stand vor Michaels Eigentum und der andere war silbrig und stand vor der Terrasse. Aber sie standen nie zusammen. Bis ich an einem perfekten Morgen am Strand entlang ging und runde, glatte Arii Muschel sammelte. Eine Sonnenbrille schützte meine Augen gegen das grelle Licht, das vom weißen Korallensand reflektiert wurde. Ich schaute auf und starrte über die Lagune. Ich sah nicht ein, sondern zwei von ihnen – einen silbrigen und einen weißen. Sie standen auf einem Bein zusammen auf demselben großen Felsen. Beide Vögel starrten mich an, drehen sich und blickten zum Ozean. Ich hielt den Atem an. *"Was bedeutet das?",* fragte ich mich verwundert. Ich brauchte nicht lange nachzudenken. Ich wusste die Antwort. Die Männer hatten lange über die Möglichkeit diskutiert, die beiden Hotelanlagen zu vereinen. Sie hatten das Für und Wider überlegt, hatten alle Möglichkeiten vor- und rückwärts betrachtet, um zu einer Entscheidung zu gelangen, die für beide Familien am besten wäre und auch den Erfolg ihres individuellen Besitzes weiterhin sicherstellte. Für mich war der beste Weg einfach. Natürlich sollten sie ihre Interessen in einem einzelnen Projekt vereinigen. Finanziell und administrativ wären sie besser dran. Dies war mit Sicherheit ein Zeichen! Dies war letztendlich die Zeit den Jungs zu erzählen, was der Kotuku mir bedeutete. Pech, wenn sie darüber spotteten oder glaubten, dass ich senil werde. Ich wünschte, dass sie wussten, was für eine außergewöhnliche Rolle der Reiher durch die Jahre in meinem Geist gespielt hat. Sie mussten wissen, wie der Reiher sogar noch bedeutungsvoller und wichtig wurde, als ihr Vater starb. Ja, sie mussten es wissen. Tief in ihrem Unterbewusstsein würden sie verstehen, dass ihr Vater immer über sie wachte, so wie auch über mich. Er erzählte ihnen, dass sie ihre Talente zusammenfügen, ihre Persönlichkeiten in Harmonie verbinden und ihr Tourismusgeschäft zusammenlegen sollten.

Also erzählte ich es ihnen. Sie rollten nicht mit ihren Augen und schüttelten nicht den Kopf. Sie nickten nur und lächelten freundlich und sagten; „Mama, wir haben immer gewusst, wie besonders dein Kotuku ist und dass du das Gefühl hast, dass Papa über dich wacht. Wir verstehen es. Und ja, gerade an diesem Morgen haben wir beschlossen, den Sprung zu wagen und eine Partnerschaft zu gründen." Seit das Eigentum zusammengelegt wurde, gab es ein Auf und Ab, aber die Tamanu Beach Resort mit einundzwanzig Bungalows ist jetzt ein attraktives, freundliches, blühendes Hotel. „Zwangloser Luxus" ist die Umschreibung in den Broschüren. Die Jungen und ihre Familien arbeiten auch jetzt noch zusammen.

Tamanu Strand Resort-zwangloser Luxus auf Aitutaki

Ich beobachte oft, wie die beiden Kotukus geduldig zusammenstehen und von ‚ihren' Felsen aus fischen, oder sie fliegen in Kreisen über die Lagune. Für mich sind sie ein Symbol der Einigkeit und Liebe, der Zusammengehörigkeit und Harmonie.

Kapitel 58
Mary wird gefunden
1997

Wie eigenartig, dass ich es immer gewusst habe, aber mich nicht erinnern kann, wann mir das erzählt wurde.

Ich wurde ‚Helen' getauft, nach meiner Großmutter väterlicherseits und ‚Katherine' nach meiner Großtante mütterlicherseits. Stelle dir das erstaunte Gesicht meiner Mutter vor, als ich ihr im Alter von fünf Jahren erzählte; „Ich möchte Pamela genannt werden!" Wir hatten keine Freunde oder Verwandten mit diesem Namen. Die Bitte kam also aus heiterem Himmel. Viel später fand ich heraus, dass meine leibliche Mutter mich Pamela genannt hatte! Aber woher wusste ich das, als ich fünf Jahre war? Erinnerte ich mich daran, dass sie mir das bei meiner Geburt zugeflüstert hatte? Oder hatte ich zufällig meine Eltern, Mary und John, darüber reden hören bei ihrer täglichen Plauderei? Bis auf diesen Tag weiß ich nicht, wie ich zu dieser Bitte kam. Meine Eltern machten nie ein Geheimnis aus der Tatsache, dass ich adoptiert worden war, sie machten auch nicht viel Wesens darum. Als ich es aber einmal wusste, fantasierte ich immer über meine biologischen Eltern. Ich wünschte mir Diana Cavendish zu heißen, Seidenstrümpfe zu tragen, Ponys zu reiten und einen riesigen goldenen Labrador, Topas genannt, zu haben. Von meiner Kindheit an wusste ich, dass ich ein ‚besonderes' Kind war. Meine Eltern adoptierten mich, als ich zehn Tage alt war, aber erst nach dem Tode meiner Mutter – ich war bereits in den späten Fünfzigern – beschloss ich, meine leibliche Mutter zu suchen.

Ich hatte einige grundlegende Informationen: einen Namen, einen Geburtsort, meine Mutter hätte wunderschönes Haar und war in der Ausbildung zum Krankenschwester gewesen und meine Großmutter war witzig! Ich bin mir nicht sicher, warum die letzte Information wichtig war, oder ob die überhaupt wichtig war. Ich zog einige Erkundigungen ein und schließlich erhielt ich meine Geburtsurkunde. Nichts hätte mich auf den Schock und die Bestürzung vorbereiten können, als man mir erzählte, dass meine biologische Mutter es untersagt hat, außer meinem Rufnamen und Geburtsdatum, jegliche Information weiterzugeben. *Was kann ich weiter tun? Muss ich zufrieden sein, mit dem, was ich weiß?* Ich wurde am 11. September 1940 geboren und ich hieß Pamela. Meine Eltern erzählten mir, dass meine leibliche Mutter Krankenschwester war. Ich vermute, dass sie keine Menschenseele von ihren Umständen erzählt hatte. 1940 war der Anfang des zweiten Weltkrieges, sie arbeitete als Pflegerin, junge Burschen gingen nach Übersee, um für König und (britisches) Imperium zu kämpfen und das ganze Land war in Unruhe. Ich versuchte also das hinter mir zu lassen. *Vielleicht sollte ich auch nicht mehr wissen,* dachte ich bei mir.

Wenige Jahre später wurde das neuseeländische Gesetz geändert. Das zehnjährige Veto war aufgehoben worden. Es stand mir frei, die Suche wieder aufzunehmen. Dieses Mal bekam ich genauere Informationen. Meine leibliche Mutter war Mary Louisa Mee (geb. Wright) und mein Geburtsname Pamela. Mary lebte noch und wohnte in Ilam, einem Vorort von Christchurch auf der Südinsel Neuseelands.

Sollte ich ihr schreiben? Nein, sie hatte ja ein Veto eingelegt bezüglich der Geburtsurkunde. Sie könnte blind sein und irgendjemand würde ihr den Brief vorlesen und so ihr Geheimnis erfahren. So viele Hindernisse! Ich rief meinen Bruder Bryce an, der seine eigene leibliche Mutter ein paar Jahre vorher gefunden hatte. Sie wurden glücklich wiedervereint. „Bryce ich habe Mary, meine leibliche Mutter gefunden. Ich habe eine Adresse und Telefonnummer. Was soll ich tun?" „Großartig, das ist eine gute Nachricht, Helen! Nimm einen starken Schnaps und wag den Sprung. Telefonier sofort! Tue es jetzt, bevor dir der Mut verlässt", antwortete Bryce. Ich bekam eine leichte Panik. *Was sollte ich sagen? Wie könnte ich mich vorstellen?* Ich lebte auf Rarotonga, ganz schön weit von Christchurch. *Wie könnte ich nach fast fünfzig Jahren in das Leben eines Menschen treten? Wo kann ich den Draht wieder aufnehmen, da ich damals doch zu jung war, um zu wissen, wo er überhaupt fallengelassen wurde? Wie würde Mary reagieren? Sie ist vielleicht krank. Sie ist womöglich zu alt für diese Aufregung. Sie könnte einen Herzschlag kriegen! Oder sie möchte es gar nicht wirklich wissen.* Um mir Mut zuzusprechen, versuchte ich die Rollen umzudrehen. *Wie wäre es, wenn Mary mich nach so langer Zeit suchen würde?*

Solche aufwühlende Gedanken bestürmten mich, während ich hörte, wie das Telefon mehr als 4000 Km entfernt klingelte. „Hallo, hier spricht Mary." Ihre Stimme! Sie war klar, sanft und kultiviert – wie von einer Dame – sehr englisch! Ich konnte mir ausmalen, wie sie dort stand, vielleicht im Flur, sich fragend, weshalb ich nicht antwortete. Ich nahm mich zusammen und sagte zittrig: „Mein Name ist Helen Henry. Ich rufe von Rarotonga in den Cook Inseln an. Ist dies eine geeignete Zeit anzurufen?" „Ich kenne keinen auf Rarotonga", antwortete sie schnell. „Das verstehe ich, aber ich habe etwas Vertrauliches mit Ihnen zu diskutieren, etwas Persönliches." „Nein, es ist keine gute Zeit. Ich habe einen Gast und ich weiß nicht, wer Sie sind." Ich holte tief Luft und riss mich zusammen. Wo ist der Gin mit Tonic? Ich wünschte, ich hätte mehrere davon. Bevor sie aufhängen konnte, erzählte ich ihr schnell: „Am 11. September 1940 wurde ich geboren und der Name, den man mir gab, war Pamela. Sagt das Ihnen etwas?" Blitzschnell antwortete Mary, „Ja, das tut es und ich werde dir schreiben und es erklären."

Oh mein Gott, sie war es! Es war meine leibliche Mutter! Endlich! Ich war überwältigt und schluchzte leise. Ich wusste nicht was oder wie ich mich fühlte. Erleichterung und Freude, dass ich sie gefunden hatte? Bestürzung, weil sie so schnell und so würdevoll antwortete, als ob sie sich auf diese Frage vorbereitet hatte? „Ich werde dir auch schreiben, Mary. Ich möchte, dass du weißt, dass, was auch immer der Grund war mich wegzugeben, es hat sich alles zum Guten entwickelt. Ich hatte eine wunderbare Kindheit und meine Adoptiveltern waren liebevoll und freundlich. Der Grund, weshalb ich Kontakt mir dir gesucht habe, ist dir zu versichern, dass ich glücklich bin. Ich hoffe, dass wir uns eines Tages begegnen werden." „Ich gebe dir meine Adresse", sagte Mary. „Das ist okay, ich habe die bereits", antwortete ich.

Mit dieser Aussage änderte sich der Ton der Konversation. Mary wollte wissen, woher ich wusste, wo sie wohnte. „Ich sorgte dafür, dass niemand etwas über mich herausfinden konnte", sagte sie verärgert. „Ich werde mit meinem Rechtsanwalt reden." Ach, sie war äußerst aufgebracht! Ich versuchte, sie dadurch zu beruhigen, dass ich die Gesetzesveränderung erklärte, aber sie wollte nichts davon wissen. Ich erzählte ihr, dass ich ihr schreiben und über mein Leben erzählen würde und beendete damit die Konversation. .Mary wiederholte ihre Absicht, mir einen Brief zu schicken.

Nur wenige Tage vergingen, da erhielt ich einen dicken Brief. Ich erfuhr, wie ich empfangen wurde, die Umstände meiner Geburt, ihre Tage als Krankenschwester und schließlich ihre Hochzeit und die Geburt von zwei Söhnen. Ich erfuhr, wie verletzlich sie war, wie traurig sie war, mich weggeben zu müssen, aber dass das für sie der einzige Weg vorwärts wäre. Es war der Anfang des 2. Weltkrieges und die jungen Männer gingen alle nach Europa, um zu kämpfen. Beim Abschiedsfest – einer Silvesterparty – an einem Flussufer hatte man jede Vorsicht missachtet. Ich wurde neun Monate später geboren. Anthony Flower, mein leiblicher Vater, bot an, Mary zu heiraten. Aber sie, eine starke und entschlossene junge Frau, entschied sich, das Baby auszutragen und dann zur Adoption freizugeben, ohne dass ihre Verwandtschaft je von ihrer misslichen Lage erfuhr. Da sie außer Haus viel unterwegs war für Pflegefälle und einen weiten, blauen Umhang über ihrer Uniform trug, blieb es verborgen, dass sie in anderen Umständen war. Sie vertraute sich einer Freundin an und Frank Stark, einem engen Freund. Etwa vier Jahre später heiratete sie ihn schließlich. Als sie verstohlen durch die Spitzengardinen des Krankenhauszimmers blickte, das nette, junge Pärchen kommen sah, das mich in ihr Haus und Leben aufnehmen würde, hielt Mary mich kurz in ihren Armen, um Abschied von mir zu nehmen. Vielleicht war es da, dass ich hörte, wie der Name Pamela, der mir gegeben wurde, sanft und mit gebrochenem Herzen, zugeflüstert wurde. Vielleicht blieb dieser Name durch all diese Jahre in meiner Erinnerung haften.

Die Jahre gingen vorbei. Wir schrieben uns regelmäßig. Mich verlangte danach, einfachste Kleinigkeiten über ihre Familie, ihre Liebe für Sandy den goldenen Corgi (walisische Hunderasse) und ihre Leidenschaft für Blumen und Garten, zu erfahren. Wir fingen wie Brieffreundinnen an und wurden Freundinnen.

Ohne Mary von meinen Absichten in Kenntnis zu setzen, buchte ich für ein paar Tage ein Motel in Christchurch, bevor ich meine Reise durch die Südinsel fortsetzte. Yvonne, meine langjährige Freundin, begleitete mich als moralische Unterstützung. Also machte ich einen weiteren bedeutsamen Telefonanruf. „Mary, ich bin hier. Ich bin auf dem Weg in den Süden für einen Urlaub und deshalb für ein paar Tage in Christchurch. Ich würde dich sehr gern besuchen. Vielleicht kann ich morgen für ein Schwätzchen vorbeikommen?" „Ach, Liebes, ich bin mir nicht sicher. Ich muss darüber nachdenken", entgegnete Mary. „Rufe mich um 8 Uhr morgens an."

Ich konnte meine Ohren nicht glauben. Frustriert hängte ich den Hörer ein. „Sie kann keinen Beschluss fassen. Ich soll sie morgen früh noch einmal anrufen", teilte ich Yvonne mit. Yvonne war Redakteurin der *Otago Daily Times*. Sie hatte jede Menge Energie und war gescheit und kultiviert. Am liebsten trug sie nur schwarze oder weiße Kleider oder ein Kombination davon. Dazu trug sie immer ein korallenfarbiges Taschentuch, das zu ihren kirschrot lackierten Fingernägeln passte. „Ich mache sofort eine Flasche Pinot Noir auf", sagte sie. Wir wurden langsam etwas berauscht, während wir diskutierten, ob ich wohl Mary tatsächlich begegnen würde. Ich schlief unruhig, wälzte und drehte mich im Bett. *Würde sie einverstanden sein, mich zu sehen? War ich zu hastig gewesen? Nein, wenn sie mir ähnlich ist, oder besser, ich ihr ähnlich bin, würde sie mich sehen wollen. Ihre Neugierde würde die Oberhand gewinnen.*

Es war Zeit, anzurufen. „Ja, um fünfzehn Uhr werde ich zu deinem Motel kommen." Kurz und bündig, sachlich, würdevoll. „Danke, Mary".

Ich verbrachte die Zeit mit Einkaufen. Es gab nichts Besseres als eine ‚Einkaufstherapie', um mich abzulenken von dem, was mich eventuell erwartete. Es war drei Uhr nachmittags. Ein Taxi hielt vor der Tür und eine graziöse, silberhaarige Dame stieg aus. Sie war sicherlich beim Frisör gewesen, denn ihre Haare waren in makellose Wellen gelegt worden. Ich weiß nicht mehr, was sie trug. Ich ging auf sie zu und geradewegs in ihre Arme. Wir umarmten uns lange. Mary ergriff das Wort. „Lasst und hineingehen, ich habe ein paar Fotos, die ich dir zeigen möchte. Setze dich neben mich. Hier, komm näher und lass mich dich anschauen." Ich war das Kind und sie die Mutter. Wir saßen nebeneinander. Es gab so viel zu erzählen. Ihre Augen waren himmelblau, klar und funkelnd. Ich konnte erkennen, dass Mary geistreich und auch entschlossen war. Ich fragte mich, ob wir uns ähnlich waren.

Ich wollte ihr versichern, dass ich keine Hintergedanken hatte. Ich war den Tränen nahe, nicht so sehr Tränen der Freude, aber Tränen über die verschwendeten Jahre – über Marys Verlust und die ungeheuerliche Entscheidung, die ihr Leben bestimmt verändert hatte. Ich war mir sicher, dass sie ein erfüllendes Leben gelebt hatte und ich konnte sehen, dass sie eine glückliche Frau war. Es war wirklich erstaunlich, dass sie dieses Geheimnis über so viele Jahre verbergen konnte.

Plötzlich wurde mir bewusst, dass sie niemals meine ‚Mutter' sein wird. Ich wusste, dass wir enge Freundinnen werden könnten und ich würde ihr durch die Jahre immer mehr vertrauen. Wir würden aus unserer Freundschaft das Beste machen und ich hoffte, dass sie mir eines Tages erlauben würde, ihren beiden Söhne – meinen zwei Halbbrüdern - zu begegnen. Ich erfuhr, dass Marys Entscheidung, mir zu begegnen, gegen all ihre Prinzipien ging. Sie hatte sich fest vorgenommen, dass, nachdem sie mich einmal weggeben hatte, sie das Buch mit diesem Kapitel ihres Lebens einfach zuschlagen würde. Sie würde nichts bedauern.

Heute ist das Buch wieder aufgeschlagen; es gab jetzt keine Geheimnisse mehr. Ich hoffte und betete, dass ich eines Tages den Rest ihrer Verwandtschaft treffen würde. Es dauerte nicht lange, bis dieser Tag kam.

Liebe Helen,

Seit einiger Zeit geht es mir nicht gut. Tatsächlich glaubte ich mich dem Tode nahe. Ich habe beschlossen, das Skelett aus dem Keller zu holen und Dale, Alans Frau, alles zu erzählen. Sie ist eine fürsorglich Person, wie eine Tochter zu mir. Ich habe das Gefühl, dass sie mich verstehen wird und in der Lage ist Alan zu gegebener Zeit diese Neuigkeit weiterzugeben. Ich hoffe, das Richtige zu machen.

In Liebe, Mary

Wenige Tage später erhielt ich einen Anruf aus Christchurch. Es waren Alan und Dale. Sie schienen aufgeregt und glücklich mit der überraschenden Nachricht. Alan sagte, dass er immer etwas beunruhigt war wegen seiner Mutter. Er stellte sich oft Fragen ihrer Vergangenheit betreffend. Es schien ihm, dass es eine unruhige Zeit gab, bevor sie seinen Vater, Frank, heiratete. Mein neuer Bruder und seine Frau wünschten, Rarotonga zu besuchen. Sie hofften innerhalb einiger Wochen fliegen zu können. Obwohl ich im Haus Platz hatte, entschied ich, dass es vernünftiger war, wenn sie ein naheliegendes Hotel buchten. Ich war unerträglich aufgeregt. Sie kamen an einem perfekten, sonnigen Rarotonga Tag. Ich fuhr zum Motel. Als ich zu ihrem Bungalow ging, begrüßte man mich mit: „Hallo Schwester!" Ich war vollkommen überwältigt, als Alan mich fest umarmte. Wir lachten alle und fingen gleichzeitig an, zu reden. Ab diesen Tag fanden wir heraus, dass wir viel gemeinsam hatten. Wir erzählten uns Geschichten aus unserer Kindheit.

Einige Monate später fuhren Alan und ich nach Hammer Springs, nördlich von Christchurch. Hier begann Marys Laufbahn als Krankenschwester. Wir spazierten durch den alten Friedhof und waren neugierig nach unseren Vorfahren. Am nächsten Tag nahm Ian, mein anderer ‚neuer' Bruder, mich mit auf einer Spazierfahrt durch Christchurch und zu den Lieblingsplätzen ihrer Kindheit. Wir hatten sofort einen Band, insbesonders nachdem er mich in seiner örtlichen Kneipe seinen Freunden vorgestellt hatte. „Dies ist meine Schwester", sagte er stolz. Ich war überwältigt durch die großzügige Liebe, die mir von Alan, Dale und jetzt von Ian entgegengebracht wurde.

Ich habe jetzt zwei neue Brüder und eine Schwägerin. Ich habe zwei neue Nichten, Robyn und Pamela. Ja, dieser Name ist noch einmal aufgetaucht. Ich habe neue Verwandtschaft.

Meine ‚neuen' Brüder Ian und Alan

Meine ‚alten' Brüder Bryce und Arnold

Mary gab mir eine kostbare Gabe, das Leben. Sie schenkte mir auch eine neue Familie.

Mary und Helen

Kapitel 59
Die Perfektionistin

Einige Wochen hatten wir uns mit Aerobic im Wasser abgemüht. Mein Sohn, Nicholas, hörte von meinem Frust und schlug vor, dass wir uns einige professionelle Tipps von seinem Freund Romani holen. Er stimmte eines Tages zu, unserer Gruppe beizutreten. Als wir aus dem Schwimmbad kletterten, erzählte ich meinen drei engen Freundinnen, dass wir einen neuen Trainer haben würden. Ich schaute sie genau an und war neugierig auf ihre Reaktion. Ich sah mich selbst in ihren Augen widerspiegelt – wir hatten alle Falten wie getrocknete Pflaumen, standen unsicher auf unseren Füßen, die Wimperntusche zerrann, und die Haare waren nass und strähnig. Sie lächelten schwach. Dann grinsten wir zusammen und brachen schließlich in Lachen aus, in fröhlicher Hingabe und sorgloser Vorfreude.

Zuhause vor meinem Drehspiegel hielt ich die Luft an, drückte hier und zog da, schmückte mich und richtete mir die Haare mal so und mal anders. Mein Schlafzimmer sah aus wie ein Schlachtfeld – ein wüstes Durcheinander von Hemden und Shorts, T-Shirts in allen Farben und Arten, Bikinis die dreißig Jahre alt waren bis zu langweiligen Hüllen aus einem Stück, Haarteile, Hüte und Schals – alles einfach aufs Bett und den Fußboden geworfen. Als ich endlich überzeugt war, dass ich stilvoll und reizend aussah, ging ich schließlich zum Schwimmbecken. Ich trug einen vielfarbigen elastischen Badeanzug, so entworfen, dass alle schwabbelige Teile auf ihren Platz blieben. Mein Haar war makellos frisiert worden und ich hatte sogar meine Fingernägel in Übereinstimmung mit den Farben meines Badeanzugs lackiert. Ich sah tadellos aus. Unser neuer Trainer wird zweifellos beeindruckt sein.

Die Sonne kam gerade hinter den Hügeln hervor, als ich bei Ambala Gardens ankam und zum Schwimmbecken schlenderte. Ich konnte es nicht glauben. *Wo waren die Fettpölsterchen, die Säcke unter den Augen, die runzelige Arme?* Weg waren schmuddelige Klamotten und schlechte Haare. Ich war nicht die einzige, die beschlossen hatte betörend auszusehen. Sue, blond, mollig und fröhlich, trug einen schwarzen Badeanzug. Sie glaubt, dass Schwarz sie schlanker macht. Di trug ihre bevorzugte violette Wimperntusche und zwinkerte herausfordernd mit den Wimpern und erprobte ihren schwülen ‚komme zu mir' Blick. Thea war bereits im Wasser. Braungebrannt und super schlank, sie trug ein Bikini, gelb wie Butterblumen und mit goldenen Kettchen um ihren Nacken, Hand- und sogar Fußgelenken. Wir schauten uns an und brachen in hilfloses Gelächter aus. Hier waren wir, um sechs Uhr morgens, ganz geschminkt, mit Lidschatten, Augenbrauentusche und Lippenstift, mit Haarlack, der den Haaren festen Halt gab, und in unseren besten Badesachen. Wen wollten wir beeindrucken? Ein Motorrad donnerte die Einfahrt hoch. Schnelle Schritte kamen auf das Schwimmbecken zu. Alle zogen wir den Bauch ein und standen kerzengerade, während wir uns angrinsten und selbstbewusst kicherten. Romani kam aus dem Garten hervor. Er war lang mit gebräunter Haut und dickem, schwarzem Haarschopf, der über seine sexy braunen Augen fiel. Ich zog meinen Bauch noch mehr ein. Vor langer Zeit hatte ich den Kampf um einen flachen Bauch schon aufgegeben. Mein Bäuchlein hatte sich den übrigen schwabbeligen Körperteilen zugesellt. Wie alles andere auch, hatten Gewicht und Esslust ihren Tribut gefordert.

Ich wünschte, ich wäre 40 Jahre jünger, ich wünschte, ich wäre 40 Pfund leichter. Ich wünschte........

„Hallo meine Damen, " sagte Romani. „Bereit für eine neue Erfahrung?" Wir murmelten alle etwas Unverständliches, völlig überwältigt von diesem gutaussehenden Adonis, der am Beckenrand stand und seine Hände an eine heiße Tasse Kaffee aufwärmte und scheinbar unbeeindruckt von unserer Bewunderung. Wir lächelten albern und wünschten alles andere als im Wasser zu sein und noch runzeliger als normal zu werden. „OK, lasst uns auf der Stelle treten. Los, höher die Knie, höher, schwing die Arme, Kopf ganz gerade!" Wir taten unser Äußerstes. Meine Brust fühlte sich beklemmt an, meine Beine waren wie Gummi, aber ich gab nicht auf. Ich hoffte wirklich diesen jungen Mann zu beeindrucken. „Meine Damen", ermahnte er uns: „Sie wünschen fit zu werden? Sie wollen kräftiger werden? Dann müssen sie härter und schneller arbeiten." Wir beschleunigten das Tempo. Mit gestreckten Armen spreizten wir die Beine. Wir balancierten auf Kunststoffschlangen und paddelten durch das Becken. Das war einfacher, dachte ich und versuchte die anderen zu übertreffen. Ich wusste, dass mein Magen flach war; meine Brust war aufgebläht, wie die einer Taube. Ich befolgte die Anweisungen und atmete durch die Nase aus und ein. Er war von meinen Leistungen bestimmt beeindruckt. Ich holte noch einmal tief Luft und spürte auf meinem Gesicht den Anfang eines triumphierenden Lächelns und ...das Unvorstellbare! Mein Obergebiss fiel plötzlich heraus! *Ach, mein Gott! Oh nein!* Da war es, direkt vor jedermanns Augen. Wie könnte jemand die Masse an leuchtend rosafarbigem und intensiv weißem Plastikteil, das auf der Oberfläche des Beckens trieb, übersehen? Meine Freunde würden jetzt das Geheimnis kennen, dass ich über so viele Jahre versucht hatte zu verbergen. Aber schlimmer noch, Romani wusste es jetzt auch und würde es weitererzählen! In einer fließenden Bewegung stürzte ich nach vorne, hob es auf und schob es zurück, wo es hingehörte. Ich schaute vorsichtig um mich. Nein, meine Freundinnen hatten es, Gott sei Dank, nicht gesehen. Ich schaute verstohlen zu Romani hin. Nein, beruhigte ich mich, er hatte bis jetzt auch noch nicht bemerkt. Es gab auch nicht den Schatten eines Lächelns auf seinem Gesicht, als er fortfuhr, zu rufen, „auf und ab, eins zwei, eins zwei." Ich war im Stillen dankbar, als das Training zu Ende ging. Romani gratulierte ‚seine Damen' zu ihrem Fortschritt und plauderte über Belangloses. Keine wollte sich bewegen. Keine verließ das Schwimmbecken. Mussten wir für immer darin bleiben? Warum ging er nicht einfach zur Arbeit? Unter keiner Bedingung wollten wir heraus, um ihm alle Falten, alles Schlaffe und alles andere, das wir unter Wasser verborgen hatten, zu zeigen. Wir schienen verdammt zu sein, eine Ewigkeit im Schwimmbecken zu bleiben.

Bis auf diesen Tag habe ich keine Ahnung, ob Romani mitbekam, was an diesem Morgen am Becken passierte – und dass die Mutter seines Freundes jedenfalls nicht so perfekt ist, wie sie gerne wäre.

Kapitel 60
Helen, die Organisatorin

Wir lachten laut, als wir das Kino verließen. Di ermunterte uns überschwänglich, den Abend mit einigen Drinks bei Trader Jacks, die örtliche ‚Tränke', fortzusetzen. Wir plauderten aufgeregt über den Film, Calendar Girls, den wir gerade gesehen hatten. Als Präsidentin der Cook Inseln Stiftung für Brustkrebs hatte ich die Wohltätigkeitsvorstellung organisiert, um das gesellschaftliche Interesse daran zu erwecken. Maurine, Di und ich winkten den Kellner herbei, bestellten Gin und Tonic und redeten über den Film. Wir kicherten laut, als der Vorschlag gemacht wurde, auch so einen Film zu produzieren. Was für einen Geistesblitz! „Oh ja, ich sehe uns schon unsere Kleider ablegen, um von unseren plumpen Körpern Fotoaufnahmen machen zu lassen", sagte Maurine. Sie war lang und schlank. Ihre goldfarbige polynesische Haut hob ihr breites Lächeln hervor. Leuchtend rote Fingernägel blitzten im Kerzenlicht, als sie eine Pose annahm und dabei elegant ihre Hände schwang.

„Wir bringen das fertig", sagte ich. „Zufällig habe ich an diesem Morgen Werbung von Allen's Calendars erhalten. Lasst uns sie um Hilfe bitten. Sie können uns mitteilen, was es kostet, einen Kalender herzustellen, wie lange es dauert, Verteilung usw." Ich hatte mir von der ganzen Prozedur bereits ein Bild gemacht. Wir sahen uns jetzt ernsthafter an. Ich grinste beide schelmisch an. „Wir können das. Ich kenne einen Fotografen. Wir erzählen ihm, dass es für einen guten Zweck ist. Dann kann er es nicht ablehnen. Maurine, du wendest dich an hiesige Geschäftsleute. Di, benutze deine kreativen Talente und nenne uns Örtlichkeiten, Kostüme und einen Zeitrahmen." Ich brachte meine Freundinnen dazu, die Dinge so zu sehen, wie ich sie sehe. Di ist eine so extrovertierte Person. Sie hatte schon immer fantastische Ideen. Ich konnte sehen, wie ihr Hirn bereits arbeitete, während sie ihren Drink eingehend betrachtete. Sie schaute auf. „OK. Ich bin ganz dafür. Wir fangen morgen an. Ich werde Di Dorrell anrufen. Sie passt in einem Blumentopf. Tiana ist die Glamouröse, die in einer Badewanne sitzt und Champagner trinken wird und, ach ja, was ist mit Betty? Betty Boop! Ich weiß eine großartige Pose für sie. Und ihr Sohn wird sie auch unterstützen."

Wir waren in Fahrt. Unsere Freunde traten in Aktion und die örtlichen Geschäftsleute waren übereingekommen, die würdige Sache zu unterstützen.

Die Kalender Mädels

Ich war mit meinem Foto zufrieden. Mit Ketten von schwarzen, südpazifischen Perlen um meinen Hals und in meinen Ohren, mit einem Blumenkranz um den Kopf und einer langen Girlande, die meine Brüste bedeckte, sah ich sehr begehrenswert aus, dachte ich. Nur aus Spaß kletterte ich auf eine Kokospalme, schob eine Borke über den Kopf und schwang drohend eine Machete. Jedermann kicherte, während wir die nächsten Fotos aufnahmen.

Di rekelte sich in einem Becken mit Wasserlilien. Die veilchenblauen und purpurnen Blumen hoben ihre schönen blauen Augen hervor, während sie verhalten lächelte. Sie war weit entfernt von ihrer sonst so schillernden Persönlichkeit. Tatsächlich sahen wir alle glamourös und glücklich aus. *Es wird ein großartiger Kalender werden, ein großer Erfolg!* Ich beglückwünschte mich selbst.

Tiana

Die Wochen gingen vorbei und Mitte August 2004 war ich im Flugzeug auf dem Weg nach Athen für die Eröffnung der Olympischen Spiele. Ich grübelte über jene hektischen Wochen. Ich freute mich über das Interesse, dass unsere Stiftung erweckt hatte. Ich hatte ein begeistertes und aktives Komitee und ich war froh, dass ich ihnen die letzte Wahl der Fotos überlassen hatte. Wieso nagte denn irgendetwas an mir? *Das Foto,* dachte ich plötzlich. Die dumme, verrückte Aufnahme! Ja, das war es. Ich wette, dass Di und Maurine – meine besten Freundinnen – würden *das* Foto für den Kalender benutzen. Geschah mir recht, warum kommandierte ich sie auch so herum. Ich glaubte, ich wäre eine großartige Organisatorin im Verteilen der Aufgaben, während ich einfach nur herrisch war.

Ich wusste, dass diese ‚Freundinnen' mich dafür bezahlen lassen würden.
Und das taten sie!

Das Foto!

Kapitel 61
Noch einmal ein leidenschaftlicher Kuss

Nur noch einen Kuss. Nein, nicht mehr als das. Nur noch einmal einen *leidenschaftlichen Kuss, bevor ich sterbe.* Mein ganzes Wesen schien danach zu verlangen. Es war jetzt elf Jahre her, dass mein geliebter Mann, Hugh, plötzlich verstarb. Natürlich bekam ich viele Küsse und Umarmungen von Verwandten und Freunden. Also warum hatte ich das Gefühl, dass ich mehr als das brauchte? Vielleicht hätte ich die verschiedenen männlichen Freunde zu mehr Intimität ermutigen können. Ich hätte mich öfters in Trader Jacks aufhalten können und mit den männlichen Kunden an der Bar liebäugeln können. Aber nach fast vier Jahrzehnten einer wunderbaren Beziehung voller Freude und Liebe wusste ich, dass ich mich mit dem zweitbesten nicht zufrieden geben könnte. Vielleicht war ich auch zu ängstlich, um meine Emotionen freien Lauf zu lassen.

Nach einigen Trauerjahren beschloss ich nach Übersee zu reisen. Es war das erste Mal, dass ich allein reiste. Ich wagte es, nach Südafrika, Kanada, Malaysia, Singapur, Dubai, Tonga und Samoa zu reisen. Später überquerte ich die Binnenpassage nach Sitka, Juneau, Sankt Petersburg und Skagway mit örtlichen Fähren und flog dann nach Anchorage. Es waren alles schöne Plätze und ich genoss aufregende Abenteuer unter anregenden und exotischen Menschen. Warum fühlte ich mich denn so schrecklich einsam? Wohl, vielleicht nicht genau einsam und ich fühlte mich sicherlich auch nicht die ganze Zeit traurig. Ich war halt allein. Es gab niemand, mit dem ich meine Gefühlte teilen konnte, niemand, mit dem ich meine intimen Gedanken, Wünsche oder Ängste teilen konnte. Es gab keinen zu umarmen und am wichtigsten, keinen der mir diesen leidenschaftlichen Kuss geben konnte.

Das Leben ging weiter. Mein jüngster Sohn Nicholas heiratete im November 1994 an dem Geburtstag seines Vaters. Nicholas war lang und sah gut aus, wie sein Vater, allerdings hatte er einen Pferdeschwanz. Im Jahre 1998 heiratete unsere einzige Tochter Katherine, Neil in einer schönen Zeremonie im Tamarinde Haus. Solange Hugh der Manager von der Union Steamship Company war, zogen wir unsere Familie in diesem reizenden Kolonialhaus auf. Es war ein großartiges, altes Inselhaus, gebaut um die letzte Jahrhundertwende aus Korallenkalkstein, mit breiten Veranden mit Blick auf eine große Grasfläche, die allmählich übergeht in einen weißen Kieselstrand und eine seichte Lagune. Wir feierten unsere Silberhochzeit, Pauls einundzwanzigste Geburtstagsparty und Michaels Hochzeit in diesem Haus. Man konnte dort wunderbar Partys feiern. Jahre später kam es als Restaurant und Ort für Hochzeitsveranstaltungen zu seinem Recht.

Schließlich zogen Neil und Katherine nach Portland, Oregon. Michael, Paul und ihre Familien leben auf Aitutaki und Stuart und Nicholas lebten auf Rarotonga nicht allzu weit weg. Enkel wurden geboren und dann Urenkel. Ich war ganz einbezogen und interessiert im Tun und Lassen der Familie.

Ich habe viele Erinnerungen daran, wie Hugh von der Arbeit, nach einer Versammlung, oder Konferenz nach Hause kam. Er umfasste mich immer in eine warme und starke Umarmung. Wir beide schauten immer aus nach den intimen Zeiten, die wir zusammen verbrachten, fern vom Gehetze einer lärmenden Familie. Wir hatten auch weiterhin noch leidenschaftliche Gefühle für einander, sogar nach fast vierzig gemeinsamen Jahren.

Heute vermisse ich immer etwas – irgendjemanden der ganz besonders ist, nur für mich – einen leidenschaftlichen Kuss eingeschlossen. Ich vertiefte mich ganz im Aufbau der Gesellschaft für Brustkrebs auf den Cook Inseln. Es war fast Zeit den Calendar Girls Kalender drucken und verteilen zu lassen, als der neue Oberkommissar von Neuseeland, dessen Frau eine unserer fotogenen Models war, vorschlug, unsere Fotos an einem ‚Abend der Berühmtheiten' in Ngatipa – die Residenz der neuseeländischen Vertretung – zu versteigern. Wir waren hoch erfreut. Was für eine ausgezeichnete Idee den Kalender so zu lancieren und sogar noch mehr Geld sammeln zu können!

Helen und Johno

Maurine, Di und ich beschlossen im Tamarinde Haus, unserem Lieblingsrestaurant, zu Abend zu essen, um endgültige Pläne zu machen. Unser Abendessen wurde allerdings von einer gemeinsamen Freundin, Teresa, reorganisiert. Sie ließ uns an ihrem Tisch Platz nehmen und nötigte einige Besucher aus Übersee, sich anzuschließen. Was für ein fantastischer Abend! Der Wein floss nur so und die Konversation wurde gewiss gewagt. Wir waren entspannt und fröhlich. So fröhlich, dass, als ich schließlich zur Bar torkelte, um meine Rechnung zu bezahlen, ich überrascht war, als der Mann, der mir gegenüber gesessen hatte, auf mich zu kam und mir für den nächsten Abend zum Essen einlud! „Aber sehr gerne", antwortete ich etwas berauscht, drehte mich um und machte mich auf den Weg zum Auto.

Am nächsten Morgen wachte ich auf, zwar nicht mit Kopfschmerzen, ich fragte mich aber, was ich getan hatte. Ich konnte nicht einfach so essen gehen. Ich werde seinen Namen herausfinden und die Verabredung verändern, dann – hoffentlich taktvoll – rückgängig machen. Einige Telefonate später und ich hatte Professor John Hay, der ein Umweltwissenschaftler war und als Berater für die Asiatische Entwicklungsbank und die Regierung der Cook Inseln arbeitete. *Denk mal an! Ein Grüner, ein „Ökospinner", spekulierte ich. Dies war schlechter als schlecht. Wir werden nichts gemeinsam haben. Ich muss wirklich absagen. Ich werde anrufen und mich irgendwie entschuldigen.* „Hallo, John - so heißt du doch. Ich kann morgen leider nicht, " sagte ich. „Aber vielleicht möchtest du zu mir kommen, eine Pizza und Wein teilen und Rugby anschauen?" „Entschuldige", sagte der Professor, „Ich mag kein Rugby. Wie ist es mit morgen Abend?" „Oh, nein, da habe ich schon was anderes vor", antwortete ich zögernd. Schließlich nahm ich mich zusammen. Es war ja nur ein Abendessen. Warum machte mich das so nervös? „OK, gehen wir am Montagabend. Ich werde dich im Restaurant treffen." *Es ist sicherer, meinen eigenen Transport zu haben*, dachte ich. Aber John, immer der Gentleman, sagte, dass er mich um sieben Uhr abends abholen werde. Ich gab freundlich nach und grübelte dann das ganze Wochenende darüber nach, was ich wohl anziehen werde. *Nichts, was zu sexy war.* Als ob ich etwas besäße, was sexy war. *Und nichts Extravagantes.* Tatsächlich bin ich auch nicht exzentrisch.

Mein Schlafzimmer sah aus wie ein Schlachtfeld. Dies passte nicht, das war zu eng, zu kurz. Mir war warm und ich war verärgert, ich rang mit mir um den richtigen ‚Look'. Am Ende wählte ich den unvermeidlichen schwarzen Rock mit elegantem schwarzem Oberteil. Es war aber dekoriert worden mit leuchtenden, rosaroten Alpenveilchen, damit sie einen Hauch der Tropen vermittelten. *Genau die richtige Zusammensetzung*, hoffte ich. *Wie immer, er wird sicher mit Sandalen und Socken – was ich am meisten hasse – ankommen.* Barfuß könnte ich noch akzeptieren, aber absolut keine Sandalen und Socken! Was für ein Problem!

Was kann ich sagen? Natürlich hatte ich eine wunderbare Zeit. Der Professor trug keine Sandalen und Socken. Er war korrekt gekleidet in einer cremefarbigen Freizeithose und Hawaii Hemd mit offenem Kragen. Er war lang und distinguiert. Sind das nicht alle Professoren? Er war schlank, gebräunt und mit durchdringenden blauen Augen, die sich von seinem weißen Bart und Haare abhoben. Wenn er lächelte, hatte er diese überraschend tiefen Grübchen in beiden Backen. Einige private Einzelheiten ergaben sich. Er war geschieden und hatte zwei erwachsene Kinder, zwei Enkelkinder, zwei Schwestern und zwei Schwäger. Genau so! Während wir sprachen, wurde klar, dass sein ernsthaftes, akademisches Äußeres einen ziemlich unterschiedlichen Charakter verbarg. Ein etwas absurdes Gefühl für Humor blitzte auf, trotz seiner wohlerzogenen, untadeligen Höflichkeit. In seiner freien Zeit, erzählte er mir, radelte er die zerklüfteten Hügel Northlands auf und ab. Er paddelte und segelte einen Hobie Cat (kleine und leichte Segelkatamaran) rundum die schwarzen, sandigen Strände des Ozeans. Ich gewann den Eindruck, dass er ein Naturliebhaber war. Er war genau und methodisch und rasselte Namen von Menschen und Plätze herunter. Es stellte sich heraus, dass er seine Arbeits- und Reisepläne Monate im Voraus festlegte. Ich konnte fast sehen, wie sein Gehirn, so wohl jede Situation, wie auch jede Antwort, die ich auf seine Fragen gab, sichtete und analysierte. Ich bildete mir immer ein, einigermaßen organisiert zu sein, ich liebe auch Spontaneität und kurzfristige Entscheidungen Ich war mir sicher, dass das nicht sein Ding war. Wir entdeckten, dass wir beide das Reisen liebten. Seine ausgedehnten Reisen waren hauptsächlich mit seiner Arbeit verbunden. John besaß ein eigenes Geschäft. Zu seinen Kunden gehörten die Vereinigten Nationen, die Weltbank und die Asiatische Entwicklungsbank. Es war ein entspannter Abend und ich hatte so eine schöne Zeit, dass ich ihn, als Dankeschön, flüchtig auf die Backe küsste, als wir uns eine gute Nacht wünschten. Es war sicherlich kein leidenschaftlicher Kuss.

Und das war es wohl, jedenfalls dachte ich das.

Die Woche darauf, bevor ich für die Olympischen Spiele in Athen abreiste, gab ich meinem Sohn Nicholas strikte Anweisungen für mein Foto auf der kommenden Auktion zu bieten. Nach meiner Rückkehr, etwa sechs Wochen später, wurde mir das Foto füglich übergeben. Ich bot an, dafür zu zahlen. Zu meinem Erstaunen sagte Nicholas, „Oh nein, Mama, ich habe es nicht gekauft!" „Wer um Himmels Willen, tat das denn", stotterte ich. „Ich weiß nicht, irgend ein alter Knacker in der letzten Reihe", antwortete er. „Wie sah er aus?" Es stellte sich heraus, dass es ‚der Prof' war, wie du sicher schon erraten hattest. Ich wurde dazu erzogen, mich zu bedanken, also schickte ich ‚dem Prof' artig ein Email, dankte ihm für die Spende für die Krebsstiftung und bot an, ihm den Kalender zu schicken, sobald der im Oktober 2004 zum Verkauf angeboten wurde.

Das war der Anfang einer Emailfreundschaft. Es fing nur langsam an. Er teilte mir Neues mit über seine Reisen und Arbeit und ich berichtete die mehr irdischen Sachen über Familie und Geschäft. Immer mehr schaute ich aus nach unserem ‚Chat' und an einem Abend verabschiedete ich mich mit: „In Liebe, Helen". Dieses nicht beabsichtigte Zeichen war anscheinend bedeutsam für John. Im September darauf beschoss er auf Rarotonga Urlaub zu machen, um selber festzustellen, ob seine zunehmend herzlichen Gefühle mir gegenüber gegenseitig waren oder werden könnten. Mein Haus eignet sich dazu, Gäste zu empfangen, also lud ich John ein, einige Tage bei mir zu bleiben, bevor wir nach Aitutaki flogen, um im Hotel meines Sohnes zu wohnen, danach ging es weiter nach Atiu. Hast du bemerkt, dass ich begonnen habe, ihn ‚Johno' zu nennen? Es schien mir ansprechender und passt besser zu ihm, als das förmliche ‚John'.

Also, Johno würde kommen und bleiben, nach einer zufälligen Begegnung und einem Abendessen, das nur ein paar Stunden dauerte. Ja, wir hatten uns sporadisch geschrieben. Aber ein Haus und Urlaub eine Woche lang zu teilen? Das sah uns beiden gar nicht ähnlich.

Nervös fuhr ich Johno vom Flughafen nach Hause und redete ununterbrochen. Wir tranken eine Flasche Sekt und gingen dann ins Bett, jeder in seinem Zimmer, um am anderen Morgen aufgeweckt und früh einen langen, gemächlichen Spaziergang am Strand zu machen. Wir hatten Ebbe und die felsigen Tümpel waren kristallklar und wir konnten sehen, wie winzige, tropische Fische in die Korallen hinein und wieder heraus schwammen. An dem Abend dinierten wir im Tamarinde Haus, wo wir uns zum ersten Mal getroffen hatten. Wir genossen wiederum den Sekt, gute Konversation und tolles Essen. Als wir zum Auto gingen, hielt Johno meine Hand fest. Er erzählte mir, dass er eine Person war, mit ausgeprägtem Tastsinn! *Wie lehrhaft, wow! Wirklich?*

Wir flogen nach Aitutaki, wo mein Sohn Michael und seine Frau Kuraono uns in ihr Haus willkommen hießen und uns mit dicken, weißen Tiare Maori Kränzen überhäuften. Während ich den Duft dieser schönen Gardenien der Insel einzog, fragte ich mich, ob ihr exotisches Parfüm noch mehr Zauberhaftes zwischen Johno und mir bewirken würde. Mit unseren Füßen im Sand, unseren Köpfen in den Wolken, die Kränze, die uns mit ihrem Duft überwältigte – ja, eine Romanze lag gewiss in der Luft.

Die heißen Tage wurden zu warmen, milden Abenden. Ein besonderer Abend war keine Ausnahme. Wir teilten eine Flasche schwerer Rotwein, unsere Zehen berührten den Sand. Sternchen funkelten vor meinen Augen und ich sah Johno in einem neuen und klareren Licht. Er war entspannt und liebte Spaß. Ein Silbermond überflutete die Lagune, zeigte die Konturen einer Treppe zum Himmel und beschien die Brecher, die sich über das Riff stürzten.

„Wie wäre es mit einem Bad im Mondlicht?", fragte Johno. Bevor ich Zeit hatte nachzudenken, waren wir schon umgezogen und tauchten hinein. Der Glanz des Mondes, das Funkeln der Sterne, die Berührung seiner Hand auf meiner, das alles verdrehte mir den Kopf. Oder war es der Wein?

Wir umarmten uns, gingen wieder auseinander und umarmten uns dann fester. Vielleicht war jetzt der Zeit für den leidenschaftlichen Kuss.

Wir wurden aber plötzlich von einem mysteriösen Geräusch aufgeschreckt. Was war das? Es hörte sich an wie Schluckauf. Wir konnten niemanden sehen, aber das Geräusch kam näher. Dann waren sie da – ein junges Paar aus Österreich. Er hatte ein schreckliches Problem mit Schluckauf. Sie setzten sich am Becken und unterhielten uns mit ihren Abenteuern. Wir waren immer noch im Becken und uns fror immer mehr. Meine Finger und Zehen sahen wie in der Sonne getrockneten Pflaumen aus. Schließlich hatte ich genug und entschied, nicht länger im Becken bleiben zu können.

Es war zum Lachen, aber auch enttäuschend. In jeder Hinsicht ein Strich durch die Rechnung! Aber der Mond stand immer noch hoch und die Sterne funkelten immer noch. Während wir den Pfad zu meinem Zimmer hinauf schlenderten, hielt der Professor meine Hand, genauer, sein Arm fasste mich nun um die Taille. Das gefiel mir schon besser. Ich hatte das kribbelnde Gefühl, dass, trotz aller Frustrationen, diese Nacht *die* Nacht sein wird. Wir erreichten die Veranda meines Zimmers, als ich die Stufen hochging, drehte ich mich in seiner Umarmung. Unsere Lippen waren nun auf gleicher Höhe. Ich konnte fühlen, wie Verlangen, Vorfreude und Begierde in mir hochstieg. Ich war mir sicher – ja, das war es! Ich werde meinen leidenschaftlichen Kuss bekommen, einen, den ich im Inneren spüre und der ewig dauert. Ich spitzte meine Lippen und schloss die Augen und legte meine Arme behutsam um Johnos Nacken.

Dann, plötzlich, im nächtlichen Dunkel schrie eine geisterhafte Stimme fröhlich: „Gute Nacht, Oma!" Es war der Nachtwächter. Bah! Wieder war eine Gelegenheit zunichte gemacht worden. Ich mochte es nicht glauben. Wir sprangen auf, wie erschreckte Kaninchen. Johno eilte zu seinem Zimmer und ich rannte hinein und fiel in einem Anfall von Hysterie auf das Bett. ‚Frustriert' war nicht das einzige Adjektiv, das ich gebrauchte. Verteufelt unglaublich! Mein Pech! *Der Professor wird für immer abgeschreckt sein,* dachte ich bei mir.

Am folgenden Tag, nach dem Kaffee und nachdem wir herzlich über die Sache gelacht hatten, brachen wir auf für den fünfundvierzigminütigen Flug mit einem kleinen Flugzeug nach Atiu. Atiu besitzt eine schroffe Landschaft, welche aus feuchtem, tropischem Dschungel, Kaffeeplantagen und kleinen, felsigen Höhlen besteht, gehauen aus den scharfen, zerklüfteten

Klippen. Roger, unser Gastgeber, freundlicher Reiseführer und Hotelbetreiber, holte uns ab. Roger kam ursprünglich aus Neuseeland, zog nach Atiu und wurde bald Bürgermeister auf der Insel. Er lebte dort bereits mehr als zwanzig Jahre. Er und seine Frau Kura, eine Cookinsulanerin, besaßen sechs Bungalows, gebaut aus einheimischem Holz, das auf ihrem Grundstück angepflanzt und gesägt worden war. Ich hatte den Familienbungalow gebucht, weil es zwei separate Schlafzimmer hatte und ein zusätzliches Bett im Wohnraum – alles sehr angebracht, angesichts, dass Johno und ich nur Freunde waren.

Zu meiner Bestürzung teilte Roger uns mit, dass er den von mir gebuchten Bungalow einer Familie gegeben hatte. Wir wurden zu einem Studioapartment gebracht. Vielleicht lächelten die Götter schließlich doch auf uns herab. Ich beschwerte mich nicht oder verlangte ein anderes Zimmer. Ich nahm es, wie es kam und dachte, *que sera, sera!* (Was sein wird, wird sein).

Und, weißt du, dass es alles absolut wunderschön, fantastisch und perfekt war? Ich bekam den leidenschaftlichen Kuss. Jawohl, ein Kuss, der niemals enden wird. Mein Wunsch wurde erfüllt. Es war etwas Besonderes und ach, so bezaubernd! Ich wusste, dass diese Gefühle mein Leben überdauern werden.

Helen und Johno

Kapitel 62
Von Verlangen zur Ekstase

Träge streckte sie sich aus, herausfordernd, während das Licht des Mondes über ihr Gesicht flimmerte. Dann hebt sie ihre weichen, weißen Arme – streckt sie aus, immer wieder. Ihr Körper biegt sich geschmeidig, als sie seinen warmen Atem spürt. Ihre Lippen sind feucht und einladend, begehrend und verlangend. Er beugt sich über sie, gerade in ihrer Reichweite. Nun hebt sie ihre Hände und spreizt die Fingerspitzen. Jetzt fühlt sie wie Küsse, leicht wie Schmetterlinge, auf ihr Gesicht herabregnen, während sie sich ihm in seiner Umarmung entgegenstreckt. Plötzlich ist ihre Stimmung zerschmettert, wie Glasscherben. Er hat kein Gesicht. Wie immer in diesem immer wiederkehrenden Traum ist er ein flüchtiges Bild. Wieder einmal wacht sie in einem leeren, kalten Bett auf. Wieder liegt ein langer, einsamer Tag vor ihr. Ihre Gedanken kehren zur Wirklichkeit zurück. Was einmal war, ist jetzt nicht mehr. Aber sie hofft, *doch nicht für immer?* Sie hat die tiefe Überzeugung, dass es noch mal eine andere Person in ihrem Leben geben wird. Irgendjemand – da draußen – wartet geduldig, genau so wie sie.

Wenn alle Hoffnung, jemals wieder Liebe zu finden, verloren ist, hat sie eine beliebige Begegnung. Beliebige Worte, Schlagfertigkeit und Scherze durchsetzt mit Gelächter; schnelle Emails fliegen kilometerweit hin und her und gipfeln in einem zusammen verbrachten Urlaub.

Es ist ein herrlicher Abend für Romanze, für Verführung, für Liebe. Sein Körper ist fest und seine Arme sind stark, als er sie kräftig umarmt. Sie zittert vor Erregung; ihre Haut glüht rosig. Dies ist kein Traum; dies ist endgültig keine Fantasie. Er senkt seinen Kopf und streift seine Lippen sanft über die ihren. Ihr Leib schmilzt, als seine Zunge langsam eindringt, aufreizt und dann weich in ihren Mund hinein gleitet. *Ja, oh ja, bitte,* seufzt sie innerlich. Begierde erfasst sie. Es war so lange her, allzu lange. Er fasste ihre Brüste wie Blumen. Bevor sie es sich anders überlegen kann, drückt sie sich an ihn; ihre vollen Brüste, die Nippel hervortretend, zeichnen sich unter ihrem

Pareo. Sie fühlt wie seine Männlichkeit sich regt, als seine schlanken Beine sie umfassen und sie wird sogar noch erregter. Ihr Körper steht in Flammen. Seine Leidenschaft wird wieder entfacht. Ihre Finger verschlingen sich mit den seinen. Der nach Moschus riechende Duft des Verlangens vertreibt das Parfüm der Nacht. Er ist in seiner Nacktheit vollkommen unbefangen. Er hat breite Schultern, die in eine schmale Taille übergehen und einen niedlichen, sexy Hintern. Sie möchte ihn überall drücken und streicheln. Dies ist nicht die Zeit für Sprödigkeit oder Schüchternheit. Ihr Körper ist erfüllt von einem urzeitlichen Bedürfnis. Sie fühlt sich jung, lebenssprühend, begehrenswert und gleichzeitig wollüstig. Sie zieht ihn leidenschaftlich an sich, ihre weichen, cremefarbigen Oberschenkel spreizen sich und in Ekstase führt sie ihn in sich hinein. Sie ist fordernd, ihre Lippen bewegen sich verzückt, ihre Zunge erforschte seinen Gaumen, ihre Hände liebkosen, streicheln innig, heftiger, schneller. Sie kann nicht aufhören. Ihre Sinne konzentrieren sich nur auf das Eine. Ihre Finger reiben seinen Rücken. Sie fühlt, wie flüssiger Lava aus ihr fließt, als ihre Hüften sich heben und senken in Harmonie mit seinen tiefen, durchbohrenden Stößen. Erstaunlicherweise bewegen sie sich zusammen, als ob sie eins wären. Als er ein lautes Stöhnen vor Genuss und Erleichterung von sich gibt, hört sie den lüsternen, primitiven Aufschrei ihrer eigenen Stimme.

Später fühlte sie eine klare, strahlende Glückseligkeit, als ob sie gerade in den kühlen Tiefen des Ozeans geschwommen und dann in die heiße Sonne gegangen wäre.

Kapitel 63
Ein Dilemma

Ich hatte also meinen leidenschaftlich Kuss bekommen und mehr als das. *Was wird als Folgendes passieren?* Kurz, nett und anschmiegsam mit welligen, weißen Haaren, funkelnden, grauen Augen und einem fröhlichen Lächeln, so würde ich mich selbst beschreiben. Als junge Frau war ich scheu und konservativ. Ich trug Kleider, die eher hübsch und sauber waren, als interessant oder raffiniert. Ich trug unaufdringlichen Goldschmuck und legte überhaupt kein Flair für das Exotische an den Tag. Ich war nie impulsiv. Andererseits war Hugh, mein verstorbener Mann extrovertiert und auffallend. Obwohl ich ihn innig liebte, stand ich immer etwas in seinem Schatten und ein Tritt zurück. So war es halt.

Wenn also ‚der Prof', mein lieber Johno, mich einlud, einen Monat mit ihm in Japan zu verbringen, war ich in einem Dilemma. *Werde ich den Sprung wagen zu diesem aufregenden Land zu reisen und meine Gefühle für Johno zu überprüfen, oder sollte ich mein konservativeres Leben fortsetzen?* Es ist nun zwölf Jahre her seit Hugh starb. Ich kenne Johno jetzt achtzehn Monate, aber habe ihn nur ein paar Mal gesehen. Auch bin ich sechsundsechzig Jahre jung. Das Leben wird kürzer. Johno fragt mich vielleicht nie wieder.

„Carpe Diem" sage ich. Pflücke den Tag.

Ich werde einen letzten, sehnsüchtigen Blick zurück werfen. Ich werde die Seite umblättern und das folgende Kapitel meines Lebens aufschlagen.

Kapitel 64
Konnichiwa
2006

Ich nahm Johnos Angebot, ihn in Japan zu besuchen, an. Er unterrichtete an der Ibaraki Universität. Für uns beide war es eine Vertrauenssache. Um einen Monat zusammen in einer unterschiedlichen Umgebung und Kultur zu verbringen würde entweder gelingen oder auch nicht. Beide hatten wir nichts zu verlieren. Auf jeden Fall würde ich ein erstaunliches Abenteuer erleben.

Es war November, als ich in die – nach japanischen Begriffen – kleine Stadt, Mito City, ankam. Bereits kalte Winde bliesen rötliche und goldene Blätter die Straßen entlang. Unsere kleine Einzimmerwohnung gewährte Aussicht auf einen Fluss gesäumt von Kirsch- und Pflaumenbäumen. Ich müsste aber im Frühling wiederkommen, um die ganze Pracht der Blüten zu sehen. Breite Fußwege mit sorgfältig gepflegter Böschung liefen den schmalen Fluss entlang. Jeden Morgen, nachdem ich mit Johno zum Busbahnhof gegangen war, radelte ich längs dem Flussufer und um den Sembasee zum Kairakuen Park. Mit aufrechtem Rücken radelte ich gelassen auf dem Fahrradweg auf einem altmodischen Fahrrad mit einem Korb vorne. „Konnichiwa", rief ich den Schülern zu, als sie klingelnd an mir vorbeifuhren auf ihrem Schulweg. „Hallo Miss", sie probierten ihre Englischkenntnisse an mir aus. Freche kleine Jungen mit leuchtenden roten und gelben Mützen schlenderten entlang der Straße zur Bushaltestelle. Die niedlichen, schwarzhaarigen Mädchen sahen mit ihren weißen Kniestrümpfen über ihren molligen Beinchen wie kleine Puppen aus. Für diese Kinder war ich etwas ziemlich Ungewohntes, denn es gab nur wenige, wenn überhaupt, Weiße die in der Stadt lebten. Fröhlich und lachend zeigten sie mit dem Finger auf mich, wenn ich nickte und mich vor ihnen verbeugte.

Der Weg rund um den Semba See in Japan

Jeden Morgen um zehn begegnete ich einer kleinen, alten, japanischen Dame, die um den See herum wanderte und kein Englisch konnte. Ich sprang aber vom Rad und mit viel Lächeln und Gestikulieren hielt ich lange Gespräche mit ihr. Ich zeigte ihr meine Kamera und fragte, ob ich sie fotografieren dürfte. Jetzt verbeugte ich mich auch immer und konnte das so tief wie jeder andere auch.

Meine japanische Freundin

Einige Tage später, nach vielen Verbeugungen beiderseits, schenkte sie mir einen hübschen Fächer und ein besticktes Taschentuch. Ihre Freigebigkeit und Freude in ihrem Gesicht bewegten mich. Wie schade, dass ich kein

Japanisch konnte. Ich lernte aber oberflächlich einige Wörter. Dreimal die Woche nahm ich den örtlichen Bus zu der Ibaraki Universität, wo ich jungen Sekretärinnen von Johnos Abteilung informell englischen Konversationsunterricht gab. Das machte mir Spaß, besonders wenn ich die Damen zum Tee in der Altstadt einlud. Als wir die Teestube betraten, war ich erstaunt einen langen Tisch zu sehen, gedeckt mit erlesenem, englischen Porzellantassen, Untertassen und Tellern mit Blumenmustern. Ich hatte fälschlich angenommen, dass ich sie in eine einfache, japanische Teestube eingeladen hatte. Stattdessen wurde uns eine Auswahl an internationalen Tees vorgesetzt und tranken am Nachmittag aus individuell ausgewähltem Teeservice. Es war eine elegante, kultivierte Gelegenheit für uns alle.

Lunch in der Universitätskantine mit einigen Teilnehmern

Eines Abends dinierten Johno und ich in einem lärmenden, überfüllten, japanischen Restaurant. Anscheinend war es, sowohl bei Universitätsstudenten als auch bei Geschäftsleuten, welche die Bar nach einem langen Tag im Büro frequentierten, äußerst beliebt. Unter vielen Verbeugungen brachte man uns zu einer schmalen Nische, reichte uns die Weinliste und das Menü und innerhalb von Minuten bekamen wir Stäbchen und kleine Gläser Sake. Der gejagte Kellner brachte eine Flasche gekühlten Rotwein, goss uns ein und verschwand, bevor wir protestieren konnten. An Hand der farbigen Bilder fanden wir heraus, was auf dem Menü stand. Es dauerte nicht lange, bis wir uns in der freundlichen Umgebung entspannt hatten. Die Bedienung war schnell und unaufdringlich, außer dem heiseren Geschrei unseres Kellners zu jemandem hinten im Restaurant, oder war es vorne? Wie auch immer, er äußerte ununterbrochen einen Wortschwall zu jemandem. Vielleicht war es nur gut, dass wir nichts verstanden.

Mitten in diesem Tumult, ich konnte meine Ohren kaum glauben, fragte Johno: „Willst du mich heiraten?" Verblüfft saß ich da. Diese Frage kam gänzlich aus heiterem Himmel und unerwartet. Was konnte ich sagen? *Was sollte ich sagen?* Ich war überwältigt. Wir hatten vorher ausgemacht, dass die Heirat etwas war, das wir beide nicht brauchten, noch wünschten. Wir waren zufrieden mit unserer Freundschaft, die tatsächlich eine Liebesbeziehung war. Aber heiraten? Als ich allerdings in seine Augen schaute, realisierte ich mir: ja, ich möchte wieder heiraten. Trotz meiner Tränen gelang es mir, zu murmeln, „Ja, wenn die Zeit reif ist."

Obwohl ich immer Helen Henry bleiben werde, wünschte ich auch, wie er, eine gegenseitige, bleibende Beziehung einzugehen.

Helen und Johno in Japan, 2006

Kapitel 65

Die Insel Manuae

2008

Johno und ich feierten die Weihnachts- und Neujahrsferien mit unserer Familie auf dem winzigen Korallenatoll bei Aitutaki. Der Sommer von 2008 war außergewöhnlich heiß und wie immer hatten wir zu viel fettes und exotisches Essen und Trinken genossen. Gemächlich nahmen wir uns eine Freizeitbeschäftigung nach der anderen vor und genossen die Gesellschaft der Kinder und Enkel.

Michael und seine Frau, Kuraono haben fünf Kinder zuzüglich verschiedener Partner und Freunde. Sie leben in einem geräumigen Haus mit fünf Schlafzimmern, voller Kinder, Haustiere, Liebe und Gelächter. Eine hohe, gebleichte Korallenmauer umgibt das Schwimmbad, das in einer Ananasplantage gelegen ist. Gruppen von Papayabäumen beladen mit goldenen Früchten, die für unser Frühstück einfach zu pflücken waren. Bündel Bananen hingen über der Veranda und Kokospalmen säumten die Grenzen. Morgens wachten wir mit dem Krähen der Hähne, dem Lachen der Kinder und mit dem Geruch frischer Brötchen und Kaffee auf. Es war der Anfang eines idyllischen Urlaubs und wir waren beide entspannt und zufrieden.

„Ich habe einen großartigen Plan für Morgen", erzählte uns Michael. „Mama, du hast dir immer gewünscht einmal Manuae zu besuchen. Ich habe also drei weitere Boote arrangiert, die uns begleiten werden. Du und Johno können die Insel erforschen und Muschel sammeln und die Buben werden Speerfischen gehen. Was meinst du?" Ich war aufgeregt. „Absolut fantastisch! Michael, du weißt, dass das eine der Inseln ist, die ich immer schon mal besuchen wollte." Manuae ist heute unbewohnt. Im frühen zwanzigsten Jahrhundert war sie ursprünglich die Strafkolonie der Cook Inseln. In den fünfziger Jahren wurde dort Kopra produziert, aber gegenwärtig ist es nationaler Erbbesitz. „Sorge dafür, dass du heute Nacht gut schläfst, Mama, denn wir werden noch vor Sonnenaufgang abfahren. Bring nur Wasser mit, wir werden für das Essen sorgen. Die Jungs werden zum Lunch Fisch zum Grillen fangen." Ich war begeistert. Ich konnte an Johnos Gesichtsausdruck sehen, dass er genau so aufgeregt war wie ich. „ Johno, was glaubst du? Kannst du deine Arbeit ruhen lassen angesichts der dir gesetzten Frist, die bald abläuft?" „Natürlich, mein Liebling, Eleni (polynesisch für Helen). Ich möchte das um keinen Preis versäumen." Johno fügte sich leicht in unser Familienleben ein. Es ist als ob er sie schon immer gekannt hat und nicht nur erst seit wenigen Jahren.

Die Sonne lugte gerade durch die Wolken hindurch, als wir am Kai warteten. Die Boote waren vollgepackt. Meine Enkel ließen die Jetskier ins Wasser. „Ihr werdet sicherlich nicht den ganzen Weg Skilaufen?", fragte ich meinen ältesten Enkel, Tiavare. Er zog die Schirmmütze über den Kopf. „Oma, es wird der Lauf meines Lebens sein! Du kannst es ja auch mal versuchen." „Um keinen Preis! Ich nicht! Ich bin auf Komfort geeicht, nicht auf Geschwindigkeit", entgegnete ich. *Toll*, dachte ich bei mir. *Diese Kinder kennen absolut keine Furcht.* Gerade da hörten wir ein Hupen. Michaels Schwiegervater, Herr Puna, fuhr seinen schäbigen Kleinlaster an den Kai. *Kommt er auch mit,* dachte ich erstaunt. Ich glaubte nicht, dass wir genug Platz hatten. Nein, er war der örtliche Pastor der Adventisten und war gekommen, um das Boot, die Schiffer und die Passagiere zu segnen. Er wünschte uns eine sichere Fahrt über den Ozean nach Manuae. Wir beugten den Kopf zum Gebet. Alle waren ruhig, während wir seinen Worten lauschten und danach sagten wir im Chor ein inbrünstiges Amen. Da legten wir ab. Johno stand neben Michael, unserem Kapitän. Mirielle, Tiavares Partner und ich saßen eingequetscht im Achterschiff und Kuraono saß uns gegenüber. Über den Horizont ging die Sonne auf. Ich blickte in den wolkenlosen, blauen Himmel und lachte vor Vergnügen, als wir durch den engen Durchgang im Riff auf den indigoblauen Ozean hinausfuhren. „Wie viele Stunden dauert es, bis wir da sind", fragte ich Michael. „Wenn das Wetter so bleibt, wie es jetzt ist – leichte Dünung und wenig Wind – brauchen wir wahrscheinlich vier Stunden", antwortete er. „Zum Lunch müssten wir da sein."

Immer, wenn das Boot hart auf die Wellen krachte, war ich froh, dass wir wenig Platz hatten, um uns zu bewegen. Johno fühlte sich nicht allzu behaglich, aber er war ein geübter Segler und würde sich sicherlich bald entspannen. Wir hatten Aitutaki hinter uns gelassen und, außer den vier Booten die vorwärts brausten und Tiavare, der auf seinen Jetskiern hin und her glitt, gab es, außer dem tief indigoblauen Ozean, nichts zu sehen.

„Zeit für eine Pinkelpause", rief Mirielle. Michael verringerte die Geschwindigkeit unseres Bootes. Wir schaukelten leicht auf den Wellen, während sie hastig zur Leiter am Heck ging und dort saß. *Arme Mirielle,* dachte ich. *Ich hoffe es über die Entfernung auszuhalten, aber vielleicht nicht bei diesem Hin- und Herkrachen.* Es gab viel Gelächter und Gehänsel, als sie zu ihrem Sitz zurückkletterte. Und noch mal flitzten wir fort.

Auf dem Weg zu Manuae

Konnte ich etwas sehen, oder war es eine Luftspiegelung? Nein, über den schweren Seegang erschien allmählich die dunkle Form einer Insel. Eine Anzahl schwarz-weißer Fregattvögel kreiste über uns. Dann konnte ich das weiße, wie Spitzen gekräuseltes Wasser sehen, als die Sturzwellen über das Riff donnerten. Wir waren unversehrt angekommen.

Die Boote schaukelten außerhalb des Riffs, während die Männer überlegten, wie die schwierige Passage zu dem untiefen Gewässer der Lagune zu überwinden sei. „Sobald ich Bescheid sage, Mama, kletterst du und Johno hinüber in Rons Boot." Ich blickte mit etwas Angst hinüber. Beide

Boote schaukelten wild nebeneinander. Wie könnte uns das jemals gelingen? Wie auch immer, Michael war der Kapitän und als er sagte, spring, sprangen wir! Ich taumelte in Rons Boot, ein Fuß hing noch über die Kante. Johno folgte mir. Er war behänder, aber bekam trotzdem einen blauen Fleck auf dem Arm, als er gegen die Seite fiel. Unser neuer Skipper Ron fuhr los. Wir rasten am Außenriff lang und ritten dann seitlich auf dem Wellengang, donnerten durch die Öffnung ins ruhige Wasser. Wie stiegen auf die flachen Felsen, die das Riff bildeten. Das Wasser wirbelte um die Fußgelenke. Plötzlich flitzten türkisblaue und flamingofarbene Papageienfische an unseren Beinen vorbei. Dies war tatsächlich das Paradies der Fischer. Die beiden Jungen tauchten ins klare, kühle Wasser und eilten mit ihren kleinen Harpunen zum Riff.

Kuraono und ich kühlten uns im seichten Wasser ab und bereiteten danach den Lunch vor, während Johno im Schatten einer Kokospalme lag. Es war extrem heiß und der grelle Glanz der weißen Korallen blendete unsere Augen. Was für eine fantastische Erfahrung! Diese Insel war gänzlich naturbelassen. Außer unserer kleinen Gruppe gab es nur leuchtend rote Einsiedlerkrebse, die über den mit Muscheln bedeckten Strand hasteten, farbige Fische und Vögel. Nicht mal Jachten ankerten in diesen Gewässern.

Manuae

Das Erforschen der kleinen, unbewohnten Insel nahm nicht viel Zeit in Anspruch. Wir fanden die im Verfall befindliche Ruine eines Hauses, das einst von dem Manager der Kopraplantage benutzt worden war. Halb versteckt durch Kletterpflanzen war es jetzt ein Haufen verrotteter, schrägliegender Spanten und verschimmelter Mauern aus Korallenkalkstein. Einige abgerissene Dachplatten aus Blech – anscheinend durch einen starken Wind oder einen Zyklon abgerissen – lagen im hohen Gras und rosteten vor sich hin. Nach viel Stöbern im Unterholz konnten wir sogar den Umriss von Tennisplätzen erkennen, die er für seine Arbeiter markiert hat. Das Hin- und Herflitzen der Eidechsen zwischen gefallenen Blättern und dem Gewirr der Kriechpflanzen unterbrach die Stille. Eine isolierte Insel, aber augenscheinlich hatte der Kopramanager sie mit Begeisterung und Geschicklichkeit ziemlich bewohnbar gemacht.

Schließlich begaben wir uns auf den Rückweg. Ich war fasziniert von den ‚Maroro' – fliegenden Fischen – die über die Wellen glitten und mit der Geschwindigkeit des Bootes Schritt hielten. Dann kamen ein paar Delphine zum Spielen und begleiteten uns auf unserem Weg. Jeder Kapitän versuchte den anderen zu übertreffen. Am Anfang gab es große Rivalität, als wir als erster vorwärts drängten und anschließend für Peckham oder Ron Platz machten. Ich bemerkte, dass Johno an das freundliche Wettrennen offenbar wenig Interesse hatte. Tatsächlich sah er gequält aus. Er amüsierte sich definitiv nicht. Wahrscheinlich hatte er einen kleinen Hitzeschlag. Aber dann lächelte er schwach und gab ein schlappes Daumen-Hoch-Zeichen und weigerte sich die Plätze zu tauschen. *Ach du liebe Zeit!* Ich hoffte, dass es ihm gut ging. Wir hatten immer noch über eine Stunde vor uns. Wir erreichten den Kai und da war Herr Puna, der Pastor. Er war gekommen, um die ‚Seeleute' zu Hause willkommen zu heißen und sprach ein Dankgebet für unsere sichere Rückkehr. Johno und ich waren beide erschöpft, aber hocherfreut über die Exkursion. Ich machte mir Sorgen über ihn, aber er versicherte mir, dass er in Ordnung war und nur ermüdet.

Mein Traum wurde wahr. Für einen Tag war ich Robinson Crusoe!

Kapitel 66

Lebt man einen Traum, oder einen Albtraum?

Um die Welt oder wenigstens von Insel zu Insel in einem privaten Jet zu fliegen, ist es nicht das, wovon die meisten Menschen träumen? Mein Traum wurde wahr, allerdings völlig unerwartet und auf unangenehme Weise.

Es war vier Uhr morgens, als schrilles Geschrei mich weckte. „Was hast du, Johno? Was ist los?" „Mein Rücken", schrie er. „Mein Rücken bringt mich um!" Ich beeilte mich Michael und Kuraono, die am anderen Ende des Hauses schliefen, zu wecken. „Kannst du sofort den Arzt hohlen? Es stimmt etwas nicht mit Johnos Rücken. Während ich seinen Rücken sanft massierte, jammerte und stöhnte er weiter. Vielleicht verringerte sich der Schmerz. Möglicherweise hatte er durch die unaufhörliche, krachende Bewegung des Bootes auf unserer Tagestour nach Manuae etwas am Rücken ausgerenkt. Dr. Koko kam, untersuchte ihn und verschrieb Schmerzmittel. Er schlug vor, Johno auf ein flaches Brett zu heben, um die Rückenschmerzen zu lindern. Johno schlief schließlich ein. Nur wenige Stunden später wachte er auf. Wieder hatte er unerträgliche Schmerzen. Er schrie und schrie. Er litt qualvoll. Ich habe noch nie jemanden gesehen, der solchen Schmerzen hatte. Der Arzt kam wieder, warf einen Blick auf ihn und stellte mir einige Fragen. „Wir müssen ihn sofort ins Krankenhaus bringen. Wir können nicht mal auf den Krankwagen warten." Meine zwei Enkel halfen Johno in den Wagen des Arztes zu tragen. Ich nahm schnell seine Zahnbürste und Computer und folgte im Auto. Alles schien doppelt so schnell abzulaufen. Dr. Koko rief mich in sein Büro. „Johno muss schnellstens nach Neuseeland evakuiert werden." Ich sah ihn ausdruckslos an. „Ja, seine Nieren versagen. Wir haben keine Dialyseausrüstung hier oder in Rarotonga. Ruf deine Söhne an.

Sie haben früher schon mal eine medizinische Evakuierung für einen Touristen organisiert und kennen die Vorgehensweise." Ich nahm mich zusammen. Ich konnte Johno in dieser Phase nicht im Stich lassen. Ich rief Michael an. „Er ist fischen gegangen, aber ich rufe ihn über Funk", antwortete Kuraono. Ich telefonierte mit Stuart. „Ich komme sofort zum Krankenhaus, Mama." Ich rief Paul an, aber niemand antwortete. Wahrscheinlich reparierte er gerade einen technischen Fehler im Hotel. Ich rief Nicholas auf Rarotonga an. „Kannst du unsere Pässe aus dem Safe holen? Unsere Versicherungspapiere sind auch darin. Faxe sie zum Hotel und sende die Originale und die Pässe mit dem nächsten Flugzeug rüber. „Gut, Mama, ich organisiere hier alles Nötige", antwortete Nicholas ruhig. Kurz nacheinander kamen die Jungen und nahmen mir alles sofort ab. Stuart fand sogar die Versicherungsinformationen auf Johnos Computer. „Mama, wenn aus irgendeinem Grund die Versicherung die Evakuierungskosten nicht übernehmen, kann es sein, dass wir alle unsere Kreditkarten auf den Tisch legen müssen", sagte Michael. „Was, das ist ein Witz. Sogar wenn wir unsere Kreditkarten alle zusammenlegen, kämen wir nicht annähernd an den NZ$ 150.000,- die, wie du sagst, die Evakuierung kosten könnte", antwortete ich. Aber ich dachte und plante bereits, was ich tun würde. *Ich könnte meinen Bankmanager anrufen und ihn dazu bewegen, Geld vorzustrecken, wenn ich eine Hypothek aufs Haus nehme. Wie auch immer, wir mussten Johno so schnell wie möglich nach Neuseeland bringen.*

Abwechselnd versank Johno ins Koma und kam wieder zu sich. Er hatte Morphin bekommen, aber quälte sich immer noch sehr. Der medizinische Stab tat alles was möglich war. Es war aber ein sehr kleines Hospital, mehr eine Klinik angesichts der sehr eingeschränkten Möglichkeiten und medizinischen Bedarfsgüter. „Gute Nachricht, Mama. Die Versicherungsgesellschaft hat gesagt, dass sie alle Kosten übernehmen wird. Das Flugzeug ist unterwegs. Es kommt über Auckland von Sydney und macht einen Zwischenstopp auf Rarotonga um aufzutanken und kommt dann hierher." „Das wird Stunden dauern und dann müssen wir ihn so schnell wie möglich nach Auckland zurückbringen." Ich bekam Panik. „Können wir Johno so lang in einem stabilen Zustand halten?" Der Arzt pumpte ihn voller Antibiotika, ohne dass er wirklich wusste, wie sein Zustand war und warum die Nieren versagten. Sein Körper schwoll schnell an und er atmete mühsam. Ich hatte mich noch nie nutzlos gefühlt. *Was konnte ich tun? Was sollte ich tun?* Die drei Jungen waren ein Hort der Kraft, während sie mit der Versicherung Maßnahmen trafen für die Evakuierung. *Wie war Johno in der Lage gewesen Stuarts Fragen zu beantworten und ihn zu der Information der Versicherung auf seinem Computer zu lenken? Ich muss ruhig und positiv bleiben,* dachte ich bei mir selbst. *Ich werde seinen Computer und ein paar Kleider einpacken und werde auf die Ankunft des medizinischen Teams vorbereitet sein. Hoffentlich werde ich in der Lage sein, ihn nach Auckland zu begleiten. Es wäre schrecklich, einen Flug mit einer kommerziellen Linie arrangieren zu müssen. Ich wusste, dass es nur beschränkt Platz gäbe im Zusammenhang mit all der Ausrüstung und den zwei Ärzten an Bord.* Ich saß da und hielt Johnos Hand als ich aufschaute und Herr Puna sah, der ruhig in der Türöffnung stand. Er trug einen dunklen Anzug und Krawatte. „Ich frage mich, ob Sie möchten, dass ich ein paar Worte des Trostes sage und vielleicht auch ein Gebet für Johno spreche." Seine Aufmerksamkeit erschütterte mich. „Ja, bitte, beten Sie für Johno", murmelte ich. „Bete auch für seine Kinder." Seine Tochter Jo und seinen Sohn AJ waren von Australien nach Neuseeland unterwegs, um dort auf seine Ankunft zu warten. Ich fühlte mich sehr getröstet durch die liebevollen Worte von Herrn Puna. Als er betete, wusste ich, dass Johno ihn hörte. Er hörte auf zu stöhnen. Es war eine tiefe Stille im kleinen Krankenzimmer. Meine Augen füllten sich mit Tränen, während ich Johnos Hand in der meinen hielt. Ich schaute übers Bett zu Michael, Paul und Stuart, die auch gerührt waren. Ich fühlte in meinem Herzen, dass alles wieder gut sein wird. Herr Punas Worte gaben mir ein zuversichtliches Gefühl.

Wir hörten das Dröhnen eines Flugzeuges. Der Lear Jet war mit zwei australischen Ärzten an Bord angekommen. Ich stieß einen tiefen Seufzer vor Erleichterung aus. Der Chefarzt, der keinen Tag älter als zwanzig aussah, teilte mir mit, dass sie Johno in ein künstliches Koma versetzen werden, um ihn für den Flug zu stabilisieren. Sie brauchten zwei lange Stunden um ihn mit der lebenserhaltenden Ausrüstung zu verbinden, die mit der Trage verbunden war. Johno wurde in den Krankenwagen gehoben. Wir folgten langsam und fuhren über die kurvenreiche Straße den Hügel hinunter und über die schmale Küstenstraße zum Flughafen. Meine Söhne und Familien warteten dort schon, um auf Wiedersehen zu sagen und uns eine gute Reise zu wünschen und beteten für eine baldige Genesung. Unsere Pässe waren rechtzeitig angekommen. Schuhe und Mäntel waren auch von

Rarotonga herüber geschickt worden. Ich war dankbar, dass ich auch mit dem Flugzeug mitkommen durfte. Ich quetschte mich zwischen medizinischer Ausrüstung und Reisetaschen auf den Rücksitz. Die zwei Ärzte saßen neben der Trage, welche die ganze Länge der engen Kabine beanspruchte. Der Pilot startete die Maschine und wir fuhren die Landebahn entlang. Es gab keine Stewardess und keine Toilette, nur zwei junge Piloten, die zwei Ärzte, Johno und ich. Johnos bloße Füße ragten hinter der Ausrüstung hervor, die über seine Brust war.

Plötzlich entstand eine Unruhe. Mein Herz hörte fast auf zu schlagen. Ich war zu Tode erschrocken – diese Angst! Ich sah zu, wie die Nadel auf einem der Instrumente sich auf und ab bewegte. Irgendwas stimmte überhaupt nicht. Ich konnte nicht hören, was die Ärzte sagten. Es stellte sich heraus, dass sie sich mit einander berieten und dann mit dem Piloten redeten. Schließlich drehten sie sich zu mir und beruhigten mich mit einem schwachen Lächeln.

Johno wird von dem Krankenwagen ins Flugzeug getragen

„Er wird durchhalten. Wir sprechen ebenfalls mit dem Spezialisten des neuseeländischen Krankenhauses."

Fünf lange Stunden später landeten wir auf dem Internationalen Flughafen Aucklands und Johno wurde schnellstens mit dem Krankenwagen zur Intensivstation des Middlemore Hospitals gefahren. Ich blieb, um die Zoll- und Einreiseformalitäten zu klären.

Wie komme ich jetzt zum Krankenhaus? Ich rief gerade meine Freundin Viane an, als eine junge Frau auf mich zukam und mir mitteilte, dass Viane im Krankenhaus bereits auf mich wartete. Dann stellte sie mich einem Herrn mit dem Namen Nicholas vor. Ich kann mich nicht mehr an seinen vollen Namen erinnern, aber er war ein spezieller Begleiter, den die Versicherungsgesellschaft mir zur Verfügung gestellt hatte, um mich zum ‚Whanau' genannten Familienzimmer im Krankenhaus zu fahren.

Dort warteten Jo, AJ, Viane und Jim auf mich. Wie erleichtert war ich, sie zu sehen. Zwei Stunden später war Johno in stabilem Zustand auf der Intensivstation. „Bis wir die Ursache seines kompletten Nierenversagens feststellen, sind wir vorsichtig optimistisch", wurde uns vom medizinischen Stab berichtet. „Bitte, tun sie alles was sie können. Er hat einen Termin! Wir heiraten am 12.April," erzählte ich den Ärzten.

In den nun folgenden vierzehn Tagen verbrachten wir jeden Tag im Krankenhaus. In einem Moment dachten wir, dass es Johno besser ging und im nächsten Moment wurde er wieder schwächer. Er konnte nicht selbständig atmen und schien an jede nur erdenkliche Maschine angeschlossen zu schein. Wir wurden zu Familienberatungen gerufen, wo ich die medizinische Fachsprache kaum verstand. Alles was wir wussten war, dass er gerade durchhielt. Ich konnte es nicht ertragen zu denken, dass ich Johno, meine neue Liebe gefunden habe, nur damit er mir nun wieder genommen werde.

Dann, eines Morgens – ich plauderte gerade mit der Schwester der Intensivstation – rief Johno plötzlich: „Eleni, bist du es?" Ich brach auf seine Brust zusammen, vollkommen überwältigt, dass er mich endlich wieder erkannte. Langsam bekam er wieder Interesse an seine Umgebung, seine Sprache verbesserte sich allmählich und dann lernte er auch wieder zu gehen.

Sechs Wochen lang musste Johno im Middlemore Hospital bleiben. Bis dahin hatten die Spezialisten diagnostiziert, dass Johno sich eine bakterielle Hirnhautentzündung zugezogen hatte. Schließlich wurde ihm erlaubt, zur Erholung zu Vianes Haus zu gehen. Er war immer noch schwach und hatte so viel Gewicht verloren, dass es aussah, als ob er in einem Konzentrationslager gewesen war. Innerhalb weniger Wochen nahm sein Appetit zu und er wurde stark genug, um einen Kurzurlaub in unserem Strandhaus in der Tealbucht im Northland in Erwägung zu ziehen.

Mein Wunsch, einmal mit einem Privatjet zu fliegen, war erfüllt worden, nicht durch eine freie Wahl, sondern durch bittere Notwendigkeit.

Kapitel 67

Zur Tealbucht

Rarotonga war nun schon seit mehr als vierzig Jahre mein Zuhause. Man braucht nur vierzig Minuten um die Insel auf einer Teerstraße zu umrunden. Wir haben keine Verkehrsampeln, nur einen Fußgängerüberweg und die maximale Geschwindigkeit beträgt 50 km pro Stunde. Ich habe zwar noch meinen neuseeländischen Führerschein, bin aber auf keinen Fall eine geübte Fahrerin und sicherlich nicht erfahren genug, um mit dem dichten Verkehr einer neuseeländischen Stadt fertig zu werden.

Johno war immer noch auf dem Weg der Genesung nach seiner schweren Erkrankung und war nicht in der Lage, längere Entfernungen zu fahren. So stimmte ich etwas ängstlich zu, von Auckland – die City der Segel – die 140 km zu unserem Strandhaus an der Tealbucht in Northland zu fahren.

Teal Bay

Es war ein wolkenloser, ruhiger Tag, als wir unsere Taschen und Nahrungsvorräte in unseren silberfarbigen Toyota Previa, den ‚Personenverfrachter' verstauten. Auf Rarotonga fuhr ich eine kleine Limousine und es kostete mich ziemlich viel Mühe in den Previa zu klettern. Den Sitz musste ich weit nach vorne schieben, damit meine kurzen Beine die Pedale erreichten, die Spiegel wurden angepasst, der Gurt angeschnallt und ich schaute zu Johno hinüber. Er hielt den Daumen hoch.

Nervös fuhr ich rückwärts die Auffahrt hinunter, meine erste Herausforderung. „Alles frei", sagte Johno ruhig. „OK." Ich holte tief Luft und fügte mich langsam in den rollenden Verkehr. Johno sprach ununterbrochen. Es war deutlich zu erkennen, dass er glaubte, dass ich einen klaren Kopf behalten, aber auch beruhigt werden musste. Alles ging gut und wir kamen stetig voran. Ich fing an, ruhiger zu atmen und die Umgebung wahrzunehmen. Obwohl es eine etwas längere Fahrt bedeutete, beschlossen wir die ruhigere, landschaftlich schönere Route zu nehmen. Einmal außerhalb Aucklands und seiner Vororte verwandelte sich die Landschaft in saftig grünes Ackerland und ein zerklüfteter Küstenstrich wurde von langen, weißen Stränden unterbrochen. Schwarz-weiße Kühe grasten entlang der Landstraße und Schafe mit weißem, lockigem Fell übersäten die Hügel. Die Insel Rangitoto in der Hauraki Golf hat die Form eines umgekehrten Sombreros. Aus welcher Ecke man sie auch betrachtet, sie sieht immer so aus. Jachten und Motorboote fuhren hin und her. An einer Picknickstelle, die von drei Baumfarnen beschattet wurde, hielt ich an. Wir streckten unsere Beine aus und genossen eine Tasse starken Kaffee, bevor wir weiterfuhren durch das Dome Tal und den Weg, der sich über die Brynderwens hochschlängelte. *Das wird ein Test werden,* dachte ich, *vielleicht sogar ein Beziehungstest!*

Nach der Erfrischungspause achtete ich auf den rollenden Verkehr, bevor ich wieder auf die Landstraße einbog. Schnell ging alles verkehrt. Johno schrie, „Was machst du? Pass auf!" Ich erstarrte. „Was ist denn? Was ist los", schrie ich. Er dachte, ich wäre ohne mich umzuschauen auf die Landstraße aufgefahren. Allzu schnell schrie Johno mich wieder an. „Fahr schneller. Du musst gleich schnell fahren, wie die anderen Wagen auf der Straße. Dies ist nicht das schläfrige Rarotonga!" Lastwagen, Autos, Wohnmobile und Busse hupten, während sie vorbeifuhren. Ich beeilte mich und schaute nervös in den Rückspiegel, nur um zu sehen, dass immer mehr

Verkehr hinter mir auffuhr. Das Lenkrad fest im Griff wechselte ich auf die ‚langsamere' Fahrbahn. Durch meine klammen Hände war das Steuerrad rutschig. Ich hielt meine Augen auf die Straße vor mir gerichtet. Egal was hinter mir war. Alles was ich wünschte, war auf die Spitze dieses verrückten Berges zu gelangen. Die heranfahrenden Wagen schienen frontal auf mich zuzusteuern. Ich hatte das Gefühl, dass die überholenden Laster mich von der Straße in die Schluchten drängten. Die, die hinter mir fuhren, trieben mich an meine Grenzen. Meine Konzentration nahm ab und ich konnte nicht genug Luft kriegen. Dann hyperventilierte ich. Nun konnte ich meine Hände nicht mehr spüren. „Halte an", sagte Johno. „Vor einer Minute noch sollte ich schneller fahren", schrie ich zurück. „Ich kann jetzt nicht anhalten." Ich war bestürzt. „Halte an", wiederholte er aufgeregt. Ich bemerkte, dass wir uns einem Seitenweg näherten. Johno schrie mich noch immer an, als ich die Bremsen kräftig betätigte, wie verrückt auf die falsche Straßenseite schwenkte als ich wendete und schließlich mit knirschenden Bremsen zum Stehen kam. Ich war wahrhaftig ganz aus dem Häuschen und wusste nicht, ob ich lachen, weinen oder mich krank fühlen sollte. Johno war so weiß wie ein Tuch.

„Es tut mir leid, dich so angeschrien zu haben", entschuldigte er sich. „Du hast es gut gemacht. Wir sind OK!" Ich konnte mich nicht bewegen. Ich hyperventilierte noch immer. Meine Hände hielten das Lenkrad noch immer umklammert. Mein Herz hämmerte. Mein Kopf fühlte sich an, als ob es explodieren wollte. Langsam bekam ich wieder Luft. Ich schnappte immer wieder nach Luft. *Könnte ich weiterfahren,"* fragte ich mich. *Wenn ich es nicht tue, werde ich nie wieder fahren, nicht mal auf Rarotonga.* Also nahm ich all meinen Mut zusammen und fuhr weiter. Es waren drei schreckliche Stunden, bis wir endlich Nummer 39 Owai Avenue, Tealbucht, erreichten. Wir waren beide erleichtert da zu sein. Ich habe all meinen Mut gebraucht um weiterzufahren. Es forderte aber auch all den Mut und Entschlossenheit Johnos seine lebensgefährliche Erkrankung zu überwinden.

Die Tealbucht übte seine Faszination auf uns beide aus, während wir uns in der frischen Landluft erholten. Johno und ich machten lange gemächliche Spaziergänge über die Hügel. Wir fuhren, oder soll ich sagen, Johno fuhr uns die ganzen Halbinsel entlang nach dem schönen Mimiwhangata. Dieser schöne Strand erstreckte sich über mehrere Kilometer. Wir wanderten stundenlang ohne jemandem zu begegnen. Johno schlief jede Nacht fest und gewann seine Kraft allmählich wieder. In der Bucht waren sechzig Strandhäuschen und nur ein Dutzend waren ständig bewohnt. Ein Großteil der Weihnachtsgäste war in die Städte zurückgekehrt. Wir brauchten, noch benötigten wir Gesellschaft. Unser altmodischer, betonierter Grill wurde mit Treibholz, das wir auf unseren Spaziergängen versammelten, befeuert. Wir grillten Steaks und Fisch für unser Abendessen. Es war ein angenehmer, einfacher Lebensstil. *Könnte ich hier leben,* fragte ich mich. Aber dann dachte ich an Rarotonga. Über die Jahre hatte ich starke und erfüllende Freundschaften geschlossen. Ich war ein Teil dieser Gesellschaft. Ich liebte die Art dieses Insellebens. Ich könnte nie nach Neuseeland zurückkehren.

Obwohl ich diese idyllischen Sommerferien in der Tealbucht genoss, sagte mir mein Herz, dass ich nie vollkommen glücklich sein könnte ohne die Inseln. Ich war dankbar, dass Johno den Pazifik bejaht hatte.

Ja, Rarotonga war unser Zuhause und die Tealbucht unsere Ferienzuflucht.

Kapitel 68

Zyklon Pat

Es war Dienstag, der 9. Februar 2010. Wir hörten mit wachsender Besorgnis die Wetterberichte, die regelmäßig durchgegeben wurden. Zyklon Pat nahm Kurs auf das winzige Atoll Aitutaki. Falls es diesen Kurs beibehielt, würde er die Insel um zwei Uhr nachts erreichen. Danach könnte er nach Rarotonga weiterziehen. *Wie könnte das sein?* In Rarotonga war das türkisblaue Wasser der Lagune ruhig, ebenso das tief blaue Wasser des Ozeans. Die Wellen plätscherten sanft an den korallenen Sandstrand. Eine leichte Brise wehte durch die Blätter der Kokospalmen und fächelte unsere Gesichter, als wir uns im Schatten der Veranda rekelten. Es war ein heißer Tag, aber die Luftfeuchtigkeit war gering. Auch bemerkte ich keine schwarzen Sturmvögel, die sich von der Aufwärtsströmung der Luft tragen ließen, sonst ein untrügliches Zeichen des kommenden, schlechten Wetters. Im Hof jagten sich Hähne und Hennen unaufhörlich. Die Hunde der nächsten Nachbarn bellten ohne nachzulassen. Krabben suchten nicht länger Schutz unter unsere Terrasse. Dies waren alles Zeichen die einem erkennen lassen, dass sich ein Zyklon nähert.

‚Kategorie 3', meldete uns die unbeteiligte Stimme des Rundfunkansagers. ‚Q13', fügte er hinzu, als ob wir alle diese Fachausdrücke, welche die Position des Zyklons auf der geographischen Karte betreffen, verstehen könnten. Auf der letzten Seite des Telefonbuches war eine provisorische Karte. Ich nahm sie für Johno heraus, damit er sie studieren konnte. Er war hier unser Meteorologe, so wie Michael unser ‚Vorhersager' auf Aitutaki war. Ich fühlte mich immer wohler, wenn ich Michael anrief und seine feste Stimme hörte, wie er Rat erteilte die Wetterlage betreffend, was wir erwarten konnten und, was wichtiger war, welche Vorkehrungen wir treffen sollten.

Ob wir die Gartenmöbel hereinbringen sollten? Sollten wir die Schutzbretter vor die Fenster nageln, Klebeband auf das Fensterglas anbringen, die Kerzen und Streichhölzer bereitlegen? Haben wir Reservebatterien? Ich fragte mich, ob das Transistorradio noch ging. Wir hatten den Grill und die Gasflasche bereits hinter das Haus transportiert für den Fall, dass der Strom ausfiel. Wir konnten dann wenigstens kochen und Wasser abkochen. Ich fand die Thermosflasche und sammelte Dosennahrung, wie die guten, alten Vorratsdosen Bohnen und Spaghetti. Schweigend hakte ich die Notausrüstung und Vorsichtsmaßnahmen im Kopf ab. Planen, Tau und Wasserbehälter waren im Stall untergebracht. *Ist unser Handy ganz aufgeladen?* Taschenlampen und Erste-Hilfe-Tasche für Notfälle befanden sich im Badezimmerschrank. Ich nahm sie heraus und kontrollierte noch mal die Batterien. Es war jetzt elf Uhr abends. Wir waren möglichst gut vorbereitet und ich beschloss, Michael noch mal anzurufen. Er antwortete schon nach dem ersten Klingeln. „Im Moment ist alles OK, Mama. Die Windstöße sind böig und nehmen an Intensität zu, aber es gibt noch kein Zeichen von schwerer See. Ich bin gerade von der Hotelanlage zurückgekommen, wo wir die verbleibenden Gäste in einem Raum zusammengebracht haben. Das Paar in einem der Strandbungalows scheint es wie ein Abenteuer aufzufassen. Der Ehemann sitzt draußen und liest ein Buch und bemerkt nicht einmal dass der Wind zunimmt. Wir erwarten das Schlimmste erst um etwa zwei Uhr heute Nacht." „Ich werde dich, wenn es hell wird, wieder anrufen. Halte inzwischen alle zusammen und im Haus. Ich liebe dich!" Sein sicherer Ton beruhigte mich. Etwas erleichtert legte ich den Hörer auf. „Johno, wir können nichts tun. Lasst uns wenigsten gut schlafen."

Am frühen Morgen des nächsten Tages weckten uns die Mainahvögel mit ihrem Gekreische. Es war etwa halb acht, als ich Aitutaki anrief. Kuraono antwortete schließlich erst, als ich ihr Notfall – Satellit – Telefon anrief. Sie klang, als ob sie besonders durcheinander war. „Mama, ich bin so dankbar deine Stimme zu hören. Michael überprüft im Moment die Hotelanlage und wird mich wissen lassen, ob ich hinfahren kann. Wir erlebten entsetzliche Windstöße heute Nacht. Der Strom und jede Kommunikation ist ausgefallen. Von unserer Haustür aus kann ich tatsächlich das Krankenhaus und die Oberschule sehen." „Was meinst du damit?", fragte ich. „Ich glaube, das Auge des Zyklons muss uns geradewegs überquert haben. Alles ist vollkommen zerstört, umgefallene Bäume wohin man auch schaut." „Ist die Familie OK?" „Ja, unser Haus steht noch und, soweit ich weiß, sind die Häuser von Paul und Stuart auch nicht beschädigt. Tamara und die Kinder haben in der Kirche der Mormonen Unterschlupf gefunden, da ein Teil ihres Daches weggeblasen ist." Es erfolgte ein Klicken. Danach Stille. Ich drückte den Hörer fest an mein Ohr. „Hallo, hallo?"

Johno schaute mich mit hochgezogenen Augenbrauen an. „Was gibt es? Wie schlimm kann es sein?" „Die ganze Insel ist abgeschnitten", erzählte ich ihm. Auf Rarotonga bekamen wir verstümmelte Berichte zu hören, dass die Insel Aitutaki verwüstet worden war. Zyklon Pat nahm noch immer Kurs auf Rarotonga und sollte uns um 14 Uhr erreichen. Das war sicherlich nicht möglich. Ich machte mir mehr Sorgen um unsere Verwandten auf Aitutaki. Gott sei Dank drehte ‚Pat' ab und verlor zum Schluss an Kraft. Rarotonga wurde verschont.

Später am Tag nahm Michael mit seinem Satellitentelefon, das er mit Hilfe seines tragbaren Generators aufladen konnte, Kontakt mit uns auf. „Wir sind alle in Sicherheit. Das Hotel, unsere Häuser und unsere Familien sind in Ordnung. Nur Katherine und Neils Haus ist fort."

Geringer Schaden am Hotel...   ...aber Katharines Haus ist zerstört

„Bist du dort gewesen? Hast du es selber gesehen?", fragte ich aufgeregt. „Mama, Paul konnte von der Straße zum Flughafen aus sehen, dass nur noch die Terrasse und der Wassertank stehen. So bald wie möglich, werde ich die Jungen dazu bringen, einen Weg durch den Bush zum Haus frei zu hacken, aber riesige Bäume sind über die Straße gefallen. Wir schätzen, dass etwa 90% der Häuser komplett zerstört wurden, oder ihr Dach verloren haben. Überall herrscht Chaos. Steve und Poppy verloren ihr Dach und es kostete Steve etwa zwei Stunden zum Dorf zu gelangen und Hilfe zu bekommen. Kaleena, unsere Empfangsdame, hatte unter dem Küchentisch Schutz gesucht, als das ganze Dach ihres Hauses wegflog. Ihr Mann schleppte sie in Sicherheit im Nachbarhaus. Die Internetverbindungen und Telefonleitungen sind alle unterbrochen, aber ich werde versuchen durch dieses Telefon mit dir in Verbindung zu bleiben." Ich gab Johno die schlechte Nachricht weiter. Wir würden Katherine die schlechte Nachricht nicht erzählten, bis jemand tatsächlich zu ihrem Haus gegangen wäre. Ich beschloss aber Neil zu skypen und ihn darauf aufmerksam zu machen, dass ein Zyklon die ganze Insel zerstört hatte, aber dass wir das ganze Ausmaß nicht kannten. Da sie in Portland, Oregon, wohnten und im Moment schwere Schneefälle und große Kälte erlebten, hatten sie natürlich nicht die geringste Ahnung von dem schlechten Wetter im Pazifik. „Wir werden euch auf dem laufenden halten", sagten wir ihm.

Am selben Morgen kam Johno nach Hause, nachdem er mit verschiedenen Regierungs- und NROs (Nicht-Regierungs-Organisationen) gesprochen hatten und war entsetzt über den Mangel an Führung und das Unterlassen, Maßnahmen zu treffen. Bevor sie um Hilfe bitten würden, müssten sie warten, bis ein Untersuchungsteam dort gewesen und Rückmeldungen gemacht hätte, sagten die Leute des Notfallmanagements. Te Aponga (das Elektrizitätswerk) berief eine Notfallversammlung ein. Sie waren bereit sofort Ausrüstung und Personal dorthin zu schicken. Aber die dringend gebrauchten Strommasten konnten nicht auf das Patrouilleschiff ‚Te Kukupa' oder in einen Herkules (Flugzeugtyp) geladen werden. Erst zwei Tage später bekam Te Aponga das OK von der Regierung, um Ausrüstung und Hilfe zu senden. Der Mangel an Führung und Maßnahmen bei unserer Regierung frustrierte uns alle. Endlich, am nächsten Nachmittag bat das Kabinett Neuseeland und andere internationale Quellen um Hilfe.

Am Samstagmorgen, nur drei Tage nach dem Zyklon, entschied ich nach Aitutaki zu fliegen. Ich musste einfach etwas moralische Unterstützung geben. Mit der Familie zusammen zu sein war für mich, als auch für meine Söhne eine gute Therapie. Steven und Taureka, zwei meiner Enkelsöhne die auf Rarotonga leben, flogen auch hinüber und unterstützten den Hotelstab und anderen, die Hilfe brauchten. Ich stellte fest, dass die Insel dringend extra Planen, Wasserbehälter und Kettensägen bedurfte, aber ebenso Arbeitskräfte und schwere Maschinen. Michael gelang es, den Strom für das Tamanu Beach Resort wiederherzustellen. Die meisten Trümmer um das Hotel herum waren weggeräumt worden. Die restliche Insel aber musste noch Schlimmes aushalten.

Ich habe schon viele Zyklone erlebt, aber ich sah unvorstellbare Verwüstung, als ich hinflog und anschließend durch das Dorf zum Hotel fuhr. Ach, mein Gott! Die ganze Insel war betroffen! Riesige, 100 Jahre alte Mangobäume waren vollkommen entwurzelt und Schiffscontainer waren hochgehoben und viele Meter weit geschleudert worden. Elektrische Leitungen baumelten über die Straßen oder lagen in wirren Knäueln auf dem Boden. Kokospalmen, entwurzelt oder mit abgerissenen Kronen, auch kleinere Palmen, die, wie Derwische, durch die Luft gewirbelt worden waren, lagen jetzt mit zerfetzten Blättern auf der Erde. Die Hügel waren kahl, sehr trocken und schmutzig braun. Die herrliche purpurne Bougainvillea Hecke am Pacific Resort war verbrannt und braun. Entstellte Bäume standen an den Binnenwegen. Sternfruchtbäume waren umgeweht worden und die orangefarbenen Früchte verrotteten auf der Erde. Es würde fast ein Jahr dauern bevor Feldfrüchte, wie Bananen, Papayas und Ananas, wieder geerntet werden konnten. Fast alle Häuser hatten ihre Dächer und Türen verloren, oder waren wie ein Kartenhaus zusammengestürzt. Es war ein Wunder, dass niemand verletzt worden war. Gott sei Dank kam der Zyklon nachts, als die meisten Menschen drin waren und Schutz fanden.

Nachdem ich im Hotel angekommen war, ging ich sofort zum Restaurant. Schallendes Gelächter und Scherzen hörte man, während das Personal mit Wischlappen, Eimer und Besen hantierten. „Hallo Oma!" Sie begrüßten mich und gaben mir sogleich einen Eimer und einen Schrubber. Es war keine Zeit für Tränen oder gar eine Tasse Tee. Ich wurde geradeswegs zum Saubermachen eingeteilt.

Kuraono, Eikura, Messine und ich fuhren zu Katherine und Neils Grundstück. Zwei der Jungs hatten bereits einen Weg durch die umgestürzten Bäume und anderen Trümmer freigehackt, dadurch war es möglich das Haus zu erreichen, obwohl auf einer weniger direkten Route als normal. Es war, als ob jemand mir in den Magen geboxt hatte. Ich war absolut entsetzt. Es war nichts übrig, außer dem gefliesten Fußboden, der Holzterrasse und einem Teil des Badezimmers. Wir könnten vielleicht etwas Holz retten, aber alle Blechteile der Dächer steckten in Baumwipfeln oder lagen Hunderte von Metern entfernt auf dem Boden. Wir fanden das Doppelbett und den Kühlschrank – versteckt im Busch – weit entfernt vom Haus. Auf diesem Hügel kam der Wind bestimmt von allen Seiten. Nichts hätte die Zerstörung aufhalten können. Wir sammelten den Kühlschrank, die Toilette, das Handwaschbecken und den Kochherd auf und lagerten sie auf Michaels Grundstück. Wir fanden zwei Koffer mit Wäsche und Küchenutensilien, die Katherine und ich gepackt hatten, als Katherine und Neil nach ihrem Weihnachtsurlaub wieder abreisten. Einmal gewaschen, müsste alles wieder in Ordnung sein. Die große, beschnittene Holzschale, die Johno und ich Katherine und Neil zu Weihnachten geschenkt hatten, fanden wir in einem Strauch, zusammen mit einigen Teilen Geschirr und Bechern. Erstaunlicherweise waren viele Teile noch heil.

Auf unserer Rückfahrt über die Landstraße in der Mitte der Insel konnte ich das leuchtend türkisblaue Wasser der Lagune sehen und wie die Wellen sich sanft am Strand an beiden Seite der Insel brachen. Dieser 360° Blick rundum machte mir klar, wie viel Vegetation verloren gegangen war. Es war ziemlich unheimlich – die kahlen Bäume, die wie Skelette aussehen, riefen ein gespenstiges Gefühl hervor.

Eine Familie sah gänzlich verloren aus. Sie saßen in den Ruinen ihres Hauses. Eine zerschmetterte Toilette, eingebrochene Wände und eine Waschmaschine, die auf den Kopf stand, lagen mitten unter all dem Schutt und das war es. Einzelne Kleidungsstücke hingen lustlos an provisorisch gespannten Wäscheleinen, die an Bäume angebracht worden waren.

Hilfsgüter werden nach Zyklon Pat eingeflogen und ausgeladen

Glücklicherweise arbeiteten Kirchengruppen und das Rote Kreuz gemeinsam mit den lokalen Geschäftsleuten nonstop zusammen. Der Stab des Tamanu Beach Resorts machte für mindestens fünfzig Arbeiter, die Elektriker und die Fachleute der Telekommunikation mit eingeschlossen, das Mittagessen. Nicholas gelang es die Radiostation 88FM zum Laufen zu bringen. Dieser kleine Dienst hob die allgemeine Stimmung und das Senden von dringenden Nachrichten an die Menschen auf Aitutaki war auch wieder möglich.

Es herrschte große Aufregung, als die Herkules der Royal NZ Airforce am Dienstag, eine Woche nach dem ‚Besuch' von Zyklon Pat, endlich kam. Sie brachte die dringend benötigten Planen, Zelte, Maschinerie und Arbeitskräfte. Drei Flüge erreichten uns von Rarotonga und das machte einen riesigen Unterschied im Fortschreiten der Räumungsarbeiten.

Abends fuhr ich durch das Dorf. Familien saßen beim Kerzenlicht auf den ihnen noch verbliebenen Veranden und Terrassen. Es herrschte tiefste Finsternis, abgesehen von einzelnen Kerosinlampen, die ihre Schatten warfen und das gelegentliche Brummen eines Generators, der die Kühlanlagen und anderes Gerät der Geschäfte am Laufen hielt. Aber über alles zeigte sich die Beharrlichkeit der Menschen, ihre Einigkeit in widrigen Zeiten und ihre angeborene Fröhlichkeit.

Ich verließ die Insel wieder und fühlte mich traurig, wegen der Familien die alles verloren hatten und die ganz von vorne anfangen mussten. Aber ich war auch stolz auf diese Cook Insulaner. Sie waren wirklich stark.

Kapitel 69

Die große Feier

Ich öffnete die Schiebetüren und trottete über einen Bretterpfad in die Hitze des ruhigen Morgens. Die Luft war stickig. Weit weg am Horizont veränderten die ersten Sonnenstrahle die Lagune in ein dämmeriges Rosa. Ich spürte bereits, dass der Tag beklemmend sein würde – und so würde ich mich von Zeit zu Zeit auch fühlen. Das Meer war eine weite, tiefblaue Fläche mit kaum gekräuselten Wellen, die sanft am Strand plätscherten.

Weshalb war ich so früh aufgewacht? Warum war ich so ruhelos, so aufgeregt? Schweigend ging ich die Treppe hinunter und über den Korallensand zur Wasserkante. Wo die Tide in- und ausgegangen war, sah der verlassene Strand fest und gewellt aus. Ich starrte über die Lagune. Plötzlich sah ich aus den Augenwinkeln einen Blitz. Es war eine glänzende, silbrige Flügelspitze, die in einem Moment sehr hochflog, indem er mühelos die Aufwärtsströmung nutzte, im nächsten aber mit ausgestrecktem Hals sich unbekümmert ins Meer stürzte, um einen ahnungslosen Fisch zu schnappen, bevor er wieder in den Himmel stieg und wieder herunterkam und sich auf ein herausragendes Korallenstück setzte. Mein Kotuku schaute mich an und wartete aufmerksam. Ich fragte mich, welche besondere Botschaft er für mich hatte an diesem speziellen Morgen. Langsam streckte ich die Hand aus, die Finger gespreizt. Ich hielt den Atem an. Mein silberfarbiger Reiher faltete ein langes Bein unter den Schimmer seines Flügels. War es meine Einbildung? Nein, kaum wahrnehmbar nickte er den winzigen Kopf. Seine klaren Augen, rund wie Perlen, hielten meinen Blick stand und gaben mir schüchtern einen kecken Wink. Wie aus einem gepiekten Ballon stieß ich den Atem aus. Mit einem Sprung in die Luft flog der Kotuku wieder hoch und schwebte, glitt und tauchte nach Nahrung. Langsam normalisierte mein Herzrhythmus sich wieder. Ich ging ins Haus zurück. Ruhig und zufrieden war ich bereit den denkwürdigen Tag, der vor mir lag, entgegenzutreten.

Verwandte und Freunde rannten hin und her. Ich sah den Vorgängen fast gleichgültig zu; wie Blumen besorgt und im großen Zelt Stühle aufgestellt und dann wieder neu geordnet wurden. Tiana und Mousie, meine Freunde aus Samoa banden geflochtene Blätter der Kokospalmen um den Pfosten des Restaurantzeltes. Ich hörte Elisabeth und Puna um Hilfe rufen, als sie sich damit abmühten, schwere Keramiktöpfe an den Strand zu tragen. Meine Enkel sammelten große, weiße Muscheln. Sie plapperten fröhlich, während sie mit den Muscheln drei sich überlappende Ringe mitten im Sandstrand bildeten. Diese stellten den kniffligen Entwurf meines Trauringes dar, ein schönes Symbol der zwei Familien, die durch Johno und mich vereint wurden. Dann gab es hektische Aktivitäten am ‚umu' (Erdofen), wo alle sich versammelt hatten. Kleine Spanferkel waren geschlachtet und vorbereitet worden; in Bananenblätter gewickelte Hühner, wurden auf die heißen Steine gelegt. Runde, grüne Brotfrüchte und Süßkartoffel wurden auch eingewickelt und in den umu gelegt. Das war eine Tätigkeit für die Männer und mit großer Begeisterung und vielem Gelächter machten sie sich auch daran.

Was sollte ich machen? Ich ging schwimmen. Unbekümmert ließ ich mich treiben und schaute zu den umherwirbelnden Wolken auf. Es war immer noch heiß. Silbergraue Gewitterwolken formten sich in der Ferne. Träge watete ich zurück zum flachen Wasser, schüttelte mir das Wasser aus den Haaren und spazierte den Strand entlang, um die beiden ausnehmend schönen Blumenarrangements zu bewundern, die, wie durch ein Wunder, plötzlich vor dem Freiluftrestaurant standen. Palmblätter waren mit goldenen Anthurien durchwebt. Grüne und goldene Blätter, mit herabhängenden Zweigen wilder Orchideen dekorierten den kleineren Topf. Der eine war viel größer als der andere. „Warum sind sie so unterschiedlich?", fragte ich. „Und wofür ist das Treibholz?" „Das größere Ausstellungsstück stellt Johno dar, das kleinere dich. Wir machen aus dem Treibholz ein ‚vaka'. Es steht für das Kanu mit dem ihr eure Lebensreise fortsetzt", sagte Elisabeth. „Mama, komme her. Lasst uns ein Glas Sekt trinken, während wir uns umziehen", schlug Katherine vor. Meine Tochter Katherine war von Portland, Oregon, geflogen, um diese Woche mit uns zu verbringen. Graziös ging sie ins Haus. Ich bewunderte ihr leuchtendes, mandarin- und goldfarbiges Seidenkleid. Sie hatte ihre rabenschwarzen Haare zu einem glänzenden Knoten im Nacken gedreht und trug eine weiße Tiare Maori oder tropische Gardenie hinter dem Ohr. Ihre goldbraune, polynesische Haut glänzte vor Gesundheit. „Beeile dich, Mama, dusch' dich. Die Mädchen werden bald hier sein", sagte sie. Plötzlich raste die Zeit. Katherine nahm etwas mehr Lidschatten und Wimpertusche und gab mir danach ein kleines Schmuckkästchen. „Was ist das?", fragte ich. „Nur für dich, Mama. Probier sie aus!" Als ich das winzige Kästchen geöffnet hatte, schossen mir die Tränen in die Augen. Delikate, silbergraue Perlen hingen an einem kleinen Kranz aus Diamanten. Sie passten perfekt zu meinem Ring. Was für eine schöne Anerkennung einer Mutter durch ihre Tochter! Wieder eine Erinnerung die man für immer bewahren wird! Als ich sie an mich drückte, hörten wir Gelächter und das Klirren von Gläsern. Es war keine Zeit nachzudenken oder zu weinen. Wir beide rannten hinaus auf die Terrasse und sahen zehn außergewöhnlich schöne Damen. Sie lachten und redeten alle gleichzeitig, während sie sich zu gleicher Zeit einander herrichteten und bewunderten. Das erinnerte mich an einem Vers.

„Wenn Freundschaften in Farben ausgedruckt werden könnten,

unsere wäre einen zauberhaften Regenbogen."

„Helen, wo ist dein Kleid? Ziehe es jetzt an! Die Zeit wird knapp!", riefen sie. Lachend ging ich wieder hinein und ließ mein Kleid vorsichtig über die Schultern gleiten. Nach einem schnellen Bürstenstrich durch meine kurzen Haare setzte ich mir schnell einen Kranz von herrlichen grünen und weißen Blumen auf den Kopf. Zum Schluss noch einen Hauch von Parfüm und ich war fertig.

Es herrschte ein verblüfftes Schweigen. Ich fragte mich, was los war, aber dann riefen alle meine Freunde sofort im Chor: „Wir hatten keine Ahnung, dass du Weiß wählen würdest! Weil es die zweite Ehe ist, dachten wir, dass du eine deiner Lieblingsfarben, vielleicht Türkis oder Blau tragen würdest. Dein Kleid ist perfekt. Lasst uns eine Aufnahme machen. Stelle dich in die Mitte, Helen. Ich liebe das Einfache daran. Wie konntest du dieses Geheimnis vor uns verborgen halten?" „Ja, ja und ja", antwortete ich.

Mit meinen Kindern an meiner Hochzeit

Zehn meiner engsten und liebsten Freunde beschlossen mit mir zum Strand zu gehen, wo ich meinen Teuersten heiraten würde. Für mich war es eine fantastische Freundschaftsgabe, eine Gabe tiefer Liebe und Unterstützung. Obwohl sie die Tatsache, dass wir im späten Alter noch heirateten, bagatellisiert hatten, wussten alle im Grunde, dass es das Richtige für Johno und mich war. Katherine und ich lächelten fröhlich, als wir barfuß an den Strand und zu ihren Brüdern traten. Michael, Paul, Stuart und Nicholas sahen sehr gut aus. Sie trugen ein weißes Hemd und eine dunkle Hose und die traditionell grünen Blätter hingen um ihren Hals. Sie küssten mich wärmstens. Zusammen als Familie gingen wir langsam in den Fußstapfen meiner zehn Brautjungfern am Strand entlang. Meine drei Enkelinnen, die Blumenmädchen, gingen uns allen voran. Die schwenkenden Schuhe in ihren Händen spazierten meine zehn Brautjungfern durch den weichen, pulvrigen Sand. Sie hoben ihre überfließenden Sektgläser hoch in die Luft und brachten einen Toast auf Freundschaft und Glück aus. „Wir gehen in die Kirche und werden dort heiraten", hörte ich sie trällern. Ich stolperte. „Geh weiter, Mama", sagte Michael.

Wieder kamen mir die Tränen und ein Kloß formte sich in meinem Hals, als mein zwanzigjähriger Enkel, Tiavare, mit großen Schritten auf uns zukam. Er schwenkte grüne Blätter und hieß uns, auf traditioneller Art der Bewohner von Aitutaki, Willkommen auf das Land, das unserer Familie gehört. Dies war ein besonderer und bedeutungsvoller Moment für mich.

Meine Brautjungfern begleiteten mich am Strand...

...wo Tiavare uns mit einem traditionellen Gruß willkommen heißt

Als ich darin zustimmte Johno zu heiraten, fragten wir uns, ob es möglich wäre die Hochzeitszeremonie im Hotel der Familie, Tamanu Beach Resort in Aitutaki, vorzunehmen. Das Hotel steht aber auf dem Land, das meinem verstorbenen Mann und Vater meiner Kinder gehörte. Wie konnte ich nur daran denken, irgendjemand an solch einer besonderen Stelle zu heiraten? Nun gut, es gab nur einen Weg das herauszufinden. Als Haupt der Familie und traditionelles Haupt, Tu Matara Mataiapo, war Michael die Person, die wir fragen sollten.

„Mama, Aitutaki ist dein Zuhause. Da werden Du und Johno heiraten. Es gibt kein anderer Ort. Die Familie wird froh sein, diesen speziellen Tag für euch beide zu organisieren."

Ich fühlte mich zu der Zeit wahrhaftig gesegnet und jetzt, bei dem traditionellen Anruf, abermals. Ich lächelte Tiavare nervös an. Er setzte den Anruf fort, während wir an ihn vorbeiliefen. Die Blumenmädchen sprenkelten Blüten der Frangipani in die Muschelkreise hinein. Sie schlenderten fort und mischten sich unter die übrigen Gäste. Johno wurde vom anderen Ende des Strandes von seiner schönen Tochter Joanne und Sohn Anthony, den wir AJ nannten, begleitet. Sie standen zusammen in einem der Kreise, meine Kinder begaben sich zum dritten Kreis und Johno wartete auf mich im mittleren Kreis.

Johnos Tochter Joanne und Sohn AJ

Ich richtete meine Augen auf ihn. Alle andere sah ich nur verschwommen, als ich neben meiner neuen Liebe stand. Johno sah mager aus, ja, fast ausgemergelt und war immer noch dabei, sich von seiner schrecklichen Krankheit zu erholen. Aber seine strahlend blauen Augen schauten tief in die meinen. Aus der Tiefe seiner Augen strahlte seine Liebe, wie jedermann erkennen konnte. Er trug ein langärmliches, weißes Hemd aus Musselin über einer hellen Freizeithose. Mit seinen weißen Haaren und gepflegten Bart sah er distinguiert und professionell aus. Die Grübchen in seinen Backen vertieften sich, als er anfing übers ganze Gesicht breit zu grinsen. Wir fassten uns an der Hand und wendeten uns unseren Familien und Freunden zu. Unsere liebe Freundin, Te Tika Mataiapo Dorice Reid, eröffnete den Dienst. Dann sang Johnos Enkelin, Cassie, und wurde dabei von AJ am Keyboard begleitet. Ihre klare Stimme beruhigte die Anwesenden. Wir hörten gespannt zu. Val, meine Schwägerin und Pastorin der Methodistenkirche in

Neuseeland, betete und hielt eine kurze Andacht. Die Worte waren speziell für Johno und mich gewählt worden. Wir hielten uns bei der Hand und schauten uns in die Augen, als wir unser persönliches Gelübde ablegten. Johnos Stimme bebte, als er mir versicherte, dass wir uns lebenslang lieben und für einander sorgen würden. Ich versprach ihm für immer meine Liebe und mein Leben.

Wir kehrten zur Wirklichkeit zurück, als die Anwesenden lachten, da Johno mich zu früh küsste. Trotz des Ernstes des Augenblicks war es eine fröhliche Angelegenheit. Die Verwandtschaft lachte und weinte zugleich. Es wurden viele Witze erzählt. Michael hieß Johno in unsere Familie willkommen unter dem Vorbehalt, dass sie immer kontrollieren kämen, um sicher zu gehen, dass er ihre Mutter gut versorgt. Jo und AJ schlossen mich umsichtig, zärtlich und großzügig in ihr Leben ein. Leute wirbelten um uns herum. Mein Herz floss über vor Liebe für unsere Familie und Freunde. Ich wünschte mir von diesem zauberhaften Tag alles erinnern zu können. Verstohlen gab Katherine mir meinen Brautstrauß. Ja, ich entschied aus einem halben Duzend kleiner Farnzweige und Papayablüten einen Strauß zu machen. Fröhlich rief ich meine ‚Brautmädchen' auf dem Strand zusammen. Ich drehte ihnen den Rücken zu und warf den Strauß vergnügt über die Schulter. Was für eine Szene! Neun der ‚Mädchen' rannten mit ausgestreckten Händen nach vorn, alle fest entschlossen die nächste ‚Braut' zu sein, obwohl die meisten glücklich verheiratete, reife Frauen waren. Sie wollten, wie gewöhnlich, einfach nur Spaß haben. Ich wandte mich um und sah, wie sie sich balgten, um einen Zweig zu erhaschen. Nur eine stand noch, die Füße fest in den Sand gepflanzt und die Hände absichtlich hinter dem Rücken verschränkt. Auf keine Weise nahm meine liebe Freundin Betty teil an diesen abergläubischen Brauch. Wir lachten alle lauthals.

Ich warf meinen Brautstrauß hinter mich, nur Betty wollt ihn nicht fangen

Ich sah, wie Sue einen kleinen Zweig festhielt und bemerkte, wie sie ihren Partner Robbie einen verstohlenen Wink gab. Ich fragte mich, ob sie ein Geheimnis hatten. Ich hoffte es bestimmt.

Kameras klickten, Tänzer wiegten sich, die Mitglieder der Musikkapelle spielten und sangen und die Gäste genossen das Essen. Alle waren entspannt und hatten Spaß. Johno und ich hatten die Möglichkeit zu ‚entfliehen' in Betracht gezogen. Aber ich war froh, dass wir entschieden hatten, diesen einmaligen Tag mit denen zu teilen, die uns lieb und teuer sind. Meine Brüder und deren Frauen mischten sich unter Johnos Verwandten. Hughs fernere Verwandtschaft umfasste seine hundertjährige Tante Caroline, die vor fünfundvierzig Jahren meiner ersten Trauung schon beigewohnt hatte. Die Familienmitglieder unterhielten sich mit allen und hießen die Besucher aus Übersee auf Aitutaki und in die Hotelanlage der Familie willkommen.

Drei Kuchen wurden in drei Kreise gestellt und mit Muscheln und Blumen dekoriert. Mein Bruder, Arnold, machte vor, wie Johno und ich unsere Arme umschlingen und aufeinander einen Toast ausbringen sollten. Er übernahm die Führung, dirigierte die Fotografen und stand jetzt im Mittelpunkt. Meine vier Söhne und Katherine sangen das Lieblingslied ihres Vaters ‚My Way'. Natürlich sang ich mit, sehr zu Johnos Freude. AJ spielte das Keyboard. Er sang, Cassie sang noch mehr und meine Schwiegertöchter, Jenny and Twin, gaben eine Solo-Tanzaufführung. Unsere Freunde aus Samoa unterhielten uns mit ihrem traditionellen Tanz, die Siva. Wir nahmen auch teil und wiegten und neigten uns nach den Klängen der Trommeln.

Es kam die Zeit der Ansprachen. Sie waren kurz und liebenswürdig. Aber dann, zu meiner Bestürzung, hörte ich, wie Johno mich fragte ein paar Worte zu sagen. *Was sollte ich sagen?* Dann erinnerte ich mich an meinen Spaziergang am Strand am frühen Morgen und das Bild meines Kotukus kam mir in den Sinn und da wusste ich genau, was ich sagen sollte.

Unser Leben dreht sich um unsere Familien. Einigkeit und Vertrautheit, Freundschaft und gegenseitige Unterstützung waren in allen Lebensphasen wichtig. Das war so, als ich jung und verliebt war. So war meine erste leidenschaftliche und bleibende Liebe für einen kostbaren jungen Mann. So war es auch diesmal, da wir nun in den besten Jahren unseres Lebens waren. Die Liebe, die Johno und ich teilten, war anders, aber nicht weniger innig. Ich war gesegnet, da ich zweimal eine wunderbare Liebe erleben durfte. Meine Erinnerungen an die Liebe eines unschuldigen Jungen und eines Mädchens steigert die tiefe Liebe und Respekt, den ich jetzt für meinen neuen Ehemann empfinde.

Später gingen Johno und ich Hand in Hand am Strand entlang; der Beginn einer Reise, welche die Lebenszeit zweier Menschen umfassen wird.

Aber das ist wieder eine andere Geschichte.